国家社会科学基金一般项目：新常态下美国"再工业化"对我国产业结构转型升级的影响机理与对策研究（15BJL044）

经济管理学术文库·经济类

美国"再工业化"与中国产业结构转型升级

American "Reindustrialization" and China's Industrial Structure Upgrading

徐礼伯　张雪平／著

经济管理出版社
ECONOMY & MANAGEMENT PUBLISHING HOUSE

图书在版编目（CIP）数据

美国"再工业化"与中国产业结构转型升级/徐礼伯，张雪平著.—北京：经济管理出版社，2019.3
ISBN 978-7-5096-6437-7

Ⅰ.①美…　Ⅱ.①徐…②张…　Ⅲ.①工业发展战略—研究—美国②产业结构升级—研究—中国　Ⅳ.①F4712②F269.24

中国版本图书馆 CIP 数据核字（2019）第 048342 号

组稿编辑：杨国强
责任编辑：杨国强
责任印制：黄章平
责任校对：赵天宇

出版发行：经济管理出版社
（北京市海淀区北蜂窝 8 号中雅大厦 A 座 11 层　100038）
网　　址：www.E-mp.com.cn
电　　话：（010）51915602
印　　刷：三河市延风印装有限公司
经　　销：新华书店
开　　本：720mm×1000mm/16
印　　张：14.75
字　　数：273 千字
版　　次：2019 年 5 月第 1 版　2019 年 5 月第 1 次印刷
书　　号：ISBN 978-7-5096-6437-7
定　　价：68.00 元

·版权所有　翻印必究·

凡购本社图书，如有印装错误，由本社读者服务部负责调换。
联系地址：北京阜外月坛北小街 2 号
电话：（010）68022974　　邮编：100836

前　言

金融危机以来，在我国推进产业结构升级的关键时期，美国提出了"再工业化"战略，这对深度参与全球价值链分工、与美国经济有较多融合的中国来说，会对产业结构的转型升级产生较大的影响。在这样的背景下，有必要对美国"再工业化"战略进行系统研究，深入分析其对我国产业结构转型升级可能带来的影响，并提出对策。2015年，我们有幸获得了国家社会科学基金一般项目：新常态下美国"再工业化"对我国产业结构转型升级的影响机理与对策研究（15BJL044），得以对该问题进行较深入的思考与研究，本书是近几年围绕该主题的主要研究成果。

本书通过对美国工业化道路的回顾与总结，将"再工业化"战略放到工业化道路的全局中考察，对该战略的背景、举措、原因、意图、本质、成效等进行了系统描述、分析与概括，总结出规律性的认识。研究发现，工业是美国经济的核心，美国一直高度重视工业的发展，尽管工业占比持续下降，但生产效率明显上升，创新仍主要来自工业领域，工业产出仍维持增长，所谓的"去工业化"只是"统计错觉"，"强工业化"才是美国的根本发展逻辑。

研究认为，虽然"再工业化"的提出与金融危机、高失业率、高贸易赤字等有关，该战略有促进经济复苏等短期目标，但其根本目的是构建与占领未来产业制高点。"再"字的含义虽有重新重视工业的成分，但重心是重塑工业发展新动力。该战略已取得初步成效，经济衰退的势头已得到遏制，创新投入稳步增长、制造业投资明显净流入、制造业增长速度快于整个经济、货物出口显著增加、失业率大幅下降，等等。当然，由于"再工业化"致力于新兴产业与产业制高点的培育，大量投资集中在新兴产业领域，效果不会立竿见影，仍有许多指标未见明显改善。

在此基础上，本书从美国对华FDI、中国对美国ODI、中美贸易三个角度剖析了美国"再工业化"对我国产业结构升级可能的影响，并运用双重差分模型（DID）进行了实证检验。理论分析表明：①美国对华FDI大幅下降，对中国产业结构升级具有一定的负向影响，但影响并不显著，从长期看可能还存在着正面的影响；②中国对美国 ODI 快速上升，有助于推进中国产业结构升级，但需要较长的时间才能显现，所以对产业结构升级的短期推进作用并不显著；③中美贸易暂未受冲击，保持了平稳的发展势头，短期内对中国产业结构升级的影响并不显著，但考虑到美国会逐步加强贸易保护，长期影响不可忽视。综合三个角度，美国"再工业化"对中国产业结构升级未产生显著影响，实证检验也证实了该分析。但不能因此而忽视对该战略的研究与应对，实证检验只是检验了已经产生的影响，它的影响可能主要是潜在的、长期的，一些举措的影响要随着时间的推移才能逐步显现出来。而且，美国还可能不断推出新的举措，尤其是特朗普上台以来表现出明显的保护主义倾向，后续政策调整及影响不容忽视，值得继续深入跟踪研究。

在对策方面，既要应对短期的显性冲击，也要应对长远的潜在影响；既要化解不利的影响，也要抓住所带来的机遇；既要应对外部挑战，更要立足内部改革。对美国发起的零和举措，如贸易战、收购管制等，要见招拆招，坚决反制，做到"兵来将挡、水来土掩"，不给对方幻想和讹诈的空间。同时，尽可能提出双赢与多赢的方案或举措，在互利公平的前提下争取与美国的合作。从长期看，尤其要顶住一些外部压力，立足于长远推进内部改革，更好地发挥政府作用，发挥市场的决定性作用，实现产业政策转型，推进供给侧结构性改革，构建促进产业升级的微观与长效动力机制，为新兴产业培育、产业竞争力提升与结构优化创造良好的环境。

本书在写作过程中，参阅了大量的国内外文献，也得到了多位专家的指导，还得到了江苏高校优势学科建设工程三期项目南京审计大学工商管理学科的资助，在此表示衷心感谢。由于作者水平有限，书中难免有不当之处，恳请各位专家学者不吝指正。

目 录

导 论 ··· 1

第一篇 美国"再工业化"战略研析

第一章 美国"再工业化"的背景与主要举措 ······························ 17
    第一节 美国"再工业化"的背景 ··· 17
    第二节 美国推行"再工业化"的主要举措 ······························· 19

第二章 美国工业化道路考察 ·· 23
    第一节 美国工业发展历程简介 ··· 23
    第二节 美国工业与经济发展评析 ·· 32

第三章 美国"再工业化"的原因、本质与内涵 ·························· 51
    第一节 美国"再工业化"的原因 ··· 51
    第二节 美国"再工业化"的本质与内涵 ·································· 57

第四章 美国"再工业化"的成效与展望 ···································· 63
    第一节 美国"再工业化"的成效 ··· 63
    第二节 美国"再工业化"战略展望 ·· 76

第二篇 美国"再工业化"对中国产业结构升级的影响

第五章 "再工业化"、美国对华 FDI 与中国产业结构升级 ············ 83

第六章 "再工业化"、中国对美国ODI与中国产业结构升级 …… 107

第七章 "再工业化"、中美贸易与中国产业结构升级 …… 122

第八章 基于双重差分模型（DID）的实证分析 …… 148

第三篇 应对美国"再工业化"的对策

第九章 应对中美间投资与贸易变化的对策 …… 159
  第一节 顺势引导企业更好地对美国"走出去" …… 159
  第二节 利用自身战略资源吸引高质量外资 …… 162
  第三节 妥善应对中美贸易摩擦 …… 164

第十章 立足长远调整产业结构升级的思路 …… 171
  第一节 产业结构升级的内在逻辑与遵循之策 …… 171
  第二节 中国产业结构升级的攻关方向 …… 176
  第三节 美国工业化经验对中国工业结构优化升级的启示 …… 181

第十一章 政府角色与政策转型：钻石理论的视角 …… 185
  第一节 钻石理论的由来、主要思想与价值 …… 185
  第二节 产业结构升级中的政府角色：有为且有限 …… 189
  第三节 产业政策转型：从选择性到竞争性 …… 193

第十二章 推进供给侧结构性改革 …… 200
  第一节 供给侧改革的内在机理 …… 201
  第二节 供给侧改革的理论资源 …… 207
  第三节 供给侧改革的主要任务及对产业结构升级的影响 …… 210

参考文献 …… 218

导 论

一、研究背景

中国过去30多年的经济发展,总体上量在加速扩张,而质跟进维艰,主要表现为数量扩张占据主导地位,结构性矛盾呈现刚性化(徐光辉,2011),尤其是产业结构,尽管做出了较大努力,但仍久推难转(徐礼伯等,2016)。因此,尽管中国经济取得快速发展并已成为世界第二大经济体,但由于产业结构未能取得与经济增长同步升级,可持续发展受到挑战。随着中国经济进入新常态,产能严重过剩、有效供给不足等问题日益突出,加之要素价格持续上升、全球经济不景气等因素的影响,经济下行压力进一步增大。因此,为了突破经济可持续发展的"瓶颈",必须实现产业结构根本上的转型升级。

在我国推进产业结构升级的关键时期,2008年金融危机以来美国又提出"再工业化"战略[①],意味着全球价值链分工体系将发生较大调整,这对深度参与全球价值链分工、与美国经济有较多融合的中国来说,必定会对产业结构的转型升级产生较大的影响。在这样的背景下,有必要对美国的"再工业化"战略进行系统研究,深刻分析其对我国产业结构转型升级可能带来的影响,并提出对策,以更好地应对"再工业化"战略可能带来的冲击,同时以更好地抓住可能带来的机遇。

(一)理论意义

本书从产业史的视角,将"再工业化"战略放到美国工业化道路的全局中去考察,结合工业化道路的回顾与总结,对"再工业化"战略的背景、原因、意图、本质与内涵等进行系统的描述、分析与概括,总结出规律性的认识,并对"去工业化"、产业"空心化"、金融危机等问题形成新的理论观点。

---

① 实际上,以美国为代表的主要发达国家基本上都提出了各自的"再工业化"战略,本书聚焦美国的"再工业化"战略,有助于从深层次研析该战略并揭示其对我国产业结构转型升级的影响,进而为研究整个发达国家的"再工业化"打下较好的基础。

在此基础上，本书构建了一个分析美国"再工业化"对我国产业结构升级影响的综合框架，该框架综合了美国对华FDI、中国对美国ODI、中美贸易三个角度，有助于在理论上全面深刻剖析其影响及机理。"再工业化"将改变全球价值链分工体系，改变产业主要从发达国家向发展中国家单向转移的状况，本书从理论上探讨在发达国家制造业回流条件下我国如何进行产业结构升级，并将波特在《国家竞争优势》中提出的钻石理论应用到产业结构转型中，将丰富现有的全球价值链分工理论体系以及我国的产业结构转型升级理论体系。

（二）实践意义

我国经济发展正处于"三期叠加"的关键阶段，面临着资源、环境的巨大压力，经济发展正走向新常态。因此，实现产业结构的优化升级，构建经济发展新动力，已成为未来发展的重要战略任务。然而，美国"再工业化"的战略，对我国的产业结构转型升级带来了不可忽视的影响。据美国商会预测，大约30%在华的美国企业正在将生产基地迁回美国，另外还有30%以上的美国在华企业有此计划；据Fratocchi（2014）的调研显示，当前发达国家制造业回流的案例51%来自于中国；奥巴马在2015年《国情咨文》中夸张地提到，超过半数的制造业高管表示他们正积极寻求将来自中国的就业机会带回美国，暗指在华制造业美企有很高比重准备撤离中国，美国"再工业化"对我国经济影响的程度由此可见一斑。

因此，加强对美国"再工业化"的影响与对策研究成为我国经济发展的当务之急。本书从我国产业结构升级的实际出发，立足于解决迫切的重大现实问题，有利于科学应对美国"再工业化"的影响，既减小其冲击，又抓住其带来的机遇，采取有效的措施，更好地实现产业结构转型升级，以实现经济增长动力的成功切换。

需要说明的是，"再工业化"并不是一个新话题，早在20世纪70年代，德、美、法、日等国就已经提出，基于当时经济环境的特殊性及"再工业化"战略对我国影响很小，当时只有金慰祖和于孝同（1980）、佟福全（1982）等极少数学者对其进行了研究，研究的内容主要限于对"再工业化"战略本身的解读。鉴于金融危机以来美国再次提出"再工业化"战略的特殊性及对我国可能产生的较大影响，故本书只对本次的"再工业化"进行研究。

二、国内外研究现状

（一）国内相关研究

美国"再工业化"引起了国内学者的高度关注，在短时间内产生了较丰富的研究成果和文献资料，总体上主要关注以下三个方面的问题：

(1) 美国"再工业化"的原因与实质。沈坤荣和徐礼伯（2013）、金碚和刘戒骄（2009，2010）、刘戒骄（2011）、黄永春等（2013）、左世全（2012）、赵刚（2010）、陈宪（2012）、王俊（2011）、陈宝明（2010）、宾建成（2011）、周院花（2010）、盛斌和魏方（2010）等认为美国"再工业化"的主要原因是产业"空心化"现象严重、制造业竞争力下降，主要目的是为了占领未来产业制高点；少数学者持就业观或选举观，持"就业观"的学者认为失业率居高不下是美国推行"再工业化"的重要原因，持"选举观"的学者认为选举因素是其提出"再工业化"的重要原因，提出这个战略主要是选举宣传需要，并无实质内涵，更无实施的长期计划。

另有部分研究在分析"再工业化"战略的基础上，讨论了其取得的成效。如侯雅曼（2014）根据就业、投资、消费、宏观经济稳定性等数据分析认为"再工业化"取得初步成效，认为"再工业化"政策具有现实效果，也具有战略意义，是一项有短期、中期、长期目标的可行战略。柴天骄（2015）指出，美国"再工业化"是基于2008年金融危机爆发，美国经济遭受重创后的反思，认为"再工业化"战略在制造业生产能力、创造就业等方面有了一定的改善。张雨（2014）从美国制造业对外直接投资、制造业产值、制造业就业、制造业对外贸易等指标分析，认为数据并不能证明"再工业化"战略取得成效。

(2) 美国"再工业化"对我国产业转型升级的影响。部分学者认为美国"再工业化"会对我国产业形成一定冲击，如赵彦云等（2012）、王俊（2011）、唐志良和刘建江（2012）、宾建成（2011）、赵刚（2010）等分别从制造业产业价值链、贸易等角度对不同类型产业发展可能的负面影响进行了研究。

部分研究认为"再工业化"对我国产业结构升级影响不大，如徐冰曦（2014）从FDI的资本推动、技术推动、产业关联、国际贸易等角度较系统地研究了"再工业化"对我国产业升级的可能影响，认为尽管美国在重塑制造业方面显得志在必得，但对我国制造业的冲击尚未显现出明显趋势，对我国产业升级的影响还不明确；卞修倩（2014）虽然研究发现发达国家再工业化战略对我国制造业国际竞争力产生了负面影响，但认为对我国基于劳动成本建立的竞争优势在短期内受到的影响并不显著；贺靖媛（2012）分析了美国在华制造业撤资动因及影响，认为美国制造业回流不是简单地走回头路，不会影响我国对其他发展中国家的相对优势，我国作为全球制造业主要承接者的地位短期内不会改变。

部分学者在看到冲击的同时，还看到了其对我国产业发展带来的新机遇，如郭晓蓓（2018）、罗凯和刘金伟（2010）、沈坤荣和徐礼伯（2013）、叶慧珏（2012）等认为其在一定程度上带来了"走出去"、调整出口产品结构、拓展国际合作等机遇。还有一些学者虽然没有直接分析"再工业化"的冲击与机遇问题，但分析了"再工业化"战略的客观困难重重，让我们在分析其带来的冲击时更加理性和冷静，如宾建成（2011）、盛斌和魏方（2010）等。

（3）应对美国"再工业化"的对策。部分学者从"再工业化"中看到了提升自主创新能力、发展先进制造等高技术产业的必要性，如周院花（2010）、李大元等（2011）、唐志良和刘建江（2012）、左世全（2012）等。部分学者从预防产业"空心化"的角度进行了分析研究，如孟祺（2012）、刘戒骄（2011）等。部分学者从美国"再工业化"战略注重发展重点产业的角度研究我国产业发展问题，如沈坤荣和徐礼伯（2013）、赵刚（2011）等。

（二）国外相关研究

国外学者也高度关注"再工业化"问题，但他们只关注战略本身，没有讨论其对中国产业发展的影响，主要研究以下四个方面的问题：

（1）美国制造业的状况。学者们总体上认为美国制造业竞争力下降，有的还比较悲观。如 Pisano 和 Shih（2014）认为，美国"去工业化"比较严重，制造业的过度外包引起产业链的外移，导致许多工业产品美国已不能制造，而且制造业的衰落会在长期内侵蚀美国的创新能力。Robert 和 Dean（2010）研究发现美国在铁路工业、新能源等领域已持续落后于德国、西班牙、日本、韩国和中国。Atkinson 等（2012）认为美国制造业衰落比大萧条更可怕，认为在复杂技术领域，美国的领导地位也处于危险之中。但也有学者持有不同观点，如 Martin 和 Barry（2014）认为，美国制造业仍是明显的技术创新领域。Houseman 等（2010）认为美国制造业生产效率显著提高。

（2）造成美国制造业竞争力下降的原因。主要集中在两个方面：第一，对外投资。如 Porter 和 Rivkin（2012）分析了近年来美国大量企业进行海外投资，认为是造成竞争力下降的原因。Pisano 和 Shih（2009，2012）认为，几十年来美国一直外包制造业是一场灾难，因为今天低价值的制造业保留了明天创新的种子，太多公司根据狭隘的财务标准进行生产决策，不考虑在国内保持制造业是否更具战略意义，或考虑其对创新的影响，结果造成美国制造业大量流失，削弱了国内企业不断创造高质量、低成本产品的能力。

第二，对外贸易。如 Autor 等（2013）认为，进口增加导致更高失业率，降低了劳动市场的工资。Pierce 和 Schott（2012）认为，美国从中国进口降低了就业机会，尤其是低技术工人的就业造成更大的损失。Atkinson 等（2012）认为，制造业失去岗位是因为其他重商主义国家的贸易政策操控所导致的等。Morrison（2012）则专门针对中国，认为中国未能履行对 WTO 的承诺，特别是在产业保护方面，未能保护知识产权，存在出口补贴等，从而损害了美国的产业。

但也有学者持有不同的观点，如 Campbell（2013）、Bobert 和 Edwards

（2013）研究发现，新兴经济体尤其是中国的进口增加并不是美国制造业就业率下降的因素，至少不是主要因素。Houseman 等（2011）认为，向国外供应商采购是成本下降的重要原因，研究发现来自中国和其他发展中国家的进口商品与服务投入对美国生产率增长被低估了。Edwards 和 Lawrence（2013）研究认为，与新兴经济体贸易、新兴经济体增长符合美国利益，关键美国要能适应①。Martin 和 Barry（2014）认为，贸易不平衡主要是宏观经济现象，反映了国家储蓄和国内投资之间的差距。

（3）实施"再工业化"战略的必要性。研究主要围绕降低失业率、经济复苏、产业振兴等角度进行讨论。如 Helper（2008）认为，制造业衰落损害了美国经济，故必须改变这一状况。Pollin 和 Baker（2010）用崩溃来描述2008～2009年的美国经济状况，从解决就业的角度讨论了再工业化。Schulz（2011）从就业、工业产出、消失的工厂数量等方面论述了美国实施再工业化战略的必要性。Pisano 和 Shih（2009）认为，要恢复美国开发和创造高技术产品的能力，唯有如此国家才能偿还赤字，提高生活水平。Robert 和 Dean（2010）认为，"再工业化"战略有助于振兴相关产业和创造数以百万计的就业机会，并提出了建立公共基础设施等措施等。

（4）"再工业化"的对策。多位学者或机构从税收角度进行了讨论。如 Pricewaterhouse Coopers（2012）认为，需求、人才、资本的可用性是美国对新投资具有吸引力的因素，但税收使美国相对缺乏吸引力，应实施关税；Atkinson 等（2012）建议加大政策支持力度，如降低公司税率。Feenstra 等（2013）认为关税削减对提升美国生产率具有明显的促进作用，主张降低关税。

针对美国公司大量对外投资的问题，Martin 和 Barry（2014）认为，重要的是要理解为什么美国不被认为是具有吸引力的生产基地，同时指出关键是要让包括国内和国外在内的公司在美国生产有利可图，但不主张为制造部门提供税收、补贴等特殊待遇，认为这些特殊政策对制造业会产生不利影响。

在金融危机之后，美国经济遭受重创，无论政界还是学界都很重视短期的恢复，但仍不乏从长远角度思考问题与对策的学者。如 Pollin 和 Baker（2010）在关心失业率下降、房地产市场稳定、银行放贷等短期问题与挑战时，更谈到了长期的挑战，如何重建一个健康的制造业，以替代金融泡沫获取经济新的增长引擎。Pisano 和 Shih（2014）则讨论如何保持美国创新能力的健康发展，指出应立

---

① 根据 Edwards 和 Lawrence（2013）的观察，金融危机导致美国人对全球贸易利益看法发生了根本变化，认为与新兴经济体贸易是美国工人失业的主要原因，但他们的研究不支持这样的观点。

足于振兴产业公地①，以为制造业构建长期竞争优势创造条件。Hart 等（2012）认为美国缺少资金充足的制造业创新中心，指出世界制造领先国家都有这样的中心，如德国，这些中心加强技术布局，支持教育和培训，并对新工艺进行研究。因此，他们建议成立国家制造创新网络（NNMI），认为对提升制造业竞争力至关重要②。

（三）简要述评

现有文献从产业升级、产业制高点、产业"空心化"、创新、就业、选举等多个视角分析了美国"再工业化"战略，也从不同视角分析了其对我国的影响与启示，部分文献还提出了对策。这些有益的工作与探讨，有力地推动了各界的思考与讨论，为进一步深入研究"再工业化"问题打下了较好的基础。

但对"再工业化"本身缺乏深入系统的研究，多是学者们主观的解读，对其原因、本质、目标等的认识存在一定分歧。学者们都认同美国"再工业化"会对我国产业结构升级产生影响，但对影响的程度、方向、机理还没达成共识。由于此次美国提出"再工业化"的时间不长，留给研究的时间以及经济运行积累的数据并不多，现有研究基本上是探讨性的，缺乏深入系统的理论分析，缺乏实证研究，更缺乏在理论构建基础上比较系统深入的对策研究。笔者仅检索到两篇实证研究美国"再工业化"对中国产业发展影响的文献，且都是硕士学位论文，一篇研究了其对中国制造业国际竞争力的影响（卞修清，2014），另一篇从FDI 的角度研究了美国制造业回归对中国产业升级的影响（徐冰曦，2014）。基于此，本书在现有研究的基础上，主要研究三个方面的内容，以弥补现有研究的不足。

三、研究内容

一是深入研析"再工业化"战略，搞清楚美国到底为什么要搞"再工业化"？它的本质、内涵与目标到底是什么？准确判断、把握美国"再工业化"战略是本研究的基础。

二是通过理论分析与实证研究弄清楚美国"再工业化"对我国产业结构转型升级到底会产生什么影响？搞清楚其影响及机理是准确采取对策的前提。

三是分析我国该如何应对。采取科学有效的对策，应对"再工业化"的机

---

① 产业公地是指一系列能够支撑多个行业发展的关键能力的集合，例如基础设施、专业知识、工程制造能力等，他们认为产业公地是产业发展的基础，只有振兴产业公地才能实现美国制造业的复兴。

② 2012 年 3 月，白宫宣布投资 10 亿美元设立国家制造创新网络（NNMI），不排除采用了该学者建议的可能，笔者查到该文献的发表时间亦为 2012 年，由于成果发表具有时间滞后，实际建议时间应该在这之前。

遇与挑战，有效推进产业结构转型升级是本书的核心价值所在。

（一）研析美国"再工业化"战略

为了准确、深刻认识和把握美国"再工业化"战略，本书拟从更大的视角，从美国整个经济与工业发展的历史与全局高度来认识这一重要的决策，主要研究以下几个问题：

（1）美国经济发展历程与工业化道路的回顾与评析，尤其对工业发展及其在国民经济中地位的变化、主导产业的演变、在世界的竞争地位、产业"空心化"与本次金融危机等问题要重点分析。

（2）"再工业化"的背景、原因、内涵与本质分析，从美国工业发展全过程的角度分析美国产业结构演变、现状与问题。

（3）评估"再工业化"对美国经济产生的影响与效果，包括美国经济增长、产业结构、就业、贸易、投资（包括对外直接投资、吸引外资、国内私营投资）、创新等方面，分析美国未来在"再工业化"方面可能的政策动向。

（二）剖析美国"再工业化"对中国产业结构转型升级的影响及其机理

（1）收集2002~2015年美国对华FDI、中国对美国ODI、中美贸易等数据，分析美国"再工业化"战略对相互投资及贸易的影响。

（2）以直接投资理论、全球价值链分工理论、边际产业扩张理论、新增长理论等为基础，从美国对华FDI、中国对美国ODI、中美贸易三个角度，对美国"再工业化"对我国产业结构升级的影响及机理进行系统的理论分析。

（3）运用双重差分模型（DID）对美国"再工业化"对中国产业结构转型升级的影响进行实证分析。

（4）根据"再工业化"战略对美国经济产生的影响与效果的评估以及美国可能采取的后续政策调整分析，探讨其可能对中国产业发展的进一步影响。

（三）美国"再工业化"背景下，中国产业结构转型升级的对策研究

（1）中国如何应对因美国"再工业化"引起的中美间相互投资与贸易关系的变化，包括如何引导企业对美更好地"走出去"、如何吸引外资、如何应对中美贸易摩擦。

（2）立足长远调整产业结构升级的思路，从产业结构升级的内在逻辑角度讨论产业结构转型升级的目标与路径选择，淡化对产业间比例结构的片面追求，探讨中国产业结构升级的攻关方向。

（3）讨论如何进行政府角色定位调整与产业政策转型，以让政府更好地发挥作用和发挥市场的决定性作用，形成让企业更具活力的微观动力机制。由于美国"再工业化"对中国产业发展及结构调整的主要影响是潜在的、长期的，因此在应对的过程中应有战略定力，坚持系统思维、长期思维。归根结底要推动内

部改革，内部改革才是真正积极的、长期的、根本上的应对。

（4）如何推进供给侧结构性改革，分析供给侧改革的内在机理、理论依据、主要举措等，着力提高供给体系质量和效率，增强经济持续增长动力，有助于从长远推进产业结构升级。

四、研究方法

（一）文献法

本书系统研习与梳理了大量关于美国经济与工业发展、美国"再工业化"及其影响、金融危机、中国产业结构升级等大量文献资料。从美国工业化道路全局的角度深入剖析、准确把握美国"再工业化"的内涵与本质，加强了对美国经济与工业史的系统研习。

（二）描述与统计

本书为了深层次揭示美国经济与工业化道路全貌及美国"再工业化"的本质、内涵及影响等问题，收集与整理了大量数据资料，根据研究需要绘制形成了近百个图表，系统展示了美国经济发展历程、"再工业化"及其成效、中美相互投资与贸易变化等信息。

（三）理论逻辑分析

本书在已有文献及对大量数据解读的基础上，通过理论逻辑分析对美国工业化道路形成的基本发展逻辑、"再工业化"的本质与内涵、未来政策演变趋势等问题进行深入探讨与研究，形成了一些重要的判断与观点。

在美国"再工业化"对我国产业结构升级的影响及对策方面，结合文献、专家咨询等方法，以直接投资理论、价值链理论、边际产业扩张理论、新增长理论等为基础对其产生影响进行分析，以产业结构优化论、钻石理论、技术累积产业升级理论等为基础进行对策探讨。由于美国"再工业化"对我国产业结构的影响更多是潜在的、长期的，其政策本身是动态的，对美国"再工业化"对我国产业结构的长期影响更要借助理论逻辑分析来判断。

为了提高理论逻辑分析的效果，本书将举例论证方法融合到其中，选择合适的典型案例对一些关键性的作用机制与理论观点加以论证，便于读者深入理解。本书列举了华为、海尔、福耀、联想、中车等企业，对选取到的企业并不做系统的案例研究，而是引用每个案例中最能说明问题的方面来对理论问题进行论证，以进一步支撑理论分析，提高研究效率。

（四）实证分析

由于美国"再工业化"的推进已有一段时间，积累了一些数据，为实证研究打下了一定基础。本书采用双重差分模型（DID）和面板固定效应模型对其对中国产业结构升级的影响进行了实证研究。但实证检验只能判断美国"再工业化"对中国产业结构升级已经产生的影响,对后续长期影响仍只能依赖理论研究。

(五)专家咨询

为提高研究质量,本书在研究思路、研究视角、研究框架、研究方法、理论分析、实证检验的各个环节都邀请了高水平专家指导,吸收了许多好的建议。如南京大学葛扬教授建议从更大的视野理解与把握美国"再工业化"问题,启示本书将其放到美国工业化道路的全局中去考察;南京大学沈坤荣教授建议从美国产业发展经验中借鉴思考构建适合中国国情的产业体系;西北大学钞小静教授对实证方法给出了好的建议,启发笔者采用了双重差分模型等。对专家们的帮助在此一并表示感谢。

五、研究思路与结构安排

(一)研究思路

在产业结构升级中要科学应对美国的"再工业化"战略,前提是搞清楚该战略到底会对我国产业结构产生怎样的影响;要准确分析这种影响,前提是正确认识美国"再工业化"的本质。因此,本书首先研析美国"再工业化"战略,其次分析其对我国产业结构转型升级的影响,最后进行对策研究。

在研析美国"再工业化"战略时,主要从美国产业史与工业化道路全局的角度进行审视与分析。在研究其对我国产业结构转型的影响时,着重分析内在的影响机理,定性分析与定量研究、理论分析与实证检验相结合。不仅分析对产业结构升级的冲击,也分析对产业结构升级的机遇;不仅分析短期直接显性影响,也分析长期间接潜在影响。

在对策研究方面,既着眼短期,又立足长远,既考虑应对美国产业回流、投资下降、贸易摩擦等的短期冲击,又考虑如何应对美国"再工业化"的长远潜在影响,从长远利用世界产业格局调整的机会来升级产业结构与提升产业竞争力。从短期看,主要是如何应对中美双方投资与贸易关系的变化。从长期看,主要是如何顶住外部压力,调整产业结构升级思路与推进内部的改革。思路调整上主要在于更好地认识与把握产业结构升级的内在逻辑,内部改革的重点在于调整政府角色定位与产业政策转型,通过更好地发挥政府作用让市场发挥决定性作用。

(二)结构安排

根据研究目标,对应三个主要研究内容,本书的结构安排如下:除了本章导论外,共分三篇,每篇对应一个主要研究内容。第一篇为美国"再工业化"研析；第二篇为美国"再工业化"对中国产业结构升级的影响；第三篇为应对美国"再工业化"的对策。每篇均由四章组成，全书除导论外共十二章。

六、可能的创新

（一）从产业史的视角以及美国工业化道路全局的高度研析美国"再工业化"

"再工业化"战略只是美国工业化道路中的一个插曲，它不是一个孤立事件，离不开工业化道路的全局以及长期形成的基本规律与发展逻辑。因此，有必要从美国整个工业化道路全局的角度来认识和思考该战略，以防"一叶障目"。相对而言，现有研究正是缺乏整体思考与系统分析，导致一些研究往往是局部的就事论事或主观判断，研究呈现碎片化，难以看清事物的全貌与抓住问题的本质。

基于此，本书从产业史的视角，系统回顾了美国工业发展历程，总结出美国在长期工业化过程中形成的基本规律与发展逻辑，并将"再工业化"战略放到美国工业化道路的全局中考察，弄清"去工业化"、产业"空心化"、金融危机、贸易逆差等问题的来龙去脉，消除一些认识上的偏差。

突破现有研究视角的局限是本书的一个创新，也正因如此，本书率先对美国"再工业化"战略的背景、原因、意图、本质与内涵等进行了较系统全面的描述、分析与概括，总结出规律性的认识，对相关热点问题还形成了新的理论观点。

美国工业从无到有、从弱到强，创造了一个个奇迹，支撑了美国的强国地位。纵观美国工业化道路全局，工业是美国的立国之本、竞争力之源、经济之核心，美国一直高度重视工业的发展，一直致力于做强工业，维护其竞争地位，从未将工业之外的产业视为经济支柱。美国对工业的发展一直有很强的忧患意识，无论竞争地位多高，都致力于对新技术的研发与投入，以及未来产业的培育与开发，这也是美国能持续实现支柱产业较好更替的原因。

近几十年来，尽管美国工业占比持续下降，但并不意味着美国不重视工业了，更不意味着美国工业竞争力不行了。美国工业生产效率仍明显上升，创新仍主要来自工业领域，工业产出仍维持增长。占比下降的主要原因是工业分工的深化，越来越多具有服务功能的环节分离出来，形成服务业，加之美国通过全球产业布局将附加值相对较低的制造环节分离出去，这些其实都是工业做强的标志。所谓后工业化是工业高度发达的阶段，并不是工业不重要的阶段，越是在后工业化阶段，各国在产业制高点上的竞争越白热化，后工业化阶段的发展逻辑仍是"强工业化"，而不可能是"去工业化"，所谓的"去工业化"只是"统计错觉"。

即便是2008年的金融危机，其发生的原因虽与金融过度发展有关，但出发点恰恰是为了发展实体经济。因为在20世纪80年代，美国传统工业全面衰落，为了发展以信息技术为核心的高新技术产业，让资金更多流入到创新领域，美国逐步放松了金融管制，促进了金融创新，分散了创新风险，从而使信息技术得到革命性的发展，造就了新经济的传奇，美国又重新引领世界。当然，由于金融管制的放松，也带来了虚拟经济过度膨胀的问题，导致了金融危机，这是发展高新技术产业的成本或代价。教训值得总结，但不能因此否认美国"强工业化"的逻辑。

虽然"再工业化"的提出与金融危机、高失业率、高贸易赤字等有关，该战略有促进经济复苏等短期目标，但其根本目的是构建与占领未来产业制高点。"再"字的含义虽有重新重视工业的成分，但重心是重塑工业发展新动力。

(二) 综合多视角的系统深入机理分析与实证检验

现有研究中，美国"再工业化"对我国产业结构升级的影响，主要是某个角度下定性的分析，实证研究很鲜见，笔者只检索到2篇实证研究文献，都是硕士论文，且仅从某一个角度进行了实证检验。

本书为了全面分析该战略对我国产业结构升级到底会产生怎样的影响，将其可能的影响途径都考虑其中，综合FDI、ODI、贸易三个角度，对短期与长期的影响进行了系统的理论逻辑分析，有助于全面深入认识与把握该战略的影响，并用双重差分模型（ODI）进行了实证检验。本书是第三个对该问题进行实证检验的研究，与前两个研究相比，视角更综合全面，方法也是全新的。

(三) 对策选择视角的新颖性

产业升级的基础在于企业，因此在对策选择时将着力考虑构建微观动力机制，构建促进企业健康发展的土壤。现有研究与理论多从宏观或中观角度思考产业结构转型，较多考虑三次产业间的比重关系问题。中国在这方面已取得了较大进步，但三次产业本身内部的结构与发展水平均不高，是中国产业竞争力低的主要问题，也将制约产业间关系的进一步优化。

故本书更注重对产业结构升级内在机理的遵循，着眼于构建产业结构转型升级的微观动力机制，促使企业层面实现健康的战略转型，以提升企业的核心竞争力进而实现产业竞争力提升。

在政府职能转变、产业政策转型等对策的选择上，本书强调引入钻石理论为指导，既有助于提升对策的科学性，也有助于丰富发展该理论。产业结构升级的根本目标是培育起具有一流竞争力的产业，而钻石理论正是在研究一些主要工业国家的产业发展经验中总结提炼出来的。钻石理论关注的问题与我国产业转型要解决的问题是高度一致的，但很可惜该理论在我国经济学界没有引起应有的重视。

（四）跨学科的视角

本书将经济学的宏观、中观视角与管理学的微观视角相结合。微观企业是产业结构升级的基础，现有研究基本都是从经济学的角度讨论产业转型，缺乏从管理学角度的思考。本书结合管理学的角度思考企业能力构建与提升，有助于从根源上解决产业结构升级动力问题。

七、研究不足与展望

（一）对特朗普政策调整缺乏深入研究

在本项目研究的过程中，美国政府换届，共和党人特朗普上台后，对美国的内政外交进行了一系列大的调整，由于一些调整的力度空前，如内部的税改以及外部的一系列退群，尤其是通过发动贸易战对多边贸易体制的挑战。笔者认为，尽管特朗普对奥巴马政府的许多政策进行了调整，但对重振美国制造业的基调不仅没有改变，反而可能有所强化，因此，特朗普政策基调总体上仍是"再工业化"的延续而不是改变。

但毫无疑问，特朗普与前任政策基调还是有了不少偏差，有的政策对中国产业发展影响不可小觑，比如税改，它对吸引全世界资本包括在华资本向美国流动的影响难以估计。由于时间关系，本书未来得及对此问题进行深入研究，后续将申请新的项目专门对特朗普的执政理念、经济思想、主要政策及影响进行系统深入研究。

（二）对与发达国家之间产业双向流动下的理论研究不够系统深入

现有研究多从发达国家"去工业化"角度分析全球价值链分工中中国产业结构转型升级问题，这时产业基本上是从发达国家向发展中国家单向转移的，但在"再工业化"视角下，产业在发达国家与发展中国家之间可能有较多的双向流动。美国"再工业化"可能是发达国家产业向发展中国家单向转移的"拐点"事件，现有的全球价值链分工理论是在发达国家将低附加值的环节向发展中国家转移的背景下产生和发展的，无论处于价值链分工中的什么环节，都是在这个前提下考虑产业发展问题的。现在该理论的前提条件发生了改变，亟须产业双向流动下的产业转型升级理论。

本书在理论分析中涉及了相关机理，有一些新的发现与观点，如在理论分析中发现主动向发达国家ODI有着比发达国家FDI独特的技术溢出效应，有助于推进后续研究。但由于研究方向原因，未能在这方面进行系统深入的理论研究，也没有提出新的理论模型或框架，后续研究值得对此进行深入探讨。

(三) 缺乏对具体产业的深入研究

本书系统分析了美国"再工业化"对我国产业结构升级的影响机理,这个机理不仅适用于产业结构的整体升级,也适用于具体的产业。本书在实证研究中采用的是整体产业结构的数据,没有针对具体产业进行研究,未来研究值得逐步向一些重要的具体产业拓展。

第一篇 美国"再工业化"战略研析

系统深入研析美国"再工业化"战略是本书的核心内容之一，它是正确分析该战略对我国产业结构升级影响的前提与基础，尤其是长期潜在的影响。"再工业化"战略并不是一个孤立事件，它是美国工业化道路的组成部分，脱离不开美国长期工业化道路中形成的基本规律与发展逻辑。

因此，本篇从介绍"再工业化"战略的背景与主要举措出发，在对美国工业化道路回顾、分析与总结的基础上，将该战略放到美国工业化道路的全局中考察，弄清楚一些关键问题的来龙去脉，对该战略的背景、原因、意图、本质、内涵、成效等进行系统的描述、分析与概括，以防被表面现象与局部问题所迷惑。

第一章 美国"再工业化"的背景与主要举措

第一节 美国"再工业化"的背景

"再工业化"是指重新重视和发展工业,包括改造提升现有工业和发展新工业的过程(刘戒骄,2011),它是以美国为代表的发达国家基于工业在国民经济中的地位不断降低、工业品在国际市场上的竞争力相对下降、国内工业性投资相对不足而提出的一种"回归"战略(沈坤荣、徐礼伯,2013)。自进入后工业化时代以来,美国经历了一个"去工业化"的过程,劳动力迅速从第一、第二产业向第三产业转移,制造业大规模向新兴工业化国家转移,使得制造业在国民经济与世界制造业中的比重均持续下降,地位似乎有所动摇。

从进出口数据来看,根据BEA的数据,美国2008年货物贸易出口13088亿美元,进口21413亿美元,逆差8325亿美元,服务业出口5328亿美元,进口4091亿美元,顺差为1237亿美元,由于服务贸易顺差仅为货物贸易赤字的14.9%,弥补了服务贸易的顺差,整个商品与服务贸易还是存在7088亿美元的巨额逆差。

从占世界工业的比重来看,1948年美国的工业产量占世界总产量的54.6%(乔晓楠、张欣,2012),之后一路下滑,到1980年时美国制造业增加值占世界的比重仅占20.83%,2009年下降到18.41%,而1980~2009年中国的比重却从4.74%增加到21.22%(见表1-1)。从总量上看,2008年美国已小于中国。

表1-1 主要工业国制造业占世界比重变化 单位:%

年份	1980	1990	2000	2007	2008	2009
美国	20.83	22.59	26.01	18.69	17.44	18.41
中国	4.74	3.15	8.16	15.46	18.28	21.22
日本	10.70	17.57	17.43	9.82	9.46	10.88
德国	8.95	9.50	6.61	7.56	7.21	5.88
法国	4.99	4.34	3.20	3.09	2.97	2.63
英国	4.49	4.47	3.83	3.30	2.69	2.26

数据来源：刘戒骄.美国再工业化及其思考［J］.中共中央党校学报，2011（2）.

从占国内GDP的比重看，美国制造业占GDP的比重从1970年的28.9%降到2005年的15%左右，再到2009年的11%左右，而2005年德国、韩国、中国分别为21.7%、28.9%、34.1%（宾建成，2011；金碚、刘戒骄，2010）。

从就业人数上看，从1980年到2009年，美国总就业人数增加了3719万人，达到13092万人，但制造业却减少了841万人，制造业就业占总就业比重仅为9.1%（刘戒骄，2011）。2000年以来，美国的失业率一直维持在5%左右，2006~2007年的失业率还略下降到4.6%，但自2008年金融危机以来，美国的失业率快速上升，在2008年末达到7.3%，2009年10月达到10.0%（见表1-2），超过了1930年经济大萧条时的失业率（8.9%）。

表1-2 美国金融危机前后失业率变化 单位:%

2006年	1月	2月	3月	4月	5月	6月	7月	8月	9月	10月	11月	12月
失业率	4.7	4.8	4.7	4.7	4.6	4.6	4.7	4.7	4.5	4.4	4.5	4.4
2007年	1月	2月	3月	4月	5月	6月	7月	8月	9月	10月	11月	12月
失业率	4.6	4.5	4.4	4.5	4.4	4.6	4.7	4.6	4.7	4.7	4.7	5.0
2008年	1月	2月	3月	4月	5月	6月	7月	8月	9月	10月	11月	12月
失业率	5.0	4.9	5.1	5.0	5.4	5.6	5.8	6.1	6.1	6.5	6.8	7.3
2009年	1月	2月	3月	4月	5月	6月	7月	8月	9月	10月	11月	12月
失业率	7.8	8.3	8.7	9.0	9.4	9.5	9.5	9.6	9.8	10.0	9.9	9.9

数据来源：http://stats.bls.gov/charts/employment-situation/civilian-unemployment-rate.htm.

美国通过对外投资、外包等方式将制造业中技术含量较低的环节转移到发展中国家，充分利用其廉价劳动力资源，提升了自身的经济效率和竞争力，但产业的大规模转移也造成了所谓的产业"空心化"、失业、贸易逆差等问题，引起了

第一章 美国"再工业化"的背景与主要举措

美国部分民众的强烈不满。尤其2008年金融危机爆发，重创了美国经济，促使美国开始反思经济过分"避实就虚"和"避重就轻"的危害，认为要改变债务推动型的增长模式，要回归实体经济，依靠出口推动和制造业增长重新走上可持续增长道路（沈坤荣、徐礼伯，2013）。

2009年11月2日，奥巴马总统在白宫一次演说中指出，美国经济要从过去维系在金融信贷之上的高消费模式转向出口推动和制造业推动的发展模式，把经济发展重点转移到制造业，依靠制造业和创新来提升美国经济的活力，以促进经济可持续发展。由于奥巴马总统的这次演说具有重要的象征意义，有学者将这次演说看成是实施"再工业化"战略的标志性事件。

但实际上，在这之前，从2009年初美国就开始陆续出台了一系列促进制造业发展的政策，尤其是奥巴马总统在2009年2月17日签署的《美国复兴与再投资法案2009》（ARRA），也有学者认为这是"再工业化"开始的标志性事件。因此，"再工业化"战略并没有一个明确的具体时间点，但这并不影响对该战略的研究。

第二节 美国推行"再工业化"的主要举措

奥巴马政府为了保障"再工业化"的实施，出台了一系列重要举措，设立了多个相关专门机构，出台了相关法案、计划、蓝图、咨文等，打出了一整套"组合拳"，形成了多角度、全方位、立体式的综合政策体系。由于种种限制，本书不能穷尽所有"再工业化"战略的举措，这里仅列举一些有重要影响的决策。

2009年2月17日，奥巴马签署《美国复兴与再投资法案2009》（American Recovery and Reinvestment Act of 2009，ARRA），推出了总额为7870亿美元的经济刺激方案，目的是通过为居民和企业减税来鼓励投资和消费，扩大就业，刺激经济复苏，其中，基建和科研、教育、可再生能源与节能项目、医疗、环保等成为投资重点。这个法案侧重于短期的经济复苏，也兼顾了未来产业发展的基础性投资。它虽没有明确提出振兴制造业，但其投资的领域是以实体经济为重点的，故其实际上是实施"再工业化"战略的重要组成部分，而且是一个特别重要的法案，它推出的巨额投资为经济快速复苏打下了较好基础。

2009年12月，白宫发布《振兴美国制造业框架》（A Framework for Revitalizing American Manufacturing，ARAM），详细分析了美国制造业所面临的重大威

胁，计划从7个方面破解再工业化难题。2010年1月，奥巴马在国会发表《国情咨文》（The State of the Union Address），又提出"出口倍增计划"，旨在未来5年使美国的商品出口翻一番，并以此创造国内200万个就业岗位。2010年3月，奥巴马签署行政命令"国家出口倡议"，并成立总统出口委员会。2010年7月，发布"国家出口倡议进展报告"，增加总统出口委员会成员。

2010年8月11日，奥巴马签署《美国制造业促进法案2010》（United States Manufacturing Enhancement Act of 2010），该法案是对美国关税制度的及时调整，政府试图通过减免关税以促进本国制造业的发展，从而推动经济增长以及就业问题的解决。奥巴马还就该法案发表了谈话，谈到了立法所提供的好处，包括创造就业机会、帮助美国公司变得更具竞争力、加强制造业等。此外，奥巴马还呼吁国会为清洁能源制造业提供税收优惠，以帮助提高私营部门投资。

2011年3月30日，美国政府发布《能源安全未来蓝图》（Blueprint for a Secure Energy Future），全面勾画了国家能源政策，提出确保美国未来能源供应和安全的三大战略：①集中精力开发和保证美国现有的能源供应，包括技术创新的专业知识的使用以开发更多能源；②为消费者提供降低成本和节约能源的选择，这些选择包括在家庭或工作场所提供更实惠的、燃油效率更高的先进车辆，替代现有运输模式；③实现清洁能源技术创新，清洁技术是能源独立的必要条件，美国将资助这方面的研究来鼓励清洁技术的创新。

同一天，奥巴马在位于华盛顿特区的乔治城大学发表演讲，提出实现能源目标的具体措施，要求在2025年前将美国的进口石油量削减1/3。他说："减少对石油的依赖主要取决于两件事情：第一，在我们自己的国土上寻找和生产更多的石油；第二，通过更清洁的替代燃料和更高的能源效率，全面减少我们对石油的依赖。"

2011年6月15日，奥巴马签署行政命令，成立"选择美国"项目办公室，这个部门横跨23个部委，由商务部部长牵头，是直属商务部的联邦政府层面的招商引资办公室，旨在推动全世界各地和美国本土企业扩大在美国的投资。在"选择美国"成立前，各州有自己的招商引资办公室。因此，有评论称该办公室的成立，开启了美国联邦政府层面上主动招商引资的时代。

2011年6月24日，奥巴马宣布了一项"先进制造合作伙伴"计划（Advanced Manufacturing Partnership，AMP），计划投入超过5亿美元以期推动政府、高校及企业的协同发展新兴技术，如生物技术、信息技术、纳米技术等。美国政府认为这些技术有助于创造高质量的就业和提升全球竞争力。该计划共包括四个子计划：一是提高美国国家安全相关行业的制造业水平；二是缩短先进材料的开发和应用周期；三是投资下一代机器人技术；四是开发创新的、能源高效利用的制造工艺。

2011年12月，成立国家先进制造项目办公室（Advanced Manufacturing National Program Office，AMNPO），主要用于推动美国在制造业领域的信息共享和技术合作。同月，成立白宫制造业政策办公室，以协调和完善"再工业化"的政策、体制与机制。2012年3月，白宫宣布投资10亿美元设立"国家制造创新网络"（National Network for Manufacturing Innovation，NNMI），以促进在全国范围内建立强大的制造业研究机构。

2014年9月，经由美国参议院修改通过了《振兴美国制造业和创新法案2014》（Revitalize American Manufacturing and Innovation Act of 2014），对《国家标准与技术研究院法案》（The National Institute of Standards and Technology Act，NIST）进行了修改，授权商务部部长在NIST框架下实施制造业创新网络计划，在全国范围内建立制造业创新中心。明确美国要在先进制造业研究、创新和技术方面保持领先地位，促进先进制造业的发展。该法案明确了制造业创新网络计划重点关注纳米技术、先进陶瓷、光子及光学器件、复合材料、生物基和先进材料、混动技术、微电子器件工具开发等领域。法案还授权商务部部长设立国家制造业创新网络计划办公室，职责包括对计划的监管、开发和定期更新战略计划、向公众公开项目情况、作为网络的召集人。该办公室还需将现有的制造业扩展伙伴关系（MEP）计划纳入制造业创新网络计划中，确保中小企业参与其中。

该法案的推出可以看出美国对"再工业化"战略已取得的效果还不满意，或者在取得阶段性成果的基础上，又有更长远的思考，总之"再工业化"不是一个静态的战略决策，它会随着环境的变化动态地进行调整，会适时地推出新的决策，也反映出"再工业化"战略不是一个短期经济复苏的权宜之计，而是有着占据未来产业制高点的长远战略目标。

此外，奥巴马政府还围绕"再工业化"战略制定了一系列配套政策，包括产业政策、财政政策、能源政策、教育政策等。以财政政策为例，在金融危机发生前，联邦政府的财政赤字一般维持在3000亿美元左右，2001年还出现了财政盈余（见表1-3）。但在"再工业化"启动的2009年，财政赤字突然增加到1.42万亿美元，占GDP的比重达9%左右，在财政收入减收4200亿美元的情况下，支出则增加了5400亿美元。在随后的2010~2012年，财政赤字仍分别达到1.29万亿美元、1.30万亿美元、1.09万亿美元，占GDP的比重维持在6%以上的高位，可见美国政府刺激经济复苏的意愿很强烈。

表1-3 美国联邦政府财政收支情况　　　　单位：万亿美元

年份	收入	支出	盈余（+）或赤字（-）
2001	1.99	1.86	0.13
2002	1.85	2.01	-0.16
2003	1.78	2.16	-0.38
2004	1.88	2.29	-0.41
2005	2.15	2.47	-0.32
2006	2.41	2.66	-0.25
2007	2.57	2.73	-0.16
2008	2.52	2.98	-0.46
2009	2.10	3.52	-1.42
2010	2.16	3.45	-1.29
2011	2.30	3.60	-1.30
2012	2.45	3.54	-1.09

数据来源：白宫管理和预算办公室网站，www.whitehouse.gov/omb/budget/Historicals。

这些政策和措施主要体现在强调实体经济与虚拟经济的协调发展、大力发展战略性新兴产业、鼓励科技创新、扶持中小企业发展（如2012年初，奥巴马政府推出"金钥匙"计划，拟推动4000家中小企业进入中国）、重视产学研等方面。总体上，这些政策措施反映出美国所要进行的"再工业化"绝不仅仅是恢复传统的制造业，而是以高新技术为依托，发展先进制造业，并用新一轮技术革命的成果重点发展新能源、信息、生物、环保等战略性新兴产业。

第二章 美国工业化道路考察

奥巴马2009年提出"再工业化"对美国而言并不是一个新概念,早在20世纪70年代美国就提出过"再工业化",克林顿在20世纪竞选总统时也提出过"再工业化"。那么,美国这次为什么要重提"再工业化"呢?主要想达到什么目的?实质又是什么?准确把握这些问题是客观分析其对我国产业结构转型升级影响的关键。然而,学界对美国这次到底为什么再提"再工业化"的观点也莫衷一是,至少已经形成了产业升级观、就业观、选举观等观点。本次"再工业化"提出与2008年金融危机的背景有关,然而,到底是什么原因导致了这次金融危机,学界的观点也不一致,这也增加了理解"再工业化"战略的难度。

笔者认为,奥巴马提出的"再工业化"在美国的经济与产业发展史中并不是一个孤立事件,它是美国工业化道路的重要组成部分,脱离不开美国长期工业化过程中形成的基本规律与发展逻辑。同时,这次的"再工业化"也必定有自己特定的时代特征,具有不同于历次"再工业化"的特殊使命。因此,为了更加全面、深入、准确地解读、认识、把握本次的"再工业化",本书拟从更大的视野研析"再工业化",将该战略放到美国经济与工业发展的历史中考察,试图从美国经济与工业发展的整体中来把握这一段的发展战略,力求抓住问题的本质。

第一节 美国工业发展历程简介[①]

一、美国工业革命开启

早在美国独立战争前夕,美国还在殖民地时期,就已呈现出工业化的雏形。

---

① 本节数据如不加说明均来自[美]乔纳森·休斯,路易斯·凯恩. 美国经济史[M]. 杨宇光等译. 上海:格致出版社,上海人民出版社,2013. 为了较准确把握美国产业发展全貌,笔者在对这部84万多字著作进行认真研读的基础上,力图在本节用较小的篇幅,将美国经济与工业发展历程概要地呈现给读者。

当时城市生活的重心在向以纺织业为核心的制造业中心发展，使用的主要技术为手工艺、水力和畜力。1790年，英国工业革命的成果蒸汽机技术，被一名叫塞缪尔·斯莱特（Samuel Slater）的工人带到美国，他用设计制造的机器在美国开办了纺织厂，开启了美国工业革命的征程。到1860年时，美国在工业产量上已经位列世界第二，仅次于英国，但与英国仍有相当大的差距。

二、工业社会的兴起

从美国南北战争（1861~1865年）到第一次世界大战（1914~1918年）这段时间，是美国工业大规模发展的关键时期。在此之前，工业虽已萌芽，也爆发了美国的工业革命，但总体上，在南北战争发生前后，亚伯拉罕·林肯担任总统的时候，美国总体上还是一个农业社会，而到了西奥多·罗斯福担任总统的时候，美国已成为工业社会。也就是说，在总体上从农业社会发展成为工业社会，美国仅用了半个世纪的时间，这不得不说是人类工业发展史上的奇迹。

1860~1910年这50年的时间里，美国不仅取得了工业大规模的发展，工业结构也取得了很大的变迁。从总量上看，1910年主要行业的增加值比1860年都有大幅度增加（见表2-1），整个制造业1910年的产出达到1860年产出的10多倍，仅机械制造业创造的增加值就相当于1860年前十大行业总价值的85%，美国在1910年前后也成为一个工业制成品的净出口国。

表2-1　美国1910年与1860年主要行业增加值变化情况　　　　　单位：百万美元

行业	1910年增加值	1860年增加值	1910年增加值/1860年增加值
机械制造	690	33	20.9
木材	650	54	12.3
钢铁制造	330	36	9.2
男士服装	270	37	7.3
棉织品	260	55	4.7
制靴和制鞋	180	49	3.7

注：表中所列的产业为美国1860年的十大产业，到1910年时仍保持前十名的行业。

从工业结构方面看，在经济规模持续扩张的过程中，工业结构也不断演变。1860年美国增加值最大的十个行业依次是棉织品、木材、制靴和制鞋、面粉和玉米粉、男士服装、制铁、机械制造、羊毛制品、客货车、皮革制造。1910年，美国增加值最大的十个行业依次是机械制造、木材、印刷出版、钢铁制造、麦芽酒、男士服装、棉丝品、烟草制品、火车车厢、制靴和制鞋。

1910年有四个全新的行业进入了十个增加值最大的行业，它们是印刷出版、麦芽酒、烟草制品、火车车厢，而面粉和玉米粉、羊毛制品、客货车、皮革制造则被挤出了前十名。从表2-1中也可以看出，尽管这六个产业保留了十大产业的地位，也都取得了较大程度的发展，但发展程度的差异巨大。如机械制造行业的地位大幅提升，从第七位上升到第一位，1910年的增加值为1860年的20多倍；而纺织品却从第一位下降到第七位，1910年的增加值仅为1860年的4.7倍。

在这段时期内，美国工业发展还发生了影响后来工业化进程的几个重要事件：一是南北战争结束后，贝塞麦转炉的发明者，英国工程师和发明家亨利·贝塞麦（Henry Bessemer，1813～1898）说服了年轻的安德鲁·卡内基（Andrew Carnegie，1835～1919），安装了美国钢铁制造史上第一台贝塞麦转炉。也正是凭借贝塞麦转炉技术奠定了卡内基在美国钢铁业中的主导地位，美国钢铁业同样也因此技术跃居世界第一。随着切割和刨削工艺的进步，钢铁生产效率提升，带来了竞争加剧和价格的下跌，如1873年铁路钢轨的价格为120美元/吨，1898年则跌到了17美元/吨。价格的下降使得钢铁得到越来越广泛的应用，至1910年时钢铁已成为美国制造业的基本原料。19世纪90年代，为了安装更先进的西门子平炉，卡内基将规模庞大的贝塞麦转炉全部淘汰。

二是在1860年时，美国还没有真正实现零部件互换，但因劳动力短缺，为了提高工作效率，美国人制造出各种可以互换的零部件，这期间形成的生产标准化和通用零部件最终成为美国制造业的特征。后来，美国出现的流水线就是长期追求零部件互换式生产、专业化等的结果，而成功的福特流水线更是代表了令人称羡的"美国模式"。

三、"一战"及战后的工业发展

第一次世界大战（1914～1918年）是美国经济与工业发展史上的一次重要事件，对美国工业化进程产生了重要影响。受战争对物资需求刺激的影响，美国内投资增长迅猛，1920年在制造业领域的投资就达到1915年的4倍。钢材产量从1914年到1918年翻了近一番，从2500万吨增加到4900万吨。

第一次世界大战结束后的10多年间，美国的投资持续旺盛，加上"一战"形成的生产力，美国经济取得了快速的扩张和发展的同时，又避免了通货膨胀，这期间制造业的产量几乎翻了一番，而且价格比较稳定。此时，美国家庭的消费需求发生了显著的变化，消费者开始通过分期付款的方式购买耐用消费品，汽车、收音机、洗衣机、电冰箱等开始进入美国家庭，并且消费量快速增长，这也是经济快速发展的重要原因。1921～1929年，美国汽车产量翻了两番，由于投资增速过快，以致该行业出现"饱和"，并形成产能过剩。

在20世纪的前几十年里，随着电力网和内燃机的出现，不仅大量新产品出现，且随着美国进入机械化的时代，市场对人工的需求迅速减少。1919～1929年，美国一直处于充分就业状态，除1921～1922年出现了短暂的高失业率之外，1930年失业率突然从1929年的2.9%增高到8.9%，预示了经济转向（见表2-2）。

表2-2 1920～1930年美国失业率　　　　　　　　　　单位:%

年份	1920	1921	1922	1923	1924	1925	1926	1927	1928	1929	1930
失业率	5.2	11.3	8.6	4.3	5.3	4.7	2.9	3.9	4.7	2.9	8.9

四、大萧条

整个20世纪20年代，美国经济与工业一直稳定且较快地发展，同时还避免了通货膨胀。但意想不到的是，美国经济列车却毫无征兆地驶入"沼泽地带"，陷入了前所未有的大萧条之中。1929～1932年，美国制造业产出下降了一半，汽车产量下降了75%（从450万辆到110万辆），铁路客车车厢几乎停产（从2202节到7节）。失业率也从1929年的2.9%迅速提高到1932年的22.9%（见表2-3）。

表2-3 1931～1941年美国失业率变化　　　　　　　　单位:%

年份	1931	1932	1933	1934	1935	1936	1937	1938	1939	1940	1941
失业率	15.7	22.9	20.9	16.2	14.4	10.0	9.2	12.5	11.3	9.5	6.0

1933年，富兰克林·罗斯福入主白宫，推出系列新政，亦被经济学家称为罗斯福新政，试图推动美国经济走出衰退。由于国内私人投资大幅下滑，尽管新政积极开展公共工程建设、试图在美国减少国内竞争等，但对当时的美国经济却于事无补，都没能遏制经济下滑的势头，名义GDP直到1940年才基本达到1929年时的水平（见表2-4）。

表2-4 1929～1941年美国GDP　　　　　　　　单位:10亿美元

年份	按当时价格计算	按2000年价格计算	年份	按当时价格计算	按2000年价格计算
1929	103.6	865.2	1931	76.5	739.9
1930	91.2	790.7	1932	58.7	643.7
1933	56.4	635.5	1938	86.1	879.7

续表

年份	按当时价格计算	按2000年价格计算	年份	按当时价格计算	按2000年价格计算
1934	66.0	704.2	1939	92.2	950.7
1935	73.3	766.9	1940	101.4	1034.1
1936	83.8	866.6	1941	126.7	1211.1

注：1937年数据暂缺。

令人费解的是，这一次衰退是在美国实体经济取得充分发展的情况下发生的，新政也着力推进工业的发展，但这次经济的下滑一直到第二次世界大战爆发之前都没有找到复苏的办法，而对于大萧条的原因至今仍众说纷纭。需要说明的是，萧条并不是影响所有行业，有的行业仍得到发展，如化工、石油、食品、机械制造等领域在投资、产出、就业等方面都得到了一定程度的扩张。

需要强调的是，尽管出现了大萧条，但美国的发明与创造一直没有停顿。那时出现了一系列重要的发明与创新成果，这期间诞生了有机玻璃、尼龙，内燃机在汽车领域取得突破，电话迅速得到应用，等等。另外，新政在统计上效果虽不明显，但为后来的发展打下了基础。那时美国建成了全国高速公路网，积累了为后来提高生产力的有利因素，在后来长期的发展中逐步释放出来。

五、"二战"及战后工业问鼎世界

如前所述，一直到"二战"爆发之前美国都没有找到经济复苏的好办法，"二战"的爆发却带动经济意外地、奇迹般地复苏。"二战"结束时的国内生产总值比爆发之初就翻了一倍多，制造业指数也基本同步增长。美国经济自大萧条以来，一直没有解决好高失业率的问题，随着"二战"的爆发，几乎瞬间实现了充分就业的状态（见表2-5）。

表2-5　"二战"前后美国产值、失业率与制造业指数　　　单位：10亿美元,%

年份	GDP	失业率	制造业指数（1967=100）
1940	101.4	9.5	25
1941	126.7	6.0	32
1942	161.9	3.1	36
1943	198.6	1.8	44
1944	219.8	1.2	47
1945	223.1	1.9	41
1946	222.3	4.0	35
1947	244.2	4.4	39

随着"二战"的爆发,美国一方面再次启动征兵工作,另一方面加快工业生产步伐,以完成战争物资的订单,工人陆续回到工作岗位,失业率开始下降。"二战"再次验证了凯恩斯的观点,即其他条件不变的情况下,政府支出增加能够刺激经济。"二战"结束后,美国经济开始以一种前所未有的水平和速度起飞(乔纳森·休斯、路易斯·凯恩,2013)。1940~1944 年,美国的 GDP 就翻了一番多,这得益于军费开支的刺激,也打破了一个论调,即扩大支出以缓解失业问题,会损害集体的利益,而且会使政府入不敷出而倒闭。

由于经济形势的好转,联邦政府的收入持续增长,1947 年的收入达到 1940 年的 5.2 倍,尽管联邦政府的支出大幅增加,从 1940 年的 85 亿美元增加到 1945 年的 706 亿美元,增加了约 7 倍多,赤字也持续增加,但并没有出现财政危机,战后赤字迅速减少,1947 年还实现了财政盈余(见表 2-6)。后经过 10 多年的发展,美国财政状况持续改善,到 1960 年时联邦总债务为 2905 亿美元,占 GDP 的比重为 55.1%,达到 116.6%。

表 2-6　1940~1947 年美国联邦政府财政收支状况　　单位:亿美元

年份	收入	支出	盈余(+)赤字(-)
1940	82	85	-3
1941	149	127	22
1942	223	310	-87
1943	355	526	-141
1944	401	670	-270
1945	415	706	-291
1946	395	446	-51
1947	428	376	52

随着"二战"时个人收入水平大幅度提高,居民储蓄也大幅上升。到了 1946 年以后,随着市场上商品越来越多,个人储蓄又开始大幅下降。在个人投资方面,在"二战"期间,私人投资大幅收缩,但"二战"结束后,当投资重心从军用转向民用后,私人投资大幅增长,达到前所未有的水平,从 1945 年的 108 亿美元到 1947 年的 350 亿美元,再到 1959 年的 785 亿美元,并在 1962 年达到 881 亿美元,"战后"经济的大繁荣从此拉开了序幕。

"二战"结束后,制造业得到进一步发展,1950 年制造业的产出已达到 1945 年的 1.5 倍,而且大多数产品是民用产品。美国不仅成为制造业强国,也成为世界头号工业、经济、科技强国。在第二次世界大战刚结束的几十年时间里,美国是国家竞争优势的代名词,战后的美国,在经济实力上是当代罕见的,美国几乎所有产业都能独当一面,只有少数产业未能取得重要优势(迈克尔·波特,1990)。如钢铁行业,1950年美国的产量占世界的46.6%;在汽车行业,1960年美国的产量占世界的48.5%。

由于美国是许多市场营销技术的发源地,美国商业电视台比后继国家早出现至少12年,电视广告的出现加速了市场营销方法的创新,使得美国在建立品牌形象方面具有独到技巧,这促使美国在饮料、清洁剂、浴室用品、牙膏、化妆品、清洁剂等消费产品保持了强大的竞争力,与之相关的各大美国品牌因而成为家庭用品的代名词(迈克尔·波特,1990)。

此外,由于科技与基础设施建设的结合,战后美国还拥有世界顶尖的工程和建筑业(迈克尔·波特,1990)。战后美国的建筑业发展更快,1950年非住宅投资已达1945年的303%,而住宅投资则达到1206%,建筑业成为经济的"领头羊"。

战后美国在许多行业的竞争优势使得其在外贸中也占据了很大优势。根据迈克尔·波特(1990)的研究,1971年,美国占全球出口总额比例超过50%的产业有9个,超过40%的有16个,超过30%的有39个。由于美国许多重要产业的国际主导力日渐增强,加上其他国家贸易保护主义盛行,连带形成了美国企业海外投资的风潮。如工程机械领域的卡特彼勒,1950年就在海外设厂生产了,此举并非为了降低成本,而是基于各国关税和限制进口的考虑。

六、传统工业衰落

美国制造业一度占全球制造业的50%左右(侯雅曼,2014),但美国没能维持住这样的地位,到1980年时美国制造业占世界的比重下滑到20.83%(刘戒骄,2011)。从20世纪70年代开始,与美国制造业衰落有关的危机接二连三地发生。1971年,美国进出口贸易首次出现赤字。1971~1985年,美国竞争优势的最大改变是,钢铁、汽车、机床、消费型电子及办公设备等令人注目的产业的竞争优势一个个地消失了(迈克尔·波特,1990)。

尤其是美国工业的核心,曾被认为具有不可战胜优势的钢铁与汽车工业,也都陷入了衰落的泥潭。事实上,"二战"后这两个行业在全世界范围内都实现了长期的高速增长,但实力强大的美国钢铁与汽车工业却未能与世界同步扩张。从钢铁工业来说,2005年世界的产量是1950年的5倍多,但美国2005年的钢材产量仅比1950年多10%左右,其占世界的份额也从1950年的近50%下降到2005年的不到10%(见表2-7)。

表2-7 世界和美国的钢铁生产　　　　　　　单位：百万净吨,%

年份	世界粗钢产量	美国粗钢产量	美国占世界的百分比
1950	207.9	96.8	46.6
1960	379.7	99.3	26.0
1970	654.2	131.5	20.1
1980	790.4	111.0	14.2
1985	792.9	88.3	11.1
1990	849.4	98.9	11.6
1995	829.4	104.9	12.6
2000	931.5	112.4	12.1
2005	1135.4	106.0	9.3

从汽车工业来说，2005年世界的产量是1960年4倍左右，但美国2005年的汽车产量仅比1960年多50%左右，其占世界的份额也从1960年的近50%下降到2005年的不到20%（见表2-8）。

表2-8 世界和美国的汽车生产　　　　　　　单位：百万辆,%

年份	世界汽车产量	美国汽车产量	美国占世界的百分比
1960	16.5	8.0	48.5
1970	29.3	7.9	27.0
1980	38.9	8.0	20.6
1985	43.9	11.7	26.7
1990	48.1	9.7	20.2
1995	50.0	12.0	24.0
2000	57.5	12.8	22.2
2005	65.8	12.0	18.2

美国国内的汽车市场大量被外国汽车品牌占据，在金融危机前夕，外国汽车公司占美国市场的份额超过了半壁江山。2006~2007年外国汽车公司在美国市场的占有率达到52%，而10年前这个数字仅33.4%，仅10年就丢掉了近20%的市场份额（见表2-9）。在汽车贸易领域，美国也出现了巨额逆差，2007年美国进口汽车843.9万辆，而出口仅为239.6万辆。

表 2-9 外国汽车公司在美国市场占有率的变化　　单位:%

时间	1937 年	1946~1950 年	1961~1965 年	1966~1970 年	1971~1975 年	1976~1980 年
占有率	—	0.2	6.1	10.6	15.2	20.1
时间	1981~1985 年	1986~1990 年	1990~1995 年	1996~2000 年	2001~2005 年	2006~2007 年
占有率	25.9	28.4	29.3	33.4	44.0	52.0

七、新经济的崛起

以汽车和钢铁为代表的传统工业的衰落并没有拖垮美国经济，相反，美国经济一直在持续扩张之中，美国传统工业持续衰落的这段时期反而是美国经济发展得比较好的时期。在 20 世纪 70 年代石油危机之后，美国经济迎来了历史上最长的一段扩张期，从 20 世纪 70 年代末期到 2000 年，美国实现了持续 20 多年的经济扩张，这段时期美国的名义 GDP 增长了近 3 倍，实际 GDP 增长了近 1 倍。在传统工业的衰落对美国经济的发展产生巨大的冲击下，美国不仅没有一蹶不振，相反不断加大创新的力度，不断出现新的增长点。

自 1947 年威廉·肖克利（William Shockley）等在贝尔实验室发明了晶体管以来，美国就启动了现代电子工业的发展，并且在电子工业的半导体、计算机、软件三大领域，美国都是作为国际领袖出现在世人面前，美国公司在三大领域都是最早进入的开拓者。尽管在有些方面的发展并不一帆风顺，如在半导体工业的存储芯片领域，在与日本公司的竞争中，20 世纪 80 年代曾遭遇惨败，但美国人还是靠自己的创新精神最终在微处理器领域又重回优势地位。

尤其自 90 年代开始，美国以信息业为核心的高科技产业得到了长足发展，促使美国经历了战后以来最深刻的结构性调整。美国经济增长的核心业已离开重工业的历史基础了，第二次世界大战以后，这个从 19 世纪 70 年代就被确立起来的基础终于被取而代之了（乔纳森·休斯、路易斯·凯恩，2013）。由此，美国经济的发展轨迹呈现出几乎完全不同于以往的特点，学界还提出美国出现"新经济"的观点，引起广泛的关注和讨论。

在新经济时代，不仅高科技产业本身取得长足发展，建立了许多新的产业部门，而且高科技的发展加速了传统产业的改造，深化了产业间与产业内的分工，也促使以美国为代表的发达国家在全球范围内加快进行价值链分工的布局调整，以进一步发挥自身的优势。

新经济给美国带来新的发展机遇的同时，也带来了新的挑战与问题。如制造业比重持续下降、网络经济泡沫、金融产业过度发展等。即使在计算机、软件、飞机制造等领域，美国也受到了严峻挑战。面对新的工业革命，世界各国都将其视为新的发展机遇，都在对新兴领域进行大规模投资以占据未来产业制高点。因此，尽管美国还是世界一流经济强国，但丝毫不敢懈怠，面对的压力前所未有。美国是"新经济"的受益者，同样也要承担其风险。

第二节 美国工业与经济发展评析

总体上，随着经济总量的扩大，美国的产业结构呈现出不断演变、持续升级的特征，支柱产业不断更替，经济新亮点精彩纷呈。尤其是进入20世纪以来，美国产业扮演了引领世界的角色。应全球化竞争的需要，美国在全球布局价值链，在全世界范围内调动与优化资源配置，充分实现与不同国家与地区的优势互补，更是将自身的比较优势发挥到极致，创造了新的经济模式，生产效率进一步提升。但同时也带来了所谓的产业"空心化"与"去工业化"的问题，这使得美国经济取得巨大成就的同时也饱受诟病。必须对美国产业发展的特征、成就、问题等有一个客观全面的认识，才能准确把握"再工业化"的原因、本质与内涵。

一、产业结构总体上持续优化升级

工业化的过程同时也是产业结构演变与持续升级的过程。自"二战"以来，美国的产业结构发生了深刻的变化，第一、第二产业的产出比重持续下降，第三产业的比重持续上升（见表2-10），经济结构呈现出"服务化"或"软化"的倾向。

表2-10 1950~2015年美国三次产业产出比重 单位：%

	第一产业	第二产业		第三产业		
		整体	制造业	整体	金融与保险	专业与商业服务
1950	6.6	35.3	26.8	58.1	2.7	3.5
1955	4.4	36.2	27.6	59.4	3.1	3.8
1960	3.7	33.8	25.4	62.5	3.6	4.2
1965	3.0	33.8	25.7	63.2	3.5	4.5
1970	2.5	30.9	22.9	66.6	4.1	4.9
1975	3.0	28.7	20.9	68.3	4.3	5.2
1980	2.2	30.4	20.5	67.4	4.8	6.1

续表

	第一产业	第二产业		第三产业		
		整体	制造业	整体	金融与保险	专业与商业服务
1985	1.8	27.7	18.5	70.5	5.4	7.4
1990	1.6	25.3	17.3	73.1	5.8	8.8
1995	1.2	23.7	16.5	75.1	6.4	9.1
2000	1.0	22.5	15.1	76.5	7.3	10.8
2005	1.0	21.2	13.0	77.8	7.6	11.0
2010	1.1	19.0	12.2	79.9	6.7	11.6
2015	1.1	19.4	12.1	79.5	7.1	12.2

数据来源：http：//www.bea.gov/industry/gdpbyind_data.htm.

伴随着美国产业结构的演变，三次产业间劳动力比例结构也发生了根本的变化（见表2-11）。随着第三产业的快速发展，越来越多的人到第三产业就业，尤其是新增的劳动力主要在第三产业就业，第三产业的就业比重持续上升，已成为就业的主力军。同时，第一产业的就业比重持续下降，所占比重已降到1%以下，从就业角度来说，该产业已微不足道；第二产业的就业比重也持续下降，所占比重处于低位徘徊。

表2-11 1900~2007年各产业劳动力情况   单位：%，万人

年份	第一产业占比	第二产业占比	第二产业人数	第三产业占比
1900	33.7	38.1	1050	28.2
1910	30.7	38.2	1385	31.1
1920	24.9	41.5	1664	33.7
1940	17.4	39.0	1844	43.5
1950	11.7	40.5	2298	47.8
1960	6.3	38.8	2745	54.9
1970	3.1	35.8	3482	61.1
1980	2.2	31.1	3025	66.7
1990	1.6	26.4	3037	72.0
2000	0.9	23.7	3247	75.4
2007	0.7	22.6	3295	76.8

数据来源：[美]乔纳森·休斯，路易斯·凯恩.美国经济史[M].杨宇光等译.上海：格致出版社，上海人民出版社，2013.

需要说明的是,虽然第二产业就业比重持续下降,但从总就业人数上看,在1970年达到峰值后,仍基本稳定在一定的水平。第二产业就业比重的下降是经济发展的内在规律,主要在于劳动生产率的提升。另外,虽然第二产业劳动生产率不断提升,但由于其就业比重下降幅度更大,所以第二产业的产出占GDP的比重仍是下降的,但这并不表示第二产业重要性下降,更不代表不重视第二产业的发展,后文将对此详细分析。

二、支柱产业持续较好实现更替

在三次产业间结构演变的同时,工业内部的结构也发生了持续演变,尤其是支柱产业不断发生变迁和更替(见表2-12)。

表2-12 美国支柱产业演变概况

时间	支柱产业	备注
1860年前后	农业、纺织业	此时美国总体上还是农业社会,1860年时79%的人从事农业,但制造业已开始取得一定发展,尤其是纺织业、木材加工、制鞋业
1860~1910年	农业、纺织业、木材加工、机械制造	1884年美国的工业产值超过农业。此时的机械主要是围绕纺织行业的机械制造
1910年前后	机械制造、木材加工、钢铁	贝塞麦转炉技术(后更换为西门子平炉)的使用使美国钢铁产量成为世界第一。1910年左右,美国已成为工业社会
1910~1930年	钢铁、石油、煤炭、铁路车辆制造、造船	1913年,美国的石油产量占世界一半以上,煤炭产量超过欧洲总和。此时,汽车、冰箱、洗衣机、收音机等开始发展
1930~1945年	机械制造、石油、钢铁、汽车制造	大萧条期间化工、石油、食品、机械制造等领域仍得到一定程度扩张
1946~1970年	汽车、建筑、钢铁、化工	郊区化开始时期。1947年晶体管发明,开启了电子工业。50年代美国计算机工业起步,IBM不断向市场推出功能越来越强大的商用计算机。1960年数字设备公司推出第一台小型计算机。1969年,互联网的前生阿帕网诞生
1971~1989年	通信和电子产品、国防与航空、计算机、软件、新材料	汽车、钢铁、机床、消费型电子等逐步失去竞争优势。1971年英特尔公司推出微型计算机。1989年,WWW(World Wide Web)诞生,互联网进入民用化时代
1990年至今	信息产业(软件、互联网及相关产业)、生物产业	以此为基础建立起来的新经济帮助美国重获强劲增长并保持国际主导地位,同时开始投资机器人、生物医药、节能环保、太空产业、3D打印、新能源、无人驾驶等产业

续表

时间	支柱产业	备注
未来	机器人、生物医药、节能环保、太空产业、3D打印、新能源、下一代汽车	"再工业化"战略计划对这些领域进行重点投资,并明确提出对相关核心技术投资,如纳米技术、先进陶瓷、光子及光学器件、复合材料、生物基和先进材料、混动技术、微电子器件工具等

资料来源:笔者整理。

美国作为先发工业化国家代表,其支柱产业变迁过程既遵循了产业结构演变的一般规律,也呈现出自身的特点。美国在产业发展上一直是积极进取的,每逢旧产业衰落,必定有新产业兴起,并且这个或这些新产业往往是引领时代潮流的,纺织、钢铁、汽车、飞机、计算机、软件等无不如此。

在分析美国一些产业衰落时,不仅要看到这些产业衰落的一面,更要看到新产业兴起的一面。新旧产业交替是美国经济与产业发展最生动活泼的方面,也是美国经济活力的体现。汽车与钢铁曾是最能代表美国竞争力的两大支柱产业,随着美国粗钢产量占世界的比重从1950年的46.6%下降到2005年的9.3%、汽车产量占世界的比重从1960年的48.5%下降到2005年的18.2%,两个产业的快速衰败震惊了美国乃至世界的产业界。今天在分析这些产业衰败的原因时,其实更要思考一个问题,为什么美国在重要产业衰败的情况下仍能取得经济的增长?那一定是有新的产业出现。

美国一直居安思危,总是在思考未来的发展方向与如何引领时代潮流,同时也总是对未来充满希望,即使在20世纪30年代的大萧条时期,美国也诞生了有机玻璃、尼龙等重要发明成果,并让汽车内燃机取得真正突破,还在航空工业推出新型客机等,正是这些成果让"二战"后的美国崛起新的引领经济发展的支柱产业。

在任何情况下,不管经济是否景气,研判未来的发展趋势、思考未来产业发展已渗透到美国的"基因"里了。除了思考之外,美国还非常勇于付诸行动,在任何时候都会对新技术研发进行前瞻性的投入,对新产业进行储备式的培育。在任何产业占支柱地位的情况下,都会培育可能形成下一代占支柱地位的新兴产业,这使得美国成为推进科技发展的主要引擎,以及美国产业"长江后浪推前浪""一代更比一代强"的重要原因。

这种勇于创新与前瞻性投入的精神让世界充满了竞争与不确定性,也常让美国自身置于风险之中,但总体上它让世界充满了活力和希望。在全球经济增长放缓的背景下,资源与能源的瓶颈与人们对美好生活的追求之间的矛盾越来越突出,世界亟须一次实质性的产业革命来突破发展的瓶颈,走出低迷,实现复苏,并再次走上繁荣发展之路。

美国的产业发展史表明,尽管目前美国经济面临困难,但仍有理由对美国的经济与产业发展前景充满期待。期待革命性的技术突破,期待更多新产业的出现,期待再次发生支柱产业的更替。当然,更期待中国能在美国新旧产业与动能交替时期实现崛起与赶超,占据未来更多的产业制高点。

三、美国始终重视工业尤其是制造业的发展,工业仍处于领先的地位

尽管美国工业占 GDP 的比重以及占世界工业的比重持续下降,在一些传统制造领域逐步失去优势,出现了所谓的"去工业化"与产业"空心化",但这并不代表美国不重视工业的发展或美国工业不行了,更不表示美国真的出现了严重的"去工业化"与产业"空心化"问题。相反,美国一直在工业化的路上或进程中,一直高度重视工业的发展,一直将工业视为经济的支柱与"发动机"。美国仍然是世界制造强国,美国工业仍处于领先的地位,总体上仍引领着世界产业的发展,在创新与企业家能力方面仍有相当强的竞争力。

正如 2009 年白宫发布的《振兴美国制造业框架》(ARAM)中指出的,美国制造业是世界上最成功的制造业之一,在过去的 30 年中,美国在主要发达国家中制造业产出增长最大,如果将美国制造业看成是一个经济体的话,在 2008 年它排到世界第九位。制造业仍是美国经济的核心,也是创新的主要来源,该产业占所有专利的 90%。制造业今天面临着挑战,许多制造业工人失去工作岗位,但这不是源于制造业不振,而是因制造业的成功,即制造业工人是自身成功的受害者,由于生产效率快速提高,意味着不需要那么多工人生产,从而使部分工人失去工作岗位。

(一)美国最强工业企业数量仍居世界首位,制造业产值占世界的比重仍处高位

在 2016 年世界 500 强排行榜上,美国的工业企业数量仍居世界首位,且高新技术、先进制造、传统工业等方面均有一席之地。众多影响甚至改变世界的企业仍赫赫在列,如苹果、英特尔、惠普、IBM、强生、宝洁、通用电气、波音、微软、甲骨文、辉瑞制药、陶氏化学、可口可乐、百事可乐等。尽管美国汽车行业总体上衰落了,但美国仍是主要的汽车工业国之一,通用汽车、福特汽车仍是世界上主要的汽车公司,仍处于 500 强的前列。

从占世界的比重来看,近 30 年来,尽管美国制造业占世界的比重有下降的趋势,但总体仍比较稳定,下降并不明显,从 1980 年到 2009 年的 30 年间,仅从 20.83% 下降到 18.41%,共下降 2.42%,平均每年仅下降 0.081%。当然,相

对于同期中国占世界比重从 4.74% 上升到 21.22% 而言，美国的相对地位是下降了。

但应客观看到，尽管中国制造业占世界的比重上升迅速，在总量上也超过了美国，但美国并没有真正受到来自中国的威胁，中国制造业大多处于价值链的中低端，缺乏核心技术，总体上仍处于为占据产业链高端的跨国企业代工或配套的地位。中国参与世界价值链的分工在促进自身制造业发展的同时，也在一定程度上降低了美国的成本，促进了美国生产效率与竞争力的提升。从某种程度上说，为美国价值链配套与代工的企业甚至可看成是美国制造体系的组成部分。

（二）传统产业仍具有相当的实力，相关产业衰落也具有积极的一面

需要引起注意的是，美国虽然特别重视新兴产业的培育与发展，以占据未来产业制高点，从而维持其一流的科技与经济地位，但即便是超级大国的美国，并没有放弃传统产业。在许多传统产业，美国拥有在长期经营中积累下来的仍处于领先水平的"诀窍"，依靠这些隐性的知识，美国仍在许多传统产业维持着较强的竞争力。如在餐饮、饮料、保健品、服装等传统产业，美国仍拥有肯德基、麦当劳、可口可乐、百事可乐、宝洁、沃尔玛、耐克等世界级的企业。这对拥有大量传统产业的中国来说，具有较大的借鉴意义，传统产业并不意味着低竞争力，我们需要认真思考这些产业的转型升级问题。

即使在竞争中衰落的一些产业，也仍在较长期间内保持着较强的竞争力。以钢铁为例，尽管美国占世界的比重大幅度下降，粗钢产量从 1950 年的 46.6% 下降到 2005 年的 9.3%，但美国的钢材产量却一直保持稳定，1950~2005 年基本维持在 1 亿吨左右/年的水平（见表 2-7）。再以汽车为例，尽管占世界的比重从 1960 年的 48.5% 下降到 2005 年的 18.2%，但美国汽车产量总体上也是保持稳定的，1960~1995 年汽车产量维持了缓慢上升，35 年产量增加了 50%，从 800 万辆/年上升到 1200 万辆/年，1995~2005 年基本上维持在 1200 万辆/年的水平（见表 2-8）。

美国经济的持续增长，必须要孕育形成新的动力来抵消这些传统支柱产业的衰退。前面分析表明，美国在经济发展过程中，多次较好地实现了动力转换和支柱产业间的更替。但要强调的是，一些关键的传统产业在衰退的过程中，仍长时间保持了相当的竞争力与稳定的产出，不仅减小了对经济波动的冲击，而且给经济调整与孕育新动力提供了回旋余地，这其实也是美国经济的一个亮点。

美国以钢铁与汽车产业为代表的传统产业的衰退，教训固然值得总结，但仍不应忽视其中的积极意义。在世界汽车与钢铁大发展的时代，美国似乎没有能够抓住机遇，尽管产出比较稳定，但相对于大幅扩张的世界市场的需求，新增的市场基本被别人占据了。

换一个角度看,美国在失去这方面新扩张市场的同时,意味着它把更多的资源配置到了更具技术含量、更有前景、更大创新、更高效率的领域。虽然在一些传统制造领域逐步失去优势,但这正是美国根据比较优势主动放弃自己不占优势的领域,反而可以集中资源发展具有优势的领域(沈坤荣、徐礼伯,2013)。在传统产业为美国关上"一扇门"的同时,实际上有更多新兴产业为它打开了"多扇窗"。

试想,如果今天美国的钢铁、汽车等产业仍然维持在20世纪70年代前的绝对领先地位,仍维持着那个份额,那么美国还会是这个充满创新活力的美国吗?会有今天的竞争地位吗?它反而可能会面临资源与能源过度消耗以及这些行业产能过剩的问题。当然,美国钢铁与汽车行业的教训值得总结,但总结的目的绝不是重振这两个行业的"雄风",而是用以借鉴做好更能代表美国的新产业。

(三)"去工业化"只是"统计错觉","强工业化"才是美国的根本发展逻辑

对美国所谓的"去工业化"与产业"空心化"问题需要保持客观且清醒的认识。学界普遍认为,美国的"去工业化"与产业"空心化"问题很严重,不仅是造成金融危机的根源,而且大大削弱了美国的竞争力。笔者认为,这些判断缺乏对美国经济运行数据的系统深入分析,未能深入到美国经济运行的内在逻辑,得出的结论不够客观,夸大了产业"空心化"问题,盲目"贬低"美国经济成就与竞争力。这不利于准确把握世界经济与产业发展格局演变趋势,不利于准确分析美国"再工业化"到底会对中国产业结构升级产生什么影响,也不利于采取有效应对措施。

自20世纪50年代开始,美国的工业尤其是制造业占GDP的比重持续下降,同时服务业的比重持续上升,出现所谓的"去工业化"现象。随着制造业比重的进一步下降,美国经济出现了所谓的产业"空心化"问题,学界普遍认为这削弱了美国的竞争力。加里·皮萨诺、威利·史(2014)认为,制造业比重的大幅下降将造成美国产业公地的衰落,这将在长期内侵蚀美国的创新能力,进而引起美国国力的衰落。

笔者认为,不能简单从制造业的比重来衡量美国制造业的地位与强弱,也不能单纯据此判断美国是否"去工业化"了。服务业做强、工业比重下降恰恰是工业做强的结果,而不是相反,不是不重视工业,更不是工业重要性的下降。正是因为工业做强了,工业内部产生了分工的细化,许多具有服务功能的环节分离出来,成为生产性服务业,拉低了工业比重。

从统计角度看,生产性服务业统计到了第三产业,但这些生产性服务业实际上是从工业中具有服务功能的环节分离出来的,它在本质上实际仍是工业的组成部分,仍是实体经济。统计数据造成了一个"错觉",好像工业不行了,这是因

为从工业拿走了生产性服务业产出的大部分数据。

从经济运行的本质来分析，工业与生产性服务业都是实体经济的组成部分，这两个数据的和才是真实的工业产出。基于此，我们将工业产出和专业与商业服务业产出相加，观察其占 GDP 比重的变化。如表 2-13 所示，真实工业产出占 GDP 的比重实际上是比较稳定的，并没有出现大幅度的下滑，原来名义上的工业比重下降主要原因是工业分工深化而导致的服务功能环节分离而促进生产性服务业的发展。生产性服务业的发展反过来对第二产业的发展又会形成支撑，会进一步提高第二产业的效率与竞争力，同时生产性服务业之所以能发展，是因为第二产业对其有需求，这恰恰在于第二产业的进一步发展而不是萎缩。

表 2-13 美国工业和专业与商业服务业的比重变化　　单位：%

年份	1950	1955	1960	1965	1970	1975	1980
比重	38.8	40.0	38.0	38.3	35.8	33.9	36.5
年份	1985	1990	1995	2000	2005	2010	2015
比重	35.1	34.1	32.8	33.3	32.2	30.6	31.6

数据来源：笔者根据 http://www.bea.gov/industry/gdpbyind_data.htm 计算得到。

另外，正是因为工业做强了，工业才能更好地适应消费者日益提高的消费需求，比如食品工业企业，传统的食品企业往往是生产食品，然后进入零售渠道销售。一些企业为了更好地满足消费者需求，将食品生产环节进一步向前延伸，甚至延伸到餐饮行业，比如麦当劳，它具有大量的食品原材料生产功能，这属于工业范畴，同时它又具有原材料配送与餐饮功能，这又属于服务业范畴。从统计角度看，这类企业的发展拉低了工业比重，但实质上恰恰是工业高度发展的结果。

所以，只要深入到经济运行与产业升级的内在机理与规律分析，就会发现所谓的"去工业化"只是统计表象，工业与制造业的比重下降并不能表示工业地位削弱，美国正是为了做强工业才会出现三产结构良性演变及现在三产比例结构的格局。实际上，美国的工业比过去是更强了而不是弱了。

在新形势下，需要一个更科学的"去工业化"的判断标准，否则很容易形成误导。乔晓楠和杨成林（2013）认为，"去工业化"指一个国家其工业部门就业占比与产值占比持续下降的现象。工业部门就业与产值占比是学界普遍认为的"去工业化"衡量标准，但这个标准值得商榷。如果按照这个定义，中国也已进入"去工业化"的进程，因为中国的工业部门的就业与产值占比也出现持续下降的现象，占比已降到 50% 以下且有持续下降的趋势，但学界又普遍认为这是产业结构升级的标志。

前文从分工深化角度的分析表明,发展第三产业的重要途径是做强工业,促进工业分工进一步深化,让更多具有服务功能的环节分离出来,做强工业的结果恰恰是工业占比的下降。因此,中国未来要做的并不是提高工业的比重,工业占比提高并不是做强工业的标志。

黄永春等(2013)指出,"去工业化"指一国或地区工业化发展到一定阶段后出现的制造业绝对值和相对规模不断下降的现象。笔者认为,这个定义比较符合经济发展的内在规律,只要工业产出的规模持续扩大就是工业化,至少不能算是去工业化。如表2-14所示,尽管美国制造业占比持续下降,但制造业增加值的规模是持续扩大的,美国从来没有放弃过工业,从来没有将金融等服务业看成是支柱产业,做强工业一直是美国的目标。工业才是经济发展的"牛鼻子",是经济的心脏,虽然其本身体量可能不大,但却是经济的发动机,美国下一轮经济增长一定是依靠高技术的新兴工业产业。

表2-14 美国历年制造业增加值 单位:亿美元(以2009年时价)

年份	1957	1967	1977	1987	1997	2005	2006	2007
制造业增加值	7677	10945	12923	14525	17409	18526	19029	19050

数据来源:2005~2010年数据来源于联邦经济分析局,http://www.bea.gov;1957~1997数据来源于美国国家科学委员会,http://www.nsf.gov/statistics/seind14/index.cfm/appendix。

同样,美国经济虽存在着一定的泡沫问题,但要慎提产业"空心化"。产业"空心化"是以传统制造业为代表的实体经济比重快速下降,以金融保险服务业为代表的虚拟经济和房地产业比重快速上升,同时该地区新兴制造产业的发展不能弥补这一空缺,进而导致该地经济全面衰落的现象(任净、周帅,2015)。

尽管美国大量传统产业衰落,制造业比重持续下降,但美国经济并没有衰落,在金融危机前的较长时间内保持了持续增长,经济活跃度很高,并没有出现全面衰落的现象,美国的金融保险与房地产占比也没有快速上升,而是保持了相当的稳定(见表2-15)。可见,按任净和周帅(2015)的定义,美国经济是不符合产业"空心化"特征的。

表2-15 美国金融业保险和房地产业增加值占GDP比重变化 单位:%

年份	1997	1998	1999	2000	2002	2003	2004	2005	2006
金融保险	6.7	7.0	7.0	7.3	7.6	7.5	7.3	7.6	7.6
房地产	9.0	9.0	9.1	9.0	9.5	9.4	9.4	9.4	9.4

续表

年份	1997	1998	1999	2000	2002	2003	2004	2005	2006
金融保险+房地产	15.7	16.0	16.1	16.3	17.1	16.9	16.7	17.0	17.0

年份	2007	2008	2009	2010	2011	2012	2013	2014	2015
金融保险	7.2	6.2	6.7	6.7	6.7	7.1	6.8	7.2	7.5
房地产	9.4	9.7	10.2	9.9	9.8	9.6	9.5	9.6	9.7
金融保险+房地产	16.6	15.9	16.9	16.6	16.5	16.7	16.3	16.8	17.2

数据来源：http://www.bea.gov/industry/gdpbyind_data.htm.

另外，从世界工业比重变化的角度看，认为美国因工业比重降低而带来的所谓产业"空心化"问题的观点也有失偏颇。近40年的世界经济整体呈现出去工业化的特征①，工业产值占比从1970年的34.3%下降到2010年的27.6%，而服务业的产值占比从1970年的56%上升至2010年的66%（乔晓楠、杨成林，2013）。美国的发达程度要比世界平均水平高得多，2010年美国服务业产值占比为79.9%，工业产值的占比为19.0%（见表2-10），与世界平均水平相比，这并不支持美国产业"空心化"问题严重的结论。全世界的工业占比都存在下降的趋势，这符合前文分析的经济发展、结构演变的规律。所以，过于强调与夸大美国的所谓产业"空心化"问题既是不科学也是不实事求是的表现。

值得注意的是，美国制造业就业人数的比重也在持续下降，但下降的主要原因并不是制造业不振，而是制造业效率的提升。2007年，美国制造业的工人比1990年下降了400万，减少幅度达21.5%，而2005年的制造业小时产出指数是170.6，而1990年为92.9，2005年是1990年的1.84倍；而整个产业2005年的指数是136.5，1990年为94.5，2005年是1990年的1.44倍（乔纳森·休斯、路易斯·凯恩，2013）。可见，制造业的生产效率提升远高于其他产业，制造业就业人数的减少主要是由于效率提高造成的，甚至可以得出，美国生产的增长主要借助劳动生产率的增长。

（四）美国通过全球价值链"走出去"虽降低了工业的比重，但却提升了工业的竞争力

"二战"使许多国家的产业化为一片瓦砾，而美国产业却毫无损伤，当时的美国，拥有几十年的竞争优势（迈克尔·波特，1990）。较大的技术优势，促使美国通过构建全球价值分工体系，将附加值低的环节转移到发展中国家，这在一

---

① 这里讲的去工业化特征仍是统计的"错觉"，所谓去工业化实际是全球工业分工得到深化，越来越多的具有服务功能的环节分离为生产性服务业，这是工业越来越先进、越来越强的标志，并不是工业重要性下降。

定程度上推动了工业比重的下降,但不能据此判断美国产业"空心化"了,更不能认为是不重视制造业的发展。不可忽视的是,虽然发达国家退出的生产领域越来越多,但在全球价值链中它们仍然牢牢掌控着那些高附加值环节,那些环节虽然在漫长的全球价值链中只占据了一小段,尽管早期的工业化国家或地区在某些环节失去了制造优势,但后来的国家或地区依然要通过它们才能拿到订单(张辉,2006)。

美国将部分制造环节外移,从微观企业的角度看是为了更好地发挥自身的竞争优势,把资源更好地集中在自己擅长的高附加值环节,更好地专注于创新,有助于提升效率和竞争力,而不是不重视或不要制造业了。如苹果将几十万工作岗位转移到发展中国家,并不是苹果不重视制造业或制造环节,这样的安排事实上增强了苹果的竞争力。当然,有分析认为这会损害美国的产业公地,试问,苹果对整个价值链的掌控是强了还是弱了?苹果的创新是强了还是弱了?苹果从全球价值链配置中分得的利益是多了还是少了?答案不言自明。

美国通过价值链分工将低附加值的环节转移出去,是追求高效率的行为,不会伤害产业公地。有没有伤害产业公地不能以是否在美国生产某一产品为衡量标准,而应以创新和掌控价值链的能力为标准。全球价值链分工不会伤害美国产业公地,制造业确实是创新的载体,但分离出去的制造环节并不具有创新的核心功能,从某种意义上来说,整个价值链本身就是产业公地,而美国只要占据了价值链的核心环节,实际上就维护了公地。同时,这种分离并不仅仅是短期效率的提升,还有助于建立长期的竞争优势,因为企业不必为生产能力进行大规模的投资,可以把精力与资源集中到更重要的创新领域。

制造业是创新的载体,一个国家离开制造业确实对创新难以形成有效支撑,这个观点没有问题。但问题是美国将部分制造环节转移出去就失去对创新的支撑了吗?事实上,无论从整个国家还是微观企业的角度来说,美国的创新能力不是弱了而是更强了。美国企业转移出去的主要是技术含量低的加工制造环节,对企业而言,将这些环节转移出去可以更加集中资源于自己最擅长的创新与研发,从而可以更加牢固地掌控价值链,更好地从整体上把握市场、技术、商业模式的前进方向。对国家而言,这何尝不是"腾笼换鸟"的做法。美国虽然是最发达的国家,但资源也是有限的,它同样要思考将资源配置到自己最具比较优势的地方。

需要说明的是,美国向外转移产业与对外直接投资是不同的概念,对外直接投资仅是产业向外转移的方式之一。美国通过构建全球价值链,将制造业的部分非核心环节转移出去,降低了第二产业的比重,学界甚至普遍认为这是造成所谓产业"空心化"的重要原因,但美国制造业向外转移并不是开展对外直接投资造成的。美国对外直接投资的确远远大于外来直接投资，截至2008年，美国对外直接投资额达32197亿美元，外国对美国直接投资仅为20466亿美元，但就制造业而言，美国吸引的直接投资是大于对外直接投资的。截至2008年，美国对外制造业直接投资额达4865亿美元，外国对美国制造业直接投资为6504亿美元。可见，对外直接投资并不是美国所谓"去工业化"与产业"空心化"的原因。美国实际上放弃了自己没有比较优势的部分制造环节，对这些领域并不投资，直接通过外包的方式整合资源，这样才真正把这些环节的资源节省出来，用到自己更擅长的领域。

（五）美国金融危机爆发的确与虚拟经济过度发展有关，但起因恰恰是为了发展实体经济

2008年美国爆发金融危机是经济发展史上的大事，它重创了美国经济，对世界经济的发展也造成较大负面影响。学界对此进行了大量讨论，试图得出一些可资借鉴的经验教训。为了以后不再重蹈美国金融危机的覆辙，经济学家们都在追问，到底是什么原因导致了金融危机？虽然还没有形成统一的答案，但产业"空心化"与金融过度发展是主要原因已基本达成共识。

这样的观点有一定道理，但分析过于简单和片面，缺乏大的视野和全局思维，对产业"空心化"与金融过度发展两个问题都缺乏全面、深刻、客观的认识。"空心化"问题前面已有分析，这里不再赘述。对金融过度发展问题，学者仅看到了其危害的一面，但对政府放松金融管制的背景、原因、动机及其贡献却视而不见，或者根本就没有认识到。

追根溯源，金融过度发展及其引起的金融危机与20世纪80年代美国逐步放松金融管制有关，甚至可以说放松管制是主要原因。但需要进一步思考的是，为什么美国在那个时点要开始放松金融管制，这才是深刻挖掘出导致金融危机的根源与全面客观认识金融危机本身的关键所在。

要理解这个问题，还是要放入到美国产业发展历程的大背景中去，20世纪80年代是"二战"后美国产业发展最困难的时期。前面谈到，1971~1985年，美国的钢铁、汽车、机床、消费型电子、办公设备等令人注目的产业的竞争优势一个个地消失了。那么，在这样的背景下，美国未来到底靠什么立足？到底靠什么样的增长点来弥补大量传统产业衰落？这是美国必须深入思考、回答并应对的重大问题。

在美国部分传统产业开始失去竞争力的时候，兴起于美国的第三次科技革命，在20世纪70年代进入了以技术密集型制造业为代表的高潮，到20世纪80年代又进入到以信息产业为代表的新阶段。针对这一情况，一方面，美国出台了一系列产业政策，开始重点发展信息产业等高新技术产业（任净、周帅，2015）。

进入20世纪90年代以后，美国连续出台多项政策加快信息产业发展：1992年美国颁布了《国家信息基础设施行动计划》，明确要加快信息基础设施的建设，如1994年8月，白宫发布了科技白皮书，大幅增加对信息产业的研发投资；1996年和1998年，美国又连续推动WTO部长会议通过对信息产品免除关税的协议等。在一系列政策的支持下，美国的信息产业得到了快速的发展。

另一方面，自20世纪80年代以来，美国开始采取放松金融管制的政策，最初目的是增加金融服务业的活力，为新兴产业的发展提供配套的服务和资金的支持（任净、周帅，2015）。1983年，美国政府开始默许金融业将亏损资产从资产负债表移开，带来了银行表外资产的持续扩张。2000年，又通过了商品期货现代化法案，解除了对金融衍生品的管制，又带来了金融衍生品的快速发展。到了2004年，又废除了"投资银行应保持债务与净资产比率不得超过12∶1"的"债务/净资产规则"，允许投资银行按照《巴塞尔协议》的要求自行抉择，给予银行以更大的自主权。这一系列措施使得金融保险服务业得到了快速发展，在初期为高新技术产业的发展起到了足够的支持作用，但也使得虚拟经济不断膨胀（任净、周帅，2015）。

可见，信息产业发展是美国主动选择的结果，金融危机的发生与制造业相对"不振"有关，但所谓产业"空心化"并不是金融危机发生的根源。甚至从某种程度可以说，金融危机与制造业发展状况无关，美国制造业并没有不行，虽然它占美国GDP的比重以及全球制造业的比重持续下降，但下降到一定程度后稳定在一定水平，并且规模一直在扩张，同时质量越来越高。

当然，必须承认，以发展新兴产业为目标的金融创新在促进实体经济发展的同时本身也存在发展过度的问题。金融存在的根本价值在于为实体经济服务，但其过度发展在很大程度上使得金融行业脱离了实体经济，金融体系在实体经济之外形成较封闭的自我循环并产生较大的赚"快钱"与"大钱"效应，这反过来又使得实体经济的资金受到较大挤压，这种金融发展的过度"跑偏"是必须纠正的。

对金融的过度发展要有客观的评价，不仅要客观分析其过度发展的程度，而且要认识到它对高新技术发展确实起到了非常重要的推动作用。一方面，金融系统本身的过度发展或对经济造成虚拟化的程度并没有想象的严重，金融占比在合适的范围内，如表2-16所示，美国金融与保险行业产值占GDP的比重总体呈现缓慢上升趋势，到了7%左右时基本就稳定下来。对比中国，美国的金融占比并不高，中国2014年金融业增加值占GDP的比重为7.2%，2015年为8.4%，超过了美国。2015年中国金融行业增长速度达到15%以上，我们反而更要警惕形成泡沫。

表 2-16 中美金融业增加值占 GDP 比重比较　　　　单位:%

年份	1950	1955	1960	1965	1970	1975	1980
美国	2.7	3.1	3.6	3.5	4.1	4.3	4.8
中国	—	—	—	—	—	—	1.9
年份	1985	1990	1995	2000	2005	2010	2015
美国	5.4	5.8	6.4	7.3	7.6	6.7	7.5
中国	3.2	6.1	5.2	4.8	4.0	6.2	8.4

数据来源：http://www.bea.gov/industry/gdpbyind_data.htm、中国历年统计年鉴。

另一方面，金融危机事件对经济的冲击与伤害是很大的，事件本身值得总结，但事件具有积极的意义，它是对虚拟经济过度"跑偏"的一种"自我纠偏"，但不能因这个事件就否定金融体系创新对高新技术发展的推动作用。可以说，美国高新技术产业的进步比金融危机本身要重要得多，正是有了20世纪70年代开始美国一系列的重要决策，才让美国在总体上实现了从传统经济向新经济的成功转型，在美国以汽车和钢铁为代表的传统工业受到巨大的冲击之下，让高新技术产业成为经济持续发展的"接力棒"，不仅避免了重要产业"陨落"后经济的衰退，并且让美国经济实现了较长时期的持续增长，新经济还强化了美国的经济与科技地位。

当然，造成美国经济这一轮繁荣的战略决策、科技政策、金融创新等也有另一方面的风险，这种风险积累到一定程度后释放出来了，这就是我们看到的金融危机。从某种程度上来说，如果没有20世纪80年代的放松金融管制，就没有这次的金融危机，也就没有这一轮高科技实体产业的发展，美国可能就没有钢铁与汽车等传统工业衰败后的"接力棒"。

因此，不能简单认定金融危机是因为实体经济不振导致的，实际上是导致金融危机的措施驱动了这一轮的发展。否则，美国经济在20世纪80年代真可能陷入不可逆转的衰退，美国的经济地位完全可能被日本等国取代。当然，金融危机的危害不可小觑，放松金融管理带来巨大收获的同时也带来了危害，金融的过度发展，脱离了实体经济，但不是实体经济不行了导致金融危机，这是不同的概念，不同的机理。

所以，对金融危机本身的分析，要有更大的视野，不能就事论事。对美国而言，谋划占据未来产业制高点才是政策的出发点，金融是为实体经济服务的，它本身不可能成为经济发展的支柱。金融安全当然是重要的，但实体产业的发展、实体产业的竞争力、产业间的良性更替远比金融安全更重要。在产业安全与金融安全之间，美国实际上选择了产业安全，从而在实体经济遭遇重大挫折的情况下还是实现了"凤凰涅槃",但在表现形式上看,却发生了金融危机,这也反映出美国维持竞争地位的艰难。

金融危机的危害确实不容小觑,它对美国经济重创,需要总结教训,但不能局限于放松金融管制本身,更不能局限于次贷、金融产品过度创新等细节。如果美国没有这一次的金融管制放松及一系列围绕促进高新技术产业发展的金融创新,美国还能在新经济中占据主导地位吗?所以,对金融危机应有客观、公正、全面的评价,一味批评毫无意义,而且也不可能从中汲取营养与吸取教训。从某种意义上说,美国的金融发展带给中国乃至世界的,应该是经验远大于教训。

四、政府在经济与产业发展中发挥了重要作用,是独特的"强"政府

美国是自由市场经济国家,相对而言,政府较少直接干预经济的运行,也很少出台具体的产业政策,但并不意味着政府在经济发展方面不作为,美国政府不是"小"政府①,更不是"弱"政府。相反,美国政府是独具特色的"强"政府,它在经济与产业发展中发挥着十分独特的、不可缺少的作用,美国政府在经济发展过程中绝不是可有可无的角色。正如 ARAM 中指出的,虽然美国企业家、创新者和工人的才能与辛勤劳动会推动产业发展,但健全的政府政策至关重要。

美国经济与产业发展史表明,美国政府始终对经济、产业、科技等发展施加了强有力的作用与影响,只不过它很少直接干预微观经济运行而已②,美国政府重视通过法律、法规、政策等手段营造公平、公正的竞争环境,维护市场的健康运行。如反垄断、知识产权保护、清晰界定产权并加以保护等,这些都是美国经济发展的根本法宝③。此外,美国政府在以下三个方面对经济施加了较大作用和影响:

第一,美国政府历来重视通过扩张性的财政政策应对各种危机或刺激经济增长。如在南北战争时期,1865 年联邦政府的财政支出达到 1860 年的 20.4 倍,而同期的财政收入才 5.9 倍④;在第一次世界大战时期,1918 年战争结束时联邦政府的开支达到 1914 年的 17.4 倍,"一战"结束后的次年,财政支出在天量的

---

① 截至 2016 年 1 月,美国政府总雇员达 2205 万人(联邦政府、州政府、地方政府分别为 276 万人、511 万人、1418 万人),而整个制造业才 1234 万人,达到总非农就业人数的 15.4%,从雇员的规模上看,美国政府绝不是"小"政府。

② 实际上,美国政府也并不缺少直接干预微观企业经营的举动,如 2009 年通用汽车申请破产保护,美国政府并没有置身事外,而是参与了救助行动,向通用注入巨额资金重组建立新通用,美国财政部门持有新通用超过 50% 以上的股份。尽管美国政府的做法广受批评,认为政府不应拿纳税人的钱去救企业在市场中犯下的错误,但美国政府最终还是直接参与了微观企业的重组活动。

③ 尽管美国政府在贸易保护等方面也有许多不光彩的记录,但总体上这并不影响美国经济政策的主流,而且受到美国政府贸易保护的产业基本都受到了伤害,长远的竞争力实际上是被削弱的。

④ 根据乔纳森·休斯、路易斯·凯恩的《美国经济史》第 286 页表 13.1 资料计算。

基础上比1918年仍增加45.8%（见表2-17）。

表2-17 1914~1922年联邦政府财政收支情况　　单位：亿美元

年份	1914	1915	1916	1917	1918	1919	1920	1921	1922
支出	7.3	7.5	7.1	19.5	126.8	184.9	63.6	50.6	32.9
收入	7.3	6.8	7.6	11.0	36.5	51.4	66.5	55.7	40.2

数据来源：[美]乔纳森·休斯，路易斯·凯恩. 美国经济史［M］. 杨宇光等译. 上海：格致出版社，上海人民出版社，2013.

在第二次世界大战时期，1945年联邦政府的财政支出达到1940年的8.3倍，而同期的财政收入才是5.1倍（见表2-18）。在"再工业化"战略中，联邦政府仍沿用了一贯的做法，通过增加开支、扩大赤字的办法刺激经济复苏或增长。2001年联邦政府实现了财政盈余、2002~2008年维持3057亿美元平均赤字的基础上，2009~2012年联邦政府财政赤字更是分别扩大到1.42万亿、1.29万亿、1.30万亿、1.09万亿美元（见表1-3）。

表2-18 1940~1947年联邦政府财政收支情况　　单位：亿美元

年份	1940	1941	1942	1943	1944	1945	1946	1947
支出	85	127	310	526	670	706	446	376
收入	82	149	223	355	401	415	395	428

数据来源：[美]乔纳森·休斯，路易斯·凯恩. 美国经济史［M］. 杨宇光等译. 上海：格致出版社，上海人民出版社，2013.

第二，美国政府历来重视支持甚至直接参与前瞻性的技术研发与高新技术产业的培育。在前瞻性的挑战上，美国政府很积极，并为国内产业创造了重要的间接利益，能维持竞争优势的美国产业，受政府政策影响颇大，如航空、国防、计算机等（迈克尔·波特，1990）。美国的许多高新技术产业、重大发明创造都是在政府的直接参与与推动下发展起来的。

如美国政府不仅资助了半导体的研究，而且美国的军事及航天计划为晶体管提供了最早的主要市场，它们的需求或许正是这个产业发展最重要的因素；与半导体一样，公共部门帮助奠定了计算机研究的基础，尽管私营部门的支持也有一些，但美国军方和人口调查局是参与最深的两个政府部门（乔纳森·休斯、路易斯·凯恩，2013）；互联网也是政府出资办起来的，它原名阿帕网（ARPANET），阿帕（ARPA）是高级研究计划署（Advanced Research Projects Agency）的英文缩写的音译，是隶属于美国国防部的一个机构，到1995年才移交到私营部门管理。

第三，美国政府历来重视生产要素的创造。根据迈克尔·波特（1990）在《国家竞争优势》中的钻石理论，一个国家之所以拥有具有竞争力的产业，不是因为这些国家拥有这些产业本身，而是因为这些国家拥有孕育这些产业的机制，其中生产要素是重要的四个条件之一。一个国家的竞争力状况不在于其生产要素的禀赋本身，而是这个国家有没有让生产要素升级的机制。美国政府是生产要素的创造者，它不仅通过市场体制激发了广大企业、高校、研究院所等社会主体对生产要素升级与创造的热情，美国政府本身也直接在教育、科学和基础设施方面持续地进行大量投资，为创造出生产要素不遗余力。

五、贸易保护主义与创新精神的交织是推动产业更替的隐形力量

美国是一个具有高度创新与开拓精神的国家，这种精神使美国孕育了许多具有竞争力的产业，也产生了大量世界级的企业。"二战"以来，美国大公司的数量一直处于绝对领先的地位。但当某一行业内形成垄断竞争或寡头垄断时，那些占据垄断地位的企业往往失去了创新的动力与精神，转而追求垄断利润，为了维持垄断地位，它们会以各种理由向政府寻求相关保护，或者利用自身实力开展大规模的兼并、收购。

以钢铁为例，这些钢铁大佬公司一直是美国经济发展中的"问题孩子"，在它们过了最早期的生气勃勃、富于创新精神的阶段后，它们的继承者马上就变成纯粹的官僚，只擅长于兼并、操纵价格和其他寡头垄断行为了（乔纳森·休斯、路易斯·凯恩，2013）。然而，并购除了带来声势浩大的幻觉外，对攸关竞争优势的创新活动毫无帮助（迈克尔·波特，1990）。20世纪60年代末，美国市场内的外国竞争（进口钢材的比例从1960年的4.7%上升到1968年的16.7%）把钢铁大佬们吓坏了，它们的领导者又回到华盛顿寻求联邦政府的保护主义施舍，并都得到了（乔纳森·休斯、路易斯·凯恩，2013）。

垄断地位的强化，使得这些大佬级的企业对外部环境变化不再敏感。在钢铁行业，当出现氧气顶吹转炉（BOF）与大规模钢坯连铸工艺这两大革新时，美国企业对之反应迟钝。而当国外大量质优廉价的钢铁产品进入美国市场时，美国钢铁部门则认为人家靠的是廉价劳动力、倾销等，并寻求政府贸易保护。贸易保护只是短暂维持了美国钢铁工业表面上的竞争地位，但却让美国钢铁工业失去了痛下决心进行革新的机会，最终将整个产业引向衰落。当外国的钢铁质量已经迎头赶上，成本又比美国低廉时，许多美国企业仍坚持用国货，保护的下场就是遭到淘汰的命运（迈克尔·波特，1990）。

美国人的开拓与创新精神，开创了让世人惊叹的经济与科技成就，但"二战"后,美国之所以有那么多的产业逐步失去竞争地位,与之不无关系,也反映出"创业容易守业难"的道理。正如迈克尔·波特(1990)对此曾深刻描述的:"'二战'结束时,美国出现大量新企业,竞争的信念使它们不断尝到新的果实。这些企业通常由一位白手起家、不畏艰难的企业家把舵。但随着时间流逝,元老们的共同记忆逐渐模糊,大批专业经理人接管,加上资本市场形态变化的推波助澜,企业的运营往往由发展转为防守,并失去创新的兴趣。竞争力衰退是影响美国产业的根本变化,美国的企业家精神正逐渐枯萎,几十年来,汽车钢铁供过于求的环境与寡头垄断的优势,导致企业不但排斥竞争,对创新的意愿也很低。在国际竞争上,美国企业回应的方式是最糟糕的,它们一贯的方式是并购、缩小防御范围、裁员与处理多余资产"。

美国贸易保护主义者与经济学家就比较优势问题一直存在着激辩。经济学家认为,一国比较优势的演变是正常的现象,如美国的钢铁和汽车曾一度是世界上最有效率和竞争力的产业,但由于没有跟上技术进步的步伐逐渐失去了竞争力,后果可能是工厂倒闭,工人失业。但这些确实是正常的,它是优胜劣汰的结果,它意味着资源可以进行更充分、更高效的利用,可以配置到效率更高的领域。可是,贸易保护主义者并不这么想,他们认为政府通过实施禁止进口的保护措施,美国的钢铁行业可以摆脱所有问题,不会进入窘境。实际上,贸易保护主义者是站在短期、局部利益的立场上来看问题的(乔纳森·休斯、路易斯·凯恩,2013)。

垄断的力量使美国经济逐步失去活力,但当众多传统优势产业衰落时,美国并没有消沉,产业的不振反而又激发了美国骨子里的那种创新与开拓精神,不断向经济注入新的活力,新技术、新概念、新模式、新思想又层出不穷,新的产业得到孕育,从而成功推动主导产业的更替。在这个过程中,美国政府始终扮演着似乎矛盾的角色,其行为耐人寻味。一方面,经常响应贸易保护主义者的诉求,出台各种贸易保护主义措施;另一方面,积极鼓励竞争和创新,不遗余力地培育新兴产业。

笔者认为,美国的政治精英们应该认识到了垄断及贸易保护对经济的长远伤害①,意识到美国的未来不会也不可能寄托在这些寻求贸易保护的产业身上,但他们不得不"尊重"相关利益集团的力量,不得不选择妥协,他们必须顾及这

---

① 甚至,一些贸易保护主义的政策,连短期好处都没有得到。如 2009 年的中美"轮胎特保案"中,美国贸易委员会认为从中国进口轮胎损害了当地轮胎工业,如不采取措施,还会有 3000 名美国工人失去工作。美国政府据此决定对中国输美国乘用车与轻型卡车轮胎实施连续三年的特别关税。尽管中美"轮胎特保案"成功减少了美国从中国进口轮胎的份额,但这一空缺并没有被国内生产所填补,而是迅速被来自加拿大、日本、韩国的轮胎抢占,由此带来的国内就业机会微乎其微(张雨,2014)。

些利益集团的选票。但美国历届政府很少向这些利益集团消极、被动地妥协，而是在妥协中寻求机会，寻找突破的时机与力量。

从某种程度上来说，可将政府的策略理解成"先保全，再发展"，政府会顾及相关利益集团的力量，防止其对执政造成冲击，但政府的政策重心一直是立足于国家长远竞争力提升与经济发展的，因为从根本上来说，只有为国家创造良好的长期预期，才能赢得大多数选民的支持。

第三章 美国"再工业化"的原因、本质与内涵

第一节 美国"再工业化"的原因

经过前面对美国产业发展历程的分析,美国"再工业化"的根本原因实际上已不言自明了。"二战"结束后,美国工业远远甩开英国等发达国家,从而问鼎世界。但自20世纪70年代开始,美国工业遭遇了前所未有的挑战,可谓是前有发达国家的"阻击",后有发展中国家的"追兵"。

首先,发展中国家奋起直追,比如中国,利用其比较优势,迅速成为世界工厂,取得工业相当竞争力之后,还在向产业链中高端延伸,力争形成赶超之势,尤其是《中国制造2025》的推出让美国感受到了压力;其次,发达国家在先进制造业、高新技术产业、战略性新兴产业等领域,未雨绸缪,纷纷布局,都在抢占未来制高点。即使是发展中国家,也在布局相关产业,都将新兴产业的发展看成是缩小与发达国家差距的机遇,甚至有的国家期待在新兴产业的发展中进行"弯道超车",实现对发达国家的赶超。

现在越来越多的产业被其他国家占据了领先地位,如平板显示器、新型电池、机床、光电子产品、太阳能发电设备、风电设备等,在生物技术、航空航天、高端医疗设备以及其他先进制造领域,美国的主导地位也面临挑战(加里·皮萨诺、威利·史,2014)。可以说,美国想保持优势或建立新的优势都已变得越来越困难,几乎所有领域都面临强有力的竞争。

因此,美国必须从长远思考未来的竞争力问题,不仅要设法维持现有优势领域的竞争地位,更要培育新的产业,占据未来产业的制高点,以代替衰落的产业,从而实现经济的可持续发展。从长远角度来看,这就是"再工业化"战略

提出的根本原因。

实际上,美国在维持竞争力方面一直有很强的危机意识,它历来重视工业尤其是制造业的发展。前面分析表明,尽管美国第二产业的比重持续下降,但并不表示美国不重视第二产业的发展。美国工业比重下降是工业高度发展、分工进一步深化的结果,是工业强大的体现,所谓后工业化是工业高度发达后的阶段,而不是工业不重要或不重视工业的阶段,要慎言"去工业化"与产业"空心化"。从某种意义上来说,美国一直在走工业化道路,一直立足于做强工业,当然做强的逻辑、标准与表现形式等在发生变化,这也是导致学术界普遍认为美国工业重要性下降的重要原因。

尽管美国一直重视工业的发展,但本次金融危机后,美国又明确提出"再工业化"战略,表明要更大力度地发展实体经济。那么,美国为什么在这个时点大张旗鼓地宣布要搞"再工业化"呢?除了前面分析的根本原因之外,选择这个时点,还有几个具体的重要原因。

一、宏观经济出现衰退迹象

如图3-1所示,自2004年以来,美国经济的实际增长率持续下滑,从2004年的3.9%下滑到2008年负增长,连续下滑达4年之久,而且从图形上看,如不果断采取措施,仍有继续下滑的趋势,事实上2009年又继续下滑到-2.8%,而且有继续恶化的趋势。

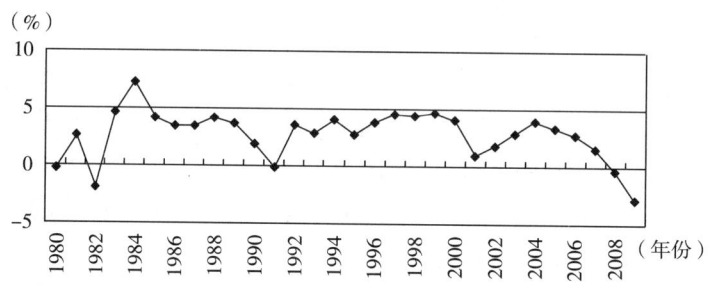

图3-1 1980~2008年美国经济增长率

数据来源:http://www.bea.gov.

这是1930年大萧条以来,美国经济持续时间最长的一次增长速度下滑(见表3-1),经济实际上已陷入衰退。难怪乔纳森·休斯和路易斯·凯恩(2013)认为奥巴马是在衰退日益严重之中当选总统的。侯雅曼(2014)认为此次"再工业化"战略以金融危机为背景,美国遇到了20世纪30年代"大萧条"时期以来最严重的衰落,奥巴马政府遇到了前所未有的困难,美国陷入了经济发展的困境。

表3-1 1930~2009年美国GDP增长率(基于不变市场价格)　　　单位:%

年份	增长率	年份	增长率	年份	增长率	年份	增长率	年份	增长率
1930	-8.5	1946	11.6	1962	6.1	1978	5.6	1994	4.0
1931	-6.4	1947	-1.1	1963	3.5	1979	3.2	1995	2.7
1932	-12.8	1948	4.2	1964	5.8	1980	-0.2	1996	3.8
1933	-1.3	1949	-0.6	1965	6.5	1981	2.6	1997	4.5
1934	10.8	1950	8.8	1966	6.6	1982	-1.9	1998	4.4
1935	8.9	1951	8.1	1967	2.8	1983	4.6	1999	4.7
1936	12.9	1952	4.1	1968	4.9	1984	7.3	2000	4.1
1937	5.1	1953	4.7	1969	3.1	1985	4.2	2001	1.0
1938	-3.3	1954	-0.6	1970	0.2	1986	3.5	2002	1.8
1939	8.0	1955	7.2	1971	3.3	1987	3.5	2003	2.8
1940	8.9	1956	2.1	1972	5.3	1988	4.2	2004	3.9
1941	17.7	1957	2.1	1973	5.6	1989	3.7	2005	3.3
1942	18.9	1958	-0.7	1974	-0.5	1990	1.9	2006	2.7
1943	17.1	1959	6.9	1975	-0.2	1991	-0.1	2007	1.5
1944	8.0	1960	2.5	1976	5.4	1992	3.6	2008	-0.3
1945	-0.1	1961	2.6	1977	4.6	1993	2.8	2009	-2.8

数据来源:根据美国经济分析局数据(http://www.bea.gov/national/index.htm)计算得到。

因此,在这种情况下,为扭转经济已形成的下滑趋势,2009年2月17日,奥巴马签署《美国复兴与再投资法案2009》(American Recovery and Reinvestment Act of 2009),推出了总额为7870亿美元的经济刺激方案,目的主要是通过为居民和企业减税来鼓励投资和消费,刺激经济复苏,其中基建和科研、教育、可再生能源与节能项目、医疗、环保等成为投资重点。这个法案有利于短期的经济复苏,同时许多投资为未来产业长远的发展奠定了良好的基础。

二、失业率变化呈现出类似于1930年大萧条时的特征

1930年,在经济形势一片大好且几乎没有任何征兆的条件下,美国出现了大萧条。如果一定要找出这次萧条前的征兆的话,失业率可能是一个,当时美国在已维持了7年的几乎充分就业的状态下,到1930年时美国的失业率突然上升

到了8.9%,紧接着就发生了大萧条,失业率继续快速上升到20%以上(见表3-2)。

而在本次金融危机前,美国已维持了低失业率相当长的时间,到2008年时已经明显上升到5.8%,2009年则又快速上升到9.3%。这会不会是经济大萧条至少是停滞的前奏呢?失业率会不会像20世纪30年代那样在8.9%的基础上再继续快速上升到百分之十甚至百分之二十以上呢?1932年的失业率可就达到了22.9%(见表3-2)。

表3-2 美国1930年大萧条前后与"再工业化"前后失业率变化比较 单位:%

年份	1921	1922	1923	1924	1925	1926	1927	1928	1929	1930	1931	1932	1933
失业率	11.3	8.6	4.3	5.3	4.7	2.9	3.9	4.7	2.9	8.9	15.7	22.9	20.9
年份	1997	1998	1999	2000	2001	2002	2003	2004	2005	2006	2007	2008	2009
失业率	4.9	4.5	4.2	4.0	4.7	5.8	6.0	5.5	5.1	4.6	4.6	5.8	9.3

数据来源:1921~1933年来自[美]乔纳森·休斯,路易斯·凯恩. 美国经济史[M]. 杨宇光等译. 上海:格致出版社,上海人民出版社,2013;1997~2009年来自美国劳工统计局网站,http://stats.bls.gov/。

如果再分析一下2009年的月度失业率数据,更可能会有这种担忧。2009年美国的月度失业率分别为:7.8%、8.3%、8.7%、9.0%、9.4%、9.5%、9.5%、9.6%、9.8%、10.0%、9.9%、9.9%(见表1-2),从中可以看出,2009年失业率在上年5.8%的基础上,继续逐月持续上升,10月还达到了可怕的10%,美国经济大有"山雨欲来风满楼"的感觉。

在这样的情况下,即使不考虑产业结构优化,单从美国经济周期性的角度,一场大的衰退也可能出现,就业是一个重要的先导指标,美国政府也要采取刺激措施,"再工业化"是一个很好的抓手。尽管制造业的就业比重很低,制造业扩张本身也不可能大幅增加就业,但制造业在经济中具有"火车头"的作用,可以带动其他产业发展,从而促进经济走出低谷。

三、工业与制造业的产能利用率创历史最低值

如表3-3所示,自20世纪80年代以来,美国的工业产能利用率总体上维持在80%以上,制造业的产能利用率略低于整个工业。但金融危机以来,工业与制造业的产能利用率呈现"断崖式"下跌,2008年的工业与制造业产能利用率分别比上一年下降3.3%、3.9%,2009年比2008年又分别下降9.2%、9.1%。产能利用率如此快速下滑反映出市场需求的不振以及美国工业产品竞争力的下降,这时必须采取措施刺激需求,提高开工率,同时还可能要化解部分过

剩产能，当然也要思考培育新的增长点。

表3-3 美国工业与制造业产能利用率　　　　单位：%

年份	1986	1987	1988	1989	1990	1991	1992	1993	1994	1995
工业	78.9	81.4	84.6	84.1	82.8	80.0	80.5	81.5	83.6	83.8
制造业	78.4	81.0	84.0	83.3	81.6	78.6	79.6	80.4	82.7	83.1
年份	1996	1997	1998	1999	2000	2001	2002	2003	2004	2005
工业	83.4	84.1	83.0	81.3	80.8	76.7	76.2	76.8	78.6	80.4
制造业	82.1	83.0	81.5	80.4	79.6	73.7	73.1	74.0	76.4	78.4
年份	2006	2007	2008	2009	2010	2011	2012	2013	2014	2015
工业	80.4	80.8	77.5	68.3	73.3	76.1	76.9	77.2	78.5	76.8
制造业	78.6	78.8	74.7	65.6	70.8	73.7	74.6	74.5	75.4	75.5

数据来源：美联储网站，http://www.federalreserve.gov/。

四、贸易逆差持续扩大

如表3-4所示，进入21世纪以来，美国的易货贸易逆差持续扩大，工业出口的不振不仅影响了就业，也恶化了美国的国际收支，威胁到美元的地位。从长远看，还可能危及美国创新的基础。改善国际收支、增加国内就业等自然也就成为美国实施"再工业化"战略要考虑的重要因素。

表3-4　1999~2008年美国货物与服务贸易情况　　单位：亿美元

年份	货物出口	货物进口	易货贸易逆差	服务出口	服务进口	服务贸易顺差	总逆差
1999	6985	10356	-3371	2713	1929	784	-2587
2000	7849	12317	-4468	2904	2161	743	-3725
2001	7313	11537	-4224	2743	2135	608	-3816
2002	6980	11733	-4753	2807	2244	563	-4190
2003	7304	12721	-5417	2900	2422	478	-4939
2004	8236	14883	-6647	3380	2831	549	-6098
2005	9130	16958	-7828	3730	3044	686	-7142
2006	10409	18782	-8373	4167	3412	755	-7618
2007	11652	19863	-8211	4884	3726	1158	-7053
2008	13088	21413	-8325	5328	4091	1237	-7088

数据来源：http://www.bea.gov/scb/pdf/2015/07%20July/0715_annual_revision_of_international_transactions_accounts.pdf.

五、制造业生产效率全面超越其他产业

如表 3-5 所示,在 1995 年之前,制造业的生产率指数都是小于其他产业的,这时企业为了追求生产率的提升,将资源配置从制造业转移到其他产业就是一种正常的现象,即"去工业化"是有利于生产效率提升的。而到了 1995 年,制造业的生产率超过了其他产业,如果继续"去工业化",势必造成生产率下降,延缓经济发展。这时应该将更多资源从其他产业配置到生产效率更高的制造业,即"再工业化",这样有助于提升整个经济的生产效率。

表 3-5 1950~2005 年美国生产率指数

年 份	小时产出 (1992 年 = 100)		
	企业全部	非农企业	制造业
1950	37.3	41.9	34.0
1955	43.6	47.5	38.8
1960	48.9	51.9	41.8
1965	58.8	61.4	48.5
1970	66.3	68.0	54.2
1975	74.8	76.2	64.3
1980	79.1	80.6	70.1
1985	87.1	87.4	82.3
1990	94.5	94.5	92.9
1995	101.6	102.1	110.0
2000	116.1	115.6	134.4
2005	136.5	135.9	170.6

数据来源:[美] 乔纳森·休斯,路易斯·凯恩. 美国经济史 [M]. 杨宇光等译. 上海:格致出版社,上海人民出版社,2013.

1992 年,克林顿在总统竞选中承诺将通过政府政策促进美国的"再工业化",就与制造业的生产效率有超越其他产业的趋势有关。后来,克林顿当选之后,美国再次主导了世界经济发展,取得了辉煌的成就,与"再工业化"政策有关,但这时美国并没有走振兴传统产业的老路,而是抓住了信息技术和互联网的机遇,发展新经济,造就了一段经济奇迹。

进入 21 世纪以来,制造业与其他产业相比生产率优势继续扩大,从提高整个经济效率的角度来说,美国应该将更多的资源配置到制造业行业中,这应该也

是再次实施"再工业化"战略的原因之一。当然,随着制造业生产效率的进一步提升,加之需求约束,为防止制造行业出现过剩,资源流入制造行业会受到限制。

第二节 美国"再工业化"的本质与内涵

综上对美国工业化道路、支柱产业更替及"再工业化"战略的根本原因等方面的深入系统分析,可以判断,金融危机下的"再工业化"的根本目标与任务是实现美国工业发展新旧动力转换,培育与发展新兴产业,占据未来产业制高点,以弥补第三次工业革命形成动力的衰减甚至替代第三次工业革命形成的动力。"再工业化"不是对过去发展道路的否定,而是在新的环境下,让过去发展的道路得以更好地延续。从本质上看,"再工业化"是美国工业化道路的重要组成部分,它是为了更好地推进美国工业化的进程,而不是对过去所谓的"去工业化"道路的否定。"再"字的含义虽然有重新重视工业的成分,但重心是要重塑工业发展新动力①。

正如前文提到的,尽管美国制造业占比持续下降,地位似乎有所动摇,但ARAM中仍明确指出,制造业仍是美国经济的核心,美国制造业也是世界上最成功的制造业之一。可见,无论是美国经济发展历程,还是美国政府文件的论述,都表明美国一直是重视工业的。尽管制造业遭遇一些挑战,但美国对此仍充满信心,在许多传统产业增长乏力的情况下,ARAM立足于未来,认为许多新兴部门可能享受增长和成功,如生物科技、风力发电、纳米科技、航空航天、下一代汽车以及我们今天都无法知道的未来产业。表明美国非常重视新兴产业与工业发展新动力的培育,期待和过去一样成功实现经济发展的新旧动力转换与支柱产业的更替。要全面理解"再工业化"战略的本质与内涵,需要把握好以下几点。

一、工业化道路没有终点,"再工业化"是美国工业化进程的重要组成部分

前文分析表明,美国一直认为工业是经济的根本和支柱,一直重视工业的发展,一直寻求保持工业的领先地位,从来没有将金融、保险等产业视为主导或支柱产业。工业化道路只有起点,没有终点。可以说,美国一直在走工业化的道

---

① 前文提到,刘戒骄(2011)将"再工业化"定义为重新重视和发展工业,包括改造提升现有工业和发展新工业的过程,他的定义实际上包括了重新重视工业与重塑工业发展新动力两个方面,虽没有明确强调主次,但综观全篇文献,作者的本意偏重于后者。

路，或者说一直在工业化的路上，并不断迈向工业化的高级阶段。所以"再工业化"中"再"虽有重新重视工业的成分，但其核心内涵或本质并不是重新重视工业，因为美国一直重视工业。

当然，随着时间的推移，工业化的内涵、表现形式都在发生改变。工业不断寻求更加高效的服务社会和消费者的方式，从而导致工业内部的分工不断深化，工业中具有服务功能的环节发展越来越充分，越来越多的环节分离出来形成独立的产业，也就是生产性服务业。这时评价工业化的标准也要跟着改变，但评价体系的滞后造成了所谓的"去工业化"或产业"空心化"的"统计错觉"。第三产业比重的提高，说明工业中服务功能的环节发展得更加充分，这是工业高度发达的表现，表明进入工业化的发达阶段或后工业化阶段，这个阶段并不是不重视工业，也不是"去工业化"，更不是产业"空心化"。

美国产业发展史表明，即使美国进入工业高度发达的阶段，处于全球领先地位，也不能高枕无忧。美国工业在走向越来越发达的过程中，遇到的竞争压力反而越来越大了，保持领先地位也变得越来越艰难，稍有不慎就可能落后。钢铁、汽车等工业的教训很深刻，即使在高科技的半导体产业，美国在与日本的竞争中，也同样曾遭遇惨败。

随着高新技术产业的发展，新技术、新理念、新产业、新业态等层出不穷，世界的工业化进程进入到一个新的阶段，美国需要通过新的战略保持其在工业的领先地位，金融危机下的"再工业化"是美国为适应工业化道路新阶段的竞争而采取的措施与手段，它是美国工业化进程的重要组成部分。

二、"再工业化"以构建与占领未来产业制高点为根本目标，同时兼顾中短期出口、就业等问题

随着在许多传统领域失去优势，美国的竞争优势相对缩小，美国必须思考寻求新的动力、产业和制高点，不仅要抵消一些领域失去竞争优势的影响，而且要重新引领世界经济与产业发展。可以说，美国"再工业化"不是一种短期行为，也不仅是应对产业"空心化"的被动反应，而是一种超前的、主动的、未雨绸缪的战略谋划，在自己还没有完全失去制造业领导者地位的前提下就谋求继续成为下一轮科技与产业革命的领导者。

美国希望通过"再工业化"重塑制造业的核心地位，充分利用全球市场、资本、能源等推进产业结构优化（李俊江、孟勐，2016），实现产业升级、占领未来产业制高点才是本次"再工业化"的根本目的（沈坤荣、徐礼伯，2013），进而实现美国经济发展的新旧动力转换。

当然，在美国经济发展动力转换的过程中，要兼顾中短期的目标，减小经济的震动，为新动力的构建留有回旋余地，即要平衡好新旧动力、长短期目标，实现经济的短期稳定、转型升级与长远发展的统一。如2010年1月，奥巴马在《国情咨文》中提到要在5年内使美国的出口翻一番，并创造200万个就业岗位，这是立足于长远提升制造业竞争力的，同时也兼顾了中短期的就业目标，政府并为这个目标制定了一些具体的政策。

有学者认为，"再工业化"是奥巴马为赢得2010年中期选举而进行的政治作秀，认为美国政府没有打算真正实施该战略，也没有制定长期性的实施计划（张雨，2014）。笔者认为，如果奥巴马政府真的在作秀，也是作了一个不错的秀。根据美国劳工统计局（BLS）的数据，2016年美国政府系统的雇员数比2009年减少了53万人，在美国亟须解决失业率高的问题的情况下，美国政府并没有用财政资金来"养"人，这足以说明美国是立足于长远解决就业问题的。它希望通过真正提升经济的活力与竞争力来解决就业问题，如果通过政府"养"人会出现"立竿见影"的效果，但那对长远发展是有伤害的。

综合分析，相关政策措施是长短结合，偏向长远的，有短期就业与增长的考虑，但主要立足于长远竞争力提升，未来产业制高点的占据。前文分析表明，美国担心出现大萧条式的衰退，从失业率看，出现了20世纪30年代大萧条的苗头，而且，这之前已出现了近20年新经济的繁荣，繁荣到巅峰往往会出现一次停滞和衰退，这是美国经济近200年来形成的规律。由于有了历史上多次经济衰退的经验教训，这次应对应该更有经验，动作更快。但从一个繁荣周期结束到下一次繁荣周期启动，除了要尽量保持原有优势产业的地位之外，关键是要有新的主导产业顶上去，所以"再工业化"战略必须要考虑此核心内容，也一定会将其视为战略的核心。

三、"再工业化"战略不违背产业演进的规律

有意思的是，尽管美国早就提出并实施"再工业化"战略，但经济的表现形态却似乎是始终朝着"去工业化"的方向发展的。自20世纪70年代提出"再工业化"以来，80年代、90年代分别都提过"再工业化"，但工业比重还是持续下降。

可见，"去工业化"似乎是经济发展到一定阶段的必然规律，企业都会追求低成本与高效率，它是不以政府的意志为转移的，它是经济全球化、产业分工的必然结果，也是提升发达国家竞争优势的重要途径，同时也是产业演进与升级的重要表现。美国近几十年的工业发展史似乎是一部主观追求的"再工业化"与客观演变的"去工业化"的"较劲"史，结果无论美国政府如何努力，"去工业化"似乎是无法扭转的潮流。

因此，有学者认为金融危机下的"再工业化"是违反产业演进与升级逻辑的，不会取得好的效果。前文分析表明，由于统计指标的缺陷，统计数据造成了美国工业不行了的"错觉"，工业增加值的比重已不能衡量工业的地位与竞争力。"再工业化"是为了重构经济发展新动力，不是违背产业演进的逻辑，在现有的统计体系下，并不会明显提高甚至不会提高工业的比重。但由于"再工业化"从根本上思考未来新兴产业的孕育与发展问题，思考构建与占领新的产业制高点，思考用新增长点或动力来替代旧的增长点与动力，最终必定表现为产业的演进，表现为主导与支柱产业的更替，这本身就是产业演进与升级的过程。

四、"再工业化"与所谓的"去工业化"并不矛盾

近年来，部分学者对"去工业化"的弊端进行了分析，甚至认为它是造成金融危机的根源，这种看法有失偏颇。无论是"再工业化"还是"去工业化"，都是提升竞争力的手段，不是目的。"去工业化"是为了发挥发达国家自身的优势，将附加值低的制造环节转移到人工成本更低的新兴国家，自己则更专注于核心技术、品牌、设计等附加值高的环节，有助于更好地整合发展中国家的资源，提升产业整体竞争力。同样，"再工业化"也是为了提升竞争力。两者的目的是相同的，只不过处于不同的发展阶段，采用了更合适的发展手段，两者之间不仅不矛盾，甚至是一脉相承的，只不过它们扮演了不同的角色，承担了不同的分工（沈坤荣、徐礼伯，2013）。

在近几十年的工业发展中，发达国家的"再工业化"与"去工业化"其实一直是相伴而行的。在"去工业化"方面，自发达国家进入后工业化时期后，企业为了降低成本都纷纷将附加值低的制造环节向发展中国家转移，使得发达国家的制造业占GDP的比重越来越低（沈坤荣、徐礼伯，2013）。在"再工业化"方面，它最早在20世纪70年代就被提出，当时是针对德国的鲁尔地区、法国的洛林地区、美国的东北部地区、日本的九州地区等的重工业基地的改造问题而提出来的，目的是为了这些重化工业基地的重新振兴问题；80年代初期，"再工业化"主要指加大基础设施投资，加速固定资产更新换代；80年代中期到90年代，"再工业化"主要强调产业的结构向高附加值转型。可见，在"去工业化"的过程中，一直实施着"再工业化"的战略，只不过在不同的时期，"再工业化"的内涵、任务与侧重点有所区别。

五、"再工业化"以更好地发挥美国的比较优势为前提，不可能走振兴传统产业的老路

美国实施"再工业化"，不是简单地回归传统制造业领域，而是致力于制造

业中最高端、最高附加值的领域，尤其是大型、复杂、精密、高度系统整合的产品，与新兴工业化国家形成错位发展（刘戒骄，2011）。美国不会做自己不具有优势的事，不可能为了就业将大量传统制造业回流，也不会在其他发达国家更具优势的先进制造业里展开竞争，它会兼顾短期就业需要，但实质是寻求下一轮科技与产业革命的前沿，充分发挥自己的优势领域，实现产业升级，既在现有制造领域与其他国家错位发展，又考虑发展能够支撑未来经济增长的高端产业，在未来的发展中占据产业制高点（沈坤荣、徐礼伯，2013）。

以20世纪80年代美国针对崛起的日本采取过类似"再工业化"的举措为例，面对日本精细化的工业生产模式，美国并没有在同领域内与之竞争，这并不是美国的强项，而是另辟蹊径，充分发挥自己创新体制与文化的优势，聚焦自己更有优势也更具创新意义的信息技术和相关产业，进而带来了促进美国乃至世界繁荣的"新经济"，把美国重新带回2008年之前的经济之巅。

从历史的角度看，美国失去竞争优势的传统产业，再也没有重回以往的竞争地位，美国之所以会失去在这些领域的地位，某种程度上也是主动调整的结果，它会选择自己最具比较优势的领域发展，要将资源调整到自己最擅长的领域与环节。

六、"再工业化"并不意味着"逆全球化"

全球化是美国经济增长动力的重要来源，"再工业化"战略并不意味着逆全球化。逆全球化不符合美国的利益，"再工业化"战略需要借助全球化的力量，既需要全球的市场，也需要全球的智慧，还需要全球的协作。有学者认为美国存在逆全球化的倾向，但其实施"再工业化"以来的投资、贸易等数据并不支撑这个观点，相反，表明美国经济融入全球化的程度进一步加深。

以投资为例，2009年以来，美国对外投资仍然大于外来投资，资本仍处于净流出状态。当然，2009年以来，美国制造业投资处于净流入状态，净流入速度有所加快，这一定程度上反映了美国更加重视实体经济。再以进出口为例，美国并没有因为实施"再工业化"战略减少货物的进口，虽然美国的货物出口强劲增长，2014年美国货物出口比2009年增长了52.5%，但在出口取得明显增长的同时，进口也同步增长了50.3%，易货贸易的逆差仍高达7000多亿美元，虽比金融危机前的8000多亿美元有所下降，但仍维持在较高的水平。另外，美国进出口总额占GDP的比重没有因为"再工业化"而下降。

另外，从中美投资、贸易等数据的变化情况看，也不支持美国逆全球化的观点。"再工业化"以来，无论是美国对中国出口还是进口都大幅增长，不断创出新高。2015年，中国对美国的出口达到4992亿美元，比2008年增加了1487亿美元；2015 年，美国对中国的出口达到 1651 亿美元，比 2008 年增加了 779 亿美元。

需要说明的是，自特朗普总统上台以来，表现出了与前届政府不同的施政理念，尤其表现出了较强的贸易保护倾向，其以贸易保护主义为核心的美国国家利益至上的一系列言行引发了广泛的担忧，这会不会是全球化发展趋势的终结，是否意味着"逆全球化"时代的到来。笔者认为，他的施政目标与"再工业化"的大方向是一致的，其贸易保护倾向并不意味着"逆全球化"，而是想改变全球化的游戏规则，甚至想重构全球化的体系，试图在全球化中谋求更大的好处。实际上，美国政府的贸易保护主义并非始于特朗普（包群，2017），在就业、实体经济发展、吸引外资等问题上，特朗普的思路更多是奥巴马政府的延续和完善，而不是颠覆和否定。当然，对近期特朗普政府的税改、贸易保护的一系列动作，值得深入研究，分析其可能的影响，以便采取更有效的对策。

第四章 美国"再工业化"的成效与展望

第一节 美国"再工业化"的成效

美国"再工业化"战略的效果到底如何,有没有取得预期的成效,客观判断该问题有助于分析美国未来可能的政策动态调整。当然,由于本次"再工业化"的时间还不长,从统计数据上只能看初步成效,对可能的长期效果还没有直接的数据,只能从短期数据中挖掘、分析和判断。本节主要从对外直接投资与吸引外资、私人固定资产投资、经济增长、制造业占比、就业、贸易、创新投入等方面的变化来综合判断"再工业化"政策的成效。

一、对外直接投资与吸引外资的变化

实施"再工业化"战略以来,美国对外直接投资一直维持在高位,并未明显减少。2009年,也就是美国实施"再工业化"的当年,美国对外直接投资比2008年还增加了近1000亿美元;吸引外资没有明显增加,2014年吸引的外资比2006年还少了500多亿美元(见表4-1)。

表4-1 2005~2014年美国新增对外直接投资与吸引外资情况 单位:亿美元

年份	美国对外直接投资	外国对美直接投资	美国对外投资净值
2005	809	1138	-329
2006	2356	2064	292
2007	5167	1527	3640

续表

年份	美国对外直接投资	外国对美直接投资	美国对外投资净值
2008	2385	535	1850
2009	3325	227	3098
2010	1769	2106	-337
2011	3081	1538	1543
2012	3600	1702	1898
2013	2833	1507	1326
2014	2273	1464	809

数据来源：根据 Derrick T. J., James J. F. Direct Investment Positions for 2014: Country and Industry Detail [J]. Survey of Current Business, 2015 (7) 计算整理。

总体上，"再工业化"未能阻止资本外流，2009~2014 年美国对外投资达到 13557 亿美元，吸引外资 8317 亿美元，仍处于对外净投资的状态。2009 年以来，只有 2010 年出现外来的投资大于对外投资的情况，其余均为对外投资大于外来投资（见表 4-1）。截至 2014 年，外国对美直接投资总额为 2.90 万亿美元（见表 4-2），美国对外直接投资总计约 4.92 万亿美元（见表 4-3），美国对外净投资额为 2.02 万亿美元。

表 4-2　2008~2014 年外国对美国直接投资情况　　单位：亿美元,%

年份	2008	2009	2010	2011	2012	2013	2014
总投资	20466	20694	22800	24338	26040	27547	29011
其中：制造业	6504	6982	7569	7619	8690	9351	10455
制造业占比	31.8	33.7	33.2	31.6	33.4	33.9	36.0
当年新增投资	—	228	2106	1538	1702	1507	1464
其中：制造业新增	—	478	587	50	1071	661	1104
制造业新增占比	—	—	27.9	3.3	62.3	43.9	75.4

注：2009 年的制造业新增投资大于新增总投资，表明非制造业投资有撤资情况，故不计算该年的制造业新增占比。

数据来源：根据美国经济分析局数据（http://www.bea.gov/international/di1fdibal.htm）整理计算。

由于实施"再工业化"战略旨在促进工商业界加强对本国的制造业投资，重振国内制造业，减少制造业对外直接投资，防止资本进一步外流（张雨，

第四章 美国"再工业化"的成效与展望

2014）。此外，还要吸引外国对美国的制造业投资。故在此基础上需进一步分析美国制造业对外投资与吸引外资的变化情况。

截至2008年，美国对外制造业直接投资总额为4865亿美元，外国对美国制造业的直接投资为6504亿美元，制造业净流入1639亿美元。"再工业化"以来，外国对美国制造业直接投资的速度远快于美国对外直接投资，2009~2014年，美国制造业对外直接投资额为1761亿美元，外国对美国制造业直接投资额为3951亿美元，制造业净流入达2190亿美元，6年时间制造业的净流入额超过了2008年前的总额。而且在2009~2014年这段时间，外国对美国制造业投资也呈现出加快的迹象，2012~2014年，外国对美国制造业投资额达2836亿美元，是2009~2011年1115亿美元的2.5倍。与此同时，美国对外制造业直接投资则呈现出缓慢下降的迹象（见表4-2和表4-3）。

截至2014年，美国对外直接投资总额达49206亿美元，其中制造业为6626亿美元，制造业占比为13.5%，而外国对美直接投资总额达29011亿美元，其中制造业为10445亿美元，制造业占比为36.0%。外国对美直接投资中制造业的比重远大于美国对外投资中制造业的比重。而且，"再工业化"以来，外国对美直接投资中，制造业的比重有明显提高的迹象，2012~2014年新增的投资中，制造业比重分别达到了62.3%、43.9%、75.4%，明显高于存量比重，美国对外直接投资中制造业比重变化则不明显（见表4-2和表4-3）。

表4-3 2008~2014年美国对外直接投资情况　　　单位：亿美元,%

年份	2008	2009	2010	2011	2012	2013	2014
总投资	32197	35650	37419	40500	44100	46933	49206
其中：制造业	4865	5499	5183	5367	5826	6305	6626
制造业占比	15.1	15.4	13.9	13.3	13.2	13.4	13.5
当年新增投资	—	3453	1769	3081	3600	2833	2273
其中：制造业新增	—	634	-316	184	459	479	321
制造业新增占比	—	18.4	—	6.0	12.8	16.9	14.1

数据来源：根据美国经济分析局数据（http://www.bea.gov/international/di1fdibal.htm）整理计算。

可见，尽管美国的直接投资仍为净流出，但在制造业领域，美国对外直接投资缓慢下降，外国对美国制造业直接投资明显加快，外来投资数额也明显大于对外投资，表明美国"再工业化"战略及相关政策在这方面取得了初步成效，有利于改善所谓的产业"空心化"状况。

另外，应引起发展中国家注意的是，美国对外投资虽然规模较大，但投资主要流向发达国家,如 2012 年对外直接投资为 3686 亿美元,比上年增加了 7.5%,其中仅西欧发达国家就占 2297 亿美元,达 63.3%①;而 2012 年对中国的投资却减少了 39 亿美元,比上年减少了 7%。2014 年对外直接投资了 2273 亿美元,比上年减少了 19.8%,其中仅西欧发达国家就占 1309 亿美元,达 57.6%。

二、私人固定资产投资

美国经济发展史表明,私人投资是经济活力最重要的指标之一,也是未来经济发展的先导指标,经济复苏最终主要依赖于私营部门的投资。如表 4-4 所示,"再工业化"以来,美国私营部门的固定资产投资在 2009~2011 年比 2008 年下降了 20% 左右,从 2012 年开始明显增长,2012~2014 年分别比上一年增长了 11.1%、5.9%、7.3%,表明政策的效果逐步显现,一定程度上刺激了投资,但刺激的效果还不明显。由于金融危机引起投资萎缩比较严重,尽管 2012 年以来投资明显增加,但投资的绝对量与金融危机前比还不理想,2014 年的投资才达到 2006 年的水平,表明经济虽有所复苏,但要持续增长还比较乏力。

尽管私人固定资产投资受金融危机影响,出现了较大波动,但投资的结构呈现出持续的优化,尤其是知识产权投资一直平稳上升,即使在金融危机期间也没有萎缩,这一直是美国经济与产业发展中的亮点,也是美国经济的希望所在。表明即使在困难的情况下,美国也在着眼于未来产业的发展,为长期的可持续发展积累能量。

表 4-4　1998~2014 年美国私人固定资产投资情况　单位:亿美元,%

年份	总额	设备投资	知识产权投资	知识产权投资占比	建筑投资
1998	16636	6606	3177	19.1	6853
1999	18126	7126	3640	20.0	7360
2000	19625	7605	4096	20.9	7924
2001	18481	7041	4126	22.3	8314
2002	18888	6514	4064	21.6	8310
2003	19866	6591	4209	21.2	9066
2004	21953	7139	4422	20.1	10392
2005	24520	7870	4751	19.4	11899
2006	26003	8553	5046	19.4	12404

---

① 该数据来源于 Kevin B. B., Marilyn I. C. Direct Investment Positions for 2012: Country and Industry Detail [J]. Survey of Current Business, 2013 (7): 26-38.

续表

年份	总额	设备投资	知识产权投资	知识产权投资占比	建筑投资
2007	25980	8876	5379	20.7	11725
2008	24502	8322	5634	23.0	10546
2009	20084	6413	5509	27.4	8162
2010	20306	7367	5644	27.8	7305
2011	21921	8430	5922	27.0	7569
2012	24368	9387	6217	25.5	8764
2013	25797	9717	6499	25.2	9581
2014	27675	10326	6900	24.9	10449

数据来源：http://www.bea.gov/iTable/index_FA.cfm.

三、经济增长及制造业比重变化

在2008年、2009年美国经济连续出现两年负增长之后，美国经济逐步恢复了正增长。本次金融危机给美国经济造成了很大的冲击，但能在短短两年之后就恢复增长，说明"再工业化"政策取得了防止经济大起大落的作用，阻止了经济的持续下滑。而在1929年大萧条发生时，经济连续四年出现了大幅下滑，四年经济规模萎缩了近30%，那次危机的影响在很长时间内都没有消除，一直到"二战"爆发。

但是，美国自2010年以来经济年均实际增长速度基本维持在2%左右，低于金融危机前的水平，也低于美国经济的长期增长率，表明美国经济复苏的基础仍不稳固，仍面临较大的下行压力。1880~2008年的年均实际增长率为3.3%，"二战"结束以来，在1945~2008年的60多年时间里年均实际增长率为3.0%，1975~2008年的年均实际增长率为3.1%，1990~2006年的年均实际增长率为3.0%[①]。可见，美国"再工业化"的效果还有待长期观察。

从制造业的角度来看，虽然制造业占GDP比重的数据似乎未见明显成效，但不能小觑现出的一些积极信号。2008~2009年，制造业分别增长-4.0%、-5.5%，而GDP分别增长-0.3%、-2.8%，金融危机对制造业的冲击比整个经济严重。实施"再工业化"政策后，制造业出现连续两年增速快于GDP的情况，2010~2011年，制造业分别增长4.7%、2.1%，分别比GDP增长速度快2.2%和0.5%。但后又掉头向下，2012~2014年制造业增长速度又比GDP分别

---

① 数据来源：笔者根据乔纳森·休斯、路易斯·凯恩著的《美国经济史》中数据计算得到。

慢 0.1%、1.0%、1.1%，到了 2015 年又掉头向上，比 GDP 快 0.6%。2009～2015 年实际经济总量增加了 13.4%，制造业实际增加值增加了 14.4%，总体上制造业的增长速度快于整个经济增长速度，这使得 2015 年制造业占 GDP 的比重比 2009 年提高了 0.1%（见表 4-5）。

表 4-5 2005～2015 年美国 GDP 与制造业增长率及制造业比重变化 单位：亿美元，%

年份	GDP（以 2009 年时价）	GDP 环比增长率	制造业名义增加值	制造业实际增加值（以 2009 年时价）	制造业实际增加值环比增长率	制造业增加值占 GDP 的比重
2005	142342	—	17042	18526	—	13.0
2006	146138	2.7	18042	19029	2.7	13.0
2007	148737	1.5	18543	19050	0.1	12.8
2008	148304	-0.3	18141	18279	-4.0	12.3
2009	144187	-2.8	17267	17267	-5.5	12.0
2010	147838	2.5	18306	18085	4.7	12.2
2011	150206	1.6	19073	18462	2.1	12.3
2012	153546	2.2	19836	18853	2.1	12.3
2013	155833	1.5	20247	18935	0.5	12.2
2014	159617	2.4	20977	19180	1.3	12.1
2015	163489	2.4	21678	19748	3.0	12.1

数据来源：根据美国经济分析局数据（http://www.bea.gov）整理计算。

尽管目前制造业的比重基本处于历史最低位，但两个积极信号不容忽视：一是制造业的比重下滑的势头得到了遏制，基本稳定下来；二是制造业实际增加值的绝对值一直维持在较高水平，自 2005 年以来，除 2009 年以外，都维持在 1.8 万亿美元以上（以 2009 年美元计），2015 年达到近 10 年来的最高值，近 2 万亿美元，而 2015 年制造业的名义增加值已达 2.17 万亿美元（见表 4-5）。

根据郎咸平（2013）公布的调研结果，在制造业投资一元钱，可以在其他行业创造 1.48 倍的产值，这是所有行业当中最高的，农业排第二，创造 1.25 倍的产值，建筑、房地产是 0.97 倍的产值，其他服务业行业全部低于 0.9。因此，可以认为制造业增加值的持续增长是比其占 GDP 比重更重要和积极的现象，由于制造业对其他产业具有较强的带动效应，制造业的增长也会带动其他产业的同步增长，而不是仅制造业发展来提高制造业的比重。

四、就业变化

自金融危机以来,美国失业率从不到5%上升到10%左右,"再工业化"政策实施以后,失业率逐步下降,2017年降到了4.3%,接近充分就业的水平(见表4-6)。为充分了解美国经济发展状况,有必要进一步分析这些新增的就业岗位从何而来。

表4-6 2006~2017年美国失业率的变化   单位:%

年份	2006	2007	2008	2009	2010	2011	2012	2013	2014	2015	2016	2017
失业率	4.6	4.6	5.8	9.3	9.6	8.9	8.1	7.4	6.2	5.3	4.9	4.3

数据来源:http://stats.bls.gov/charts/employment-situation/civilian-unemployment-rate.htm。

先看制造业,从表4-7可以看出,2006~2010年美国制造业就业人数持续下降,尤其是金融危机爆发以来,从2007年到2009年,制造业就业人数陡降了200多万人,在2010年达到最低点。受"再工业化"政策影响,从2011年制造业就业人数开始持续回升,制造业在2015年的就业人数比2010年多了79万人,但可能是效率提高的原因,制造业的就业人数总体上还是下降的,即使经过"再工业化"政策的刺激,2015年制造业的就业人数仍没有达到2008年的水平。相对于失业率大幅下降而言,2011年后制造业本身新增的就业岗位实际上是微不足道的。

表4-7 2006~2015年美国制造业就业人数   单位:万人

年份	2006	2007	2008	2009	2010	2011	2012	2013	2014	2015
人数	1420	1393	1356	1186	1153	1171	1193	1200	1215	1232
与上一年变化	-6	-27	-37	-170	-33	18	22	7	15	17

数据来源:http://stats.bls.gov/charts/employment-situation/employment-levels-by-industry.htm。

从2009年1月到2016年1月,美国非农产业共新增就业岗位926万人(见表4-8),其中提供就业岗位的大户分别是,零售业105万人,专业与商业服务业291万人,教育与公共卫生服务业292万人,休闲与酒店业216万人,这四个服务业行业新增的就业岗位就占到总新增就业岗位的97.6%,而制造业的就业人数反而下降了22万人。这能否说明"再工业化"政策没有取得效果呢?对这个问题不能简单下结论。

表4-8 美国各产业2016年与2009年就业变化　　单位：万人，%

	2016年1月	2009年1月	就业人数变化	变化百分比
非农产业总就业	14331	13405	926	6.5
制造业	1234	1256	-22	-1.8
采矿与伐木	75	76	-1	-1.3
建筑业	662	657	5	0.8
批发业	591	576	15	2.5
零售业	1583	1478	105	6.6
运输与仓储	487	437	50	10.3
公用事业	56	56	0	0
信息产业	276	289	-13	-4.7
金融服务业	821	802	19	2.3
专业与商业服务业	1998	1707	291	14.6
教育与公共卫生服务业	2240	1948	292	13.0
休闲与酒店业	1538	1322	216	14.0
其他服务业	566	543	23	4.1
政府	2205	2258	-53	-2.4

数据来源：http://stats.bls.gov/charts/employment-situation/employment-levels-by-industry.htm。

2009~2015年，制造业实际增加值增加了14.4%，名义增加值增加了25.5%，而就业岗位却减少了，这说明制造业的劳动生产率得到了提高。制造业2015年、2009年、2006年人均创造的名义增加值分别为17.6万美元、14.6万美元、12.7万美元，人均劳动生产率10年增长了38.6%。因此，不能单纯用制造业的就业岗位来简单衡量相关政策的成效。历史上，美国制造业就一直都在为节约昂贵的劳动力成本而不懈努力，从美国工业历史的早期起，侧重劳动力的节约一直是技术选择的一个决定性因素，再工业化毫无疑问地使用节约劳动力的方法（如机器人），而随着劳动力的继续增加，新来者势必期盼在第三产业部门找到工作（乔纳森·休斯、路易斯·凯恩，2013）。

可见，制造业提供就业岗位少并不能说"再工业化"政策没有效果，生产率的提高反而可能说明制造业的竞争力增强，拉动了相关产业的发展。服务业之所以能提供大量的就业岗位，根本上说与实体经济发展有关。一方面，居民收入水平提高拉动了生活性服务业的需求，如零售业、休闲与酒店业等；另一方面，制造业的发展也拉动了生产性服务业的需求，如专业与商业服务业、运输与仓储等。

近几年来，美国运输与仓储行业新增 50 万个就业岗位，这恰恰说明实体经济的发展带动了这方面的需求；专业与商业服务业增加了 291 万个岗位，说明工业分工仍继续深化，这些行业的发展是工业分工的结果，工业对其有需求，它也会支撑工业发展；教育与公共卫生服务业增加了 292 万个岗位，有助于为经济发展提供最宝贵的要素，即人才；休闲与酒店业增加了 216 万个岗位，表明居民收入支撑了这些行业的发展，说明实体经济向好，同时这些产业的发展有助于劳动者放松身心更好地休息，反过来有助于提高工作效率进而促进其他产业的发展。

尤其值得称道的是，尽管美国的就业压力很大，但近几年美国政府部门仍然削减了 53 万个就业岗位，表明美国政府并不是为了就业而就业，没有采用财政资金"养人"但却牺牲经济效率的办法，而是立足于长远增强经济活力，从而增加就业岗位。这种做法对解决就业某种程度上是"治本"思路，但难以取得立竿见影的效果，没有哪种做法能比政府直接增加雇员来得直接和见效快。

仅这一点就足以让所谓的"作秀论"站不住脚，奥巴马的确有赢得 2010 年中期选举的政治需要，他当然希望"再工业化"能有助于赢得选票，但这不是单纯地讨好选民或所谓的"作秀"。在就业形势严峻的背景下，政府仍为节省行政开支而裁减公务人员，将省下来的资金用于支持经济发展的一系列项目，有这样"作秀"的吗？这种做法是一种政治勇气和智慧，更是一种政治家的责任和担当。

五、外贸变化

如表 4-9 所示，2009 年以来，美国的货物出口表现出强劲的增长势头，2014 年美国货物出口比 2009 年增长了 52.5%，表明"再工业化"战略在发展与提升实体经济方面取得明显成效。当然，不可忽视的是，在出口取得明显增长的同时，进口也同步增长了 50.3%，易货贸易的逆差仍高达 7000 多亿美元，虽比金融危机前的 8000 多亿美元有所下降，但仍维持在较高的水平。对出口的增加容易理解，关键对美国进口也大幅度增加如何理解？这是对"再工业化"政策的抵消吗？

表 4-9 2006~2016 年美国贸易情况   单位：亿美元

年份	货物出口	货物进口	易货贸易逆差	服务出口	服务进口	服务贸易顺差	货物与服务贸易逆差
2006	10409	18782	-8373	4167	3412	755	-7618
2007	11652	19863	-8211	4884	3726	1158	-7053
2008	13088	21413	-8325	5328	4091	1237	-7088

续表

年份	货物出口	货物进口	易货贸易逆差	服务出口	服务进口	服务贸易顺差	货物与服务贸易逆差
2009	10703	15800	-5097	5127	3868	1259	-3828
2010	12903	19390	-6487	5633	4093	1540	-4947
2011	14992	22399	-7477	6278	4358	1920	-5557
2012	15626	23037	-7411	6564	4520	2020	-5391
2013	15920	22946	-7026	6879	4637	2242	-4784
2014	16326	23741	-7415	7106	4774	2332	-5083
2015	15108	22726	-7618	7532	4917	2615	-5003
2016	14557	22082	-7525	7524	5047	2477	-5048

数据来源：http://www.bea.gov/.

笔者认为，这表明美国经济对外依存度在提高，更深地融入全球经济体系，但这并不意味着"再工业化"政策的效果不好，相反表明美国经济充满了活力。同时，也表明美国的"再工业化"与其他国家的发展并不一定矛盾，完全可以避免零和博弈。美国增加产品的出口能力，其实也增加了进口需求与能力，对别国来说也是机遇。只要处理得当，国与国之间的发展战略完全可以实现共赢与多赢。

值得注意的是，尽管美国通过"再工业化"战略以加强实体经济，但美国服务贸易的优势反而进一步扩大，服务出口的增长远快于进口的增长，2009~2014年服务出口增加39.4%，进口增加23.4%，因此美国的服务贸易顺差在持续扩大，这也有助于减小美国的总贸易逆差。近几年，贸易逆差基本稳定在5000亿美元左右，尽管没有明显下降，但由于经济的持续增长，美国贸易逆差占GDP的比重在持续下降（见表4-10），已从金融危机前的5%左右下降到2013年的3%左右。笔者认为，美国服务业优势扩大与"再工业化"也有内在关联，做强工业的必然结果是做强服务业，或者要发展服务业前提是要做强工业，其中的机理后文将专门讨论，这里不再赘述。

需要说明的是，迈克尔·波特（1990）指出，进出口贸易数字事实上只是美国部分竞争实力，在服务业与日用品等美国强劲的领域中，很早就开展海外投资，因此这些产业的实力事实上并不是单表现在出口方面，如果只看外销数字，也会低估美国产业在国际市场上的力量。截至2014年，美国对外直接投资额达4.9万亿美元，而外国对美国的投资才2.9万亿美元，美国在国外有2万亿美元的净直接投资，这些投资是美国产业竞争力强的表现，这部分投资的销售额很可观但并不体现在出口中。因此，对美国的贸易逆差问题应有客观的判断，决不能被贸易数据造成的统计"错觉"所迷惑。

第四章 美国"再工业化"的成效与展望

表 4-10 美国货物和服务进出口占 GDP 百分比   单位：%

年份	2006	2007	2008	2009	2010	2011	2012	2013
进口占比	16.2	16.5	17.4	13.8	15.8	17.3	17.1	16.5
出口占比	10.7	11.5	12.5	11.0	12.4	13.6	13.6	13.5
（进口—出口）占比	5.5	5.0	4.9	2.8	3.4	3.7	3.5	3.0

数据来源：世界银行中文网站，http://data.worldbank.org.cn。

六、产能利用率

2009 年以来，美国工业与制造业的产能利用率均稳步上升，尽管还没有达到金融危机爆发前的水平，但比金融危机后的低点大幅上升。2015 年，工业与制造业的产能利用率分别比 2009 年提高了 8.5%、9.9%，从一个侧面反映出"再工业化"的成效（见表 4-11）。

表 4-11 "再工业化"以来美国工业与制造业产能利用率变化   单位：%

年份	2006	2007	2008	2009	2010	2011	2012	2013	2014	2015
工业	80.4	80.8	77.5	68.3	73.3	76.1	76.9	77.2	78.5	76.8
制造业	78.6	78.8	74.7	65.6	70.8	73.7	74.6	74.5	75.5	75.5

数据来源：美联储网站，http://www.federalreserve.gov。

七、创新投入

尽管 2009 年美国经济出现下滑，但联邦政府的研发支出还是比 2007 年、2008 年分别增长了 15.7%、6.2%，这使得美国研发费用占 GDP 的比重达到历史最高峰，为 2.90%（见表 4-12）。这继承了美国经济发展的一贯传统，任何情况下都高度重视研发的投入，本次金融危机也不例外。

表 4-12 1955~2011 年美国研发支出及占比状况   单位：亿美元，%

年份	研发总支出 （以 2005 年时价）	占 GDP 的百分比	联邦政府支出 （以 2005 年时价）	非联邦政府资助 （以 2005 年时价）
1955	379	1.51	217	162
1960	737	2.6	479	258
1970	1080	2.53	616	464

续表

年份	研发总支出（以2005年时价）	占GDP的百分比	联邦政府支出（以2005年时价）	非联邦政府资助（以2005年时价）
1978	1206	2.12	604	602
1990	2105	2.62	853	1252
1995	2252	2.48	772	1480
2000	3031	2.70	765	2266
2007	3572	2.70	1004	2568
2008	3745	2.85	1100	2644
2009	3688	2.90	1162	2527
2010	3664	2.80	1144	2520
2011	3744	2.81	1109	2635

数据来源：美国国家科学委员会数据库，http://www.nsf.gov/statistics/seind14/index.cfm/appendix。

当然，由于美国经济增长放缓，加之其支出占GDP的比重一直处于高位，总体上美国研发支出的增长相当缓慢，尤其是联邦政府的支出，从1987年的905亿美元仅增长到2007年的1004亿美元，20年的时间仅增长了10.9%。但这段时间非联邦政府支出却从1046亿美元增长到2568亿美元，增长了145.5%。

值得称道与借鉴的是，美国政府一直注重激励社会对研发的投入，取得较好的效果。在1978年前，联邦政府一直是研发投入的主体，在相关政策的影响下，社会各界重视对研发的投入。1978年，非联邦资助的研发费用追上了联邦政府资助的研发费用，后来企业逐步成为研发投资的主体，到2011年联邦政府资助的研发费用占比仅为29.6%，而1959年时为65.2%。可以预见，由于财政的限制，美国联邦政府对研发投入不会大幅增长，但会尽可能通过政策进一步激励社会资本的投入。

对"再工业化"的效果来说，研发投入的变化还不能从短期的经济数据上反映出来，但据此可以进一步判断"再工业化"战略的真正意图，这些持续投入的累积会在未来的产业格局变化中显现出来，它的效果将是长期的。

八、财政收支

2009~2012年连续四年财政赤字突破1万美元的基础上，因财政收入稳步增长，在开支没有减少的情况下，2013年开始，赤字又大幅下降到低位，占GDP的比重又重新回到3%左右（见表4-13）。这从一个侧面说明经济复苏取得一定成效，经济的增长保证了财政增收，在支出不减少的情况下，仍不断减少赤字，表明"再工业化"政策刺激了经济复苏,取得明显成效。

表4-13 美国联邦政府财政收支情况   单位:万亿美元

年份	收入	支出	盈余(+)或赤字(-)
2008	2.52	2.98	-0.46
2009	2.10	3.52	-1.42
2010	2.16	3.45	-1.29
2011	2.30	3.60	-1.30
2012	2.45	3.54	-1.09
2013	2.77	3.45	-0.68
2014	3.02	3.50	-0.48
2015	3.25	3.69	-0.44
2016	3.27	3.85	-0.58
2017	3.31	3.98	-0.67
2018(估计)	3.34	4.17	-0.83
2019(预计)	3.42	4.41	-0.98
2020(预计)	3.61	4.60	-0.99
2021(预计)	3.84	4.75	-0.92
2022(预计)	4.09	5.00	-0.91
2023(预计)	4.39	5.16	-0.78

数据来源:白宫管理和预算办公室网站,http://www.whitehouse.gov/omb/budget/Historicals。

据白宫管理和预算办公室的估算,未来美国财政收入仍将保持稳定增长,预计2023年的联邦财政收入达4.39万亿美元,比2015年增长35.1%,超过2010年的2倍,表明美国对未来经济增长的信心(见表4-13)。在支出方面,美国仍将实施积极的财政政策,未来5年仍将维持8000亿美元/年的赤字规模,表明美国对经济复苏不稳固的担忧,想通过扩大财政支出来巩固发展势头。

综上所述,美国"再工业化"政策已取得初步成效,经济衰退的势头已得到遏制,制造业增加值稳步增长,制造业外来直接投资明显大于对外投资,货物出口显著增加,失业率大幅下降,财政收入持续增加,财政状况得以改善,等等。当然,还有一些方面还不尽如人意,未能阻止资本进一步外流,工业及工业占比仍在低位徘徊,对外贸易逆差仍处于高位,经济增长速度仍处于低位,复苏基础仍不稳固等。

2016年,奥巴马总统在其任期内最后一次《国情咨文》中评价了美国经济的现状,某种程度上是对"再工业化"战略已取得成效的一个小结。他指出,经过7年,美国从最严重的经济危机中恢复过来,正处于历史上私营部门创造就业机会最长的时期,创造了超过1400万个新就业岗位,失业率下降了一半。并认为真正的机会是让每个人都获得教育和培训,因此仍要继续改革教育,加大教育投入与人才培养的力度,要让每个人都上得起大学,以为经济持续复苏提供人力支撑。

但由于一些经济指标还未见明显效果,有学者认为美国"再工业化"政策没有取得成效。笔者认为,判断"再工业化"政策的效果,不能就数据论数据,要把政策效果放到美国整个产业发展的全局中,放到整个世界经济增长乏力的大背景中,放到导致金融危机发生根源的深刻认识中,放到对美国产业"空心化"的客观认识中去认识、分析、思考,才有可能得出更加全面、客观的结论。

"再工业化"战略在短期内取得这些成绩已相当不易,虽然还不尽如人意,但经济长期向好的趋势已逐步显现,它的长期效果值得期待。美国在研发、知识产权、新兴产业等方面的投资增长将在未来较长的时期逐步释放出来,它在未来产业制高点的占据上仍有较大优势。对中国而言,更要客观认识美国产业发展过程中的各种曲折、起伏,正确对待美国经济发展过程中的潜力与挑战,美国产业发展的宝贵经验仍值得学习和借鉴。

第二节 美国"再工业化"战略展望

金融危机以来,奥巴马政府通过"再工业化"战略总体上摆脱了经济衰退,取得了初步成效,但经济持续增长的基础还不稳固,困扰经济的一些问题仍比较严峻,财政赤字、贸易逆差、资本外流的状况仍比较严重。随着一些政策的长期效果逐步显现,尤其是技术创新与新兴产业的发展,制约经济发展的一些问题可能会得到缓解,但"再工业化"的道路仍是困难重重,充满挑战。

一、发展新动力的重塑值得期待

美国工业化道路表明,美国在产业发展上一直是积极进取的,每逢旧产业衰落,必定有新产业兴起,并且这个或这些新产业往往是引领时代潮流的,纺织、钢铁、汽车、飞机、计算机、软件等无不如此。美国一直居安思危,总是在思考未来的发展方向与如何引领时代潮流,即使在20世纪30年代的大萧条时期,美国也诞生了有机玻璃、尼龙等重要发明成果,并让汽车内燃机取得真正突破,还在航空工业推出新型客机等，正是这些成果让"二战"后的美国崛起新的引领经济发展的支柱产业。

美国一直比较注重在研发与知识产权方面的投入，即使受金融危机的影响，美国财政收入从 2008 年的 2.52 万亿美元下降到 2009 年的 2.1 万亿美元（见表 4-13），下降幅度达 15.9%，但就在这种困难的情况下，2009 年联邦政府在研发方面的支出仍比 2008 年增加了 62 亿美元（见表 4-12），增幅达 5.6%。联邦政府的研发投入还有效带动了企业对研发投入的增长，从而使得美国研发投入占 GDP 的比重比金融危机前明显上了一个台阶（见表 4-12）。美国私人在知识产权方面的投资也持续增长，其占固定资产投资的比例明显高于 2008 年之前。

从未来工业发展动力转换的角度看，随着新能源、机器人、生物医药、太空技术、节能环保、3D 打印等领域的持续投入，预期会不断取得工业发展新动力，给未来工业发展带来新的空间。因此，尽管目前美国经济面临困难，但仍有理由对美国的经济与产业发展前景充满期待，尤其期待革命性的技术突破，期待更多新产业的出现，期待再次发生支柱产业的更替。美国"再工业化"的本质是重塑经济发展新动力，培育与发展新兴产业，占据未来产业制高点。这些投入体现了"再工业化"的本质与重点努力方向，其效果会具有一定的时间滞后效应，也存在着一定的不确定性，但投入的累积最终会在技术创新与新兴产业发展等方面体现出来。

二、产业回流可能只是个梦

美国企业之所以对外投资，是为了更充分发挥自身的技术、品牌、设计等优势，将附加价值相对不高的环节转移到成本较低的国家或地区，从而逐步形成了现有的价值链分工体系，这种体系让美国企业集中资源专注于自身更有优势的环节，提升了美国企业的竞争力与盈利水平，也优化了美国的产业结构。

美国产业是否会回流，取决于企业的决策，而要让产业回流，关键要让公司在美国生产有利可图（Martin，Barry，2014）。如果美国企业大幅度回流，那现有基于竞争优势形成的价值链分工体系会遭到破坏，美国企业的优势也就得不到充分发挥，这对企业的竞争是不利的，因此，企业选择大规模回流的可能性不大。

有报道称，奥巴马曾经问起，怎样才能使苹果手机在美国生产，乔布斯给出的答案是，那些工作机会回不来了，因为如果在美国生产，利润将降低 1/3。根据宋笛（2018）的调研，通过种种的尝试和投入，让为苹果提供服务的各个中国制造厂具有了一定的不可替代性，这种不可替代性并不仅仅来源于廉价的劳动力，更重要的是不断成熟的技术、庞大的熟练技术工人群体、完整的产业链所提供的规模化生产能力。这是苹果选择在中国开设工厂的原因之一,也是美国政府所忽视的事情。

因此,美国政府要将生产大规模回流是不现实的,至少是很困难的,企业会按照经济原则自主决策,除非政府给出足以有吸引力的优惠政策,政府有那样的能力吗? 即使美国政府真有能力做到让自己不具比较优势的产业回流,造成自己并不擅长的领域与别国竞争,那反而会人为导致全球资源错误配置,不仅无助改变产业空心化现状,也不利于战略性新兴产业的培育(宾建成,2011)。

实际上,让制造业"回流"根本解决不了美国的就业问题,制造业就业占总就业比重很低,2009 年 6 月仅为 8.9%[①],增加一点就业机会也是杯水车薪,解决不了就业的根本问题。而且,数据表明,"再工业化"以来,虽然制造业投资处于净流入状态,但整个美国还是处于对外净投资状态,在产业没有回流的情况下,美国的失业率也逐步下降,到 2017 年仅为 4.3%,接近充分就业状态。因此,从就业的角度看,美国并没有产业回流的动力,并不需要通过产业回流来解决就业问题。

三、未来政策的不确定性与风险加大

(一) 财政方面

"再工业化"战略的推进需要政府持续的投入,虽然美国是高度发达的市场经济国家,政府不直接干预经济,但政府应加大在基础研究、公共产品、人才培养等方面的支出,从而为产业发展创造良好的条件。美国政府在这方面确实做出了较大的努力,维持支出的较高水平,但总体上,美国的财政收入不足以支撑支出的需要,财政赤字一直处于高位,政府债台高筑。

尽管很多人认为在现行的国际货币体系下,美国的财政赤字不太可能导致严重的债务危机,因为美国可以不停地印钞票(张雨,2014),但随着美国国债法定上限不断提高[②],加之美元地位的下降,以及特朗普政府的减税,美国财政支出会受到越来越大的限制,美国在"再工业化"战略方面的投资也会面临较大的制约。

当然,特朗普政府对减税的认识是立足于长期的,短期内会引起财政收入的减少,进一步加大赤字压力。但从长期看,特朗普政府认为减税有助于促进投资、搞活经济,最终会使税基做得更大,进而使财政收入上升。该观点虽有一定

---

① 笔者根据美国劳工统计局(BLS)数据计算,2009 年美国制造业就业人数为 1173 万人,整个非农就业人数为 13102 万人。

② 2014 年 2 月,美国新的法定债务上限超过了美国 2013 年的 GDP,此后美国政府的负债一直高于当年的 GDP。

的道理，但减税政策存在着巨大风险。一是美国财政赤字到了极限，税改短期内会增加赤字压力，使得支出受到更大制约；二是从长期看，减税也未必能实现预期的效果，其他国家的税收政策、投资环境等都可能发生改变。甚至从极端的情况看，特朗普比较激进的税改有引起国际税收竞争的可能，从而使其政策失灵，这对财政之弦绷得如此之紧的美国而言，是难以承受的风险。

（二）贸易方面

美国在贸易上长期处于巨额逆差状态，尽管"再工业化"推出了出口倍增计划，逆差有所缩小，但仍维持在 5000 亿美元的水平。笔者认为，美国的贸易逆差并不是美国产业竞争力弱，而是竞争力强的表现，正是由于其强大的产业竞争力，越来越多的企业对外直接投资，把本在美国本土生产的商品搬到国外生产，才导致出口减少。美国在这种国际分工中并没有吃亏，相反自己的竞争力得到提升，贸易逆差反而获得了巨大的贸易利益。

但也有学者认为美国的产业基础、产业公地受到了削弱和破坏，特朗普更是认为贸易让美国丢掉了许多工作岗位。一些在贸易中失去竞争地位的传统行业则更是强调贸易的不公平，希望政府加强贸易保护，以维护产业生存与工作机会。

尽管美国在现有国际分工体系中获得了巨大的利益，但由于巨额贸易逆差的存在，却给了其采取贸易保护行动的借口。自特朗普上台以来，美国表现出越来越强的削减贸易逆差的诉求，但其行动的基调却是贸易保护甚至发动贸易战，这给包括美国在内的世界经济的复苏与增长带来不利影响。未来美国的贸易政策往何处去，充满了风险与不确定性，全世界也高度关注。

（三）政治体制方面

美国两党制轮流执政的政治体制，党派间的利益、理念、路径之争愈演愈烈，甚至不惜伤害国家的信用与信誉。如特朗普上台以来，尽管与前任政府在振兴美国产业的目标方面是一致的，但路径差异相当大，对奥巴马政府的政见与关键改革否定较多，在税收、移民等一些关键领域又推动了比较激进的改革，在国际上擅自单方面退出多个美国曾主导建立的国际组织或协议，并单方面发起了贸易战。

特朗普政府的一些举动让全世界甚至美国共和党本身都瞠目结舌，因此不断有国会议员包括共和党的议员提议限制总统的权力。2018 年 7 月 11 日，美国参议院以 88∶11 的压倒性票数通过了一项决议，寻求限制特朗普以国家安全为由加征进口商品关税的总统权力，而这项投票恰恰由已退休的共和党参议员鲍勃·柯克（Bob Corker）发起，柯克在参议院表示，特朗普加税不是出于美国国家安全考虑，而是总统权力的滥用。

2016 年的美国总统大选表明，美国这个以"大熔炉"自居的移民国家，不再那么相互理解与包容,而是沉迷于相互诋毁和攻击之中,种族矛盾、政党恶斗、选民分裂等到了相当高的激烈程度。可以预见,美国政党之间、种族之间、总统国会之间、不同利益集团之间的博弈会愈演愈烈,极端政见可能会频出,从而会导致政策的高度不确定性,进而增加了美国与世界博弈的风险,而不是合作的共赢。

第二篇 美国"再工业化"对中国产业结构升级的影响

前文对美国"再工业化"战略的背景、原因、本质、举措等方面进行了比较系统的分析，这是客观、全面地评价其对中国产业结构升级可能影响的重要前提。那么，美国"再工业化"战略到底会对中国的产业结构升级产生怎样的影响呢？"再工业化"战略会对中美贸易、美国对华直接投资（FDI）、中国对美国直接投资（ODI）产生一定影响，而这三个方面是一国或地区产业结构升级的重要影响因素。因此，本篇将从美国对华FDI、中国对美国ODI、中美贸易三个角度对其进行机理分析（见图Ⅱ-1），并在此基础上进行实证研究。

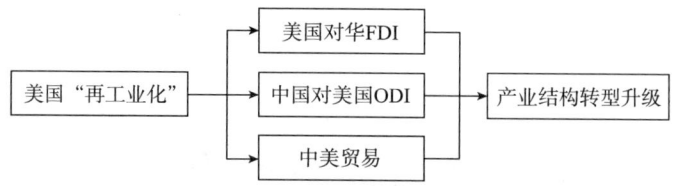

图Ⅱ-1 美国"再工业化"对中国产业结构升级的影响机理

第五章 "再工业化"、美国对华 FDI 与中国产业结构升级

外资在中国的经济社会发展与产业结构升级中发挥了重要的作用，做出了较大的贡献。FDI 的大量流入不仅缓解东道国经济发展过程中的资本短缺，加快国民经济工业化、市场化和国际化的步伐；更为重要的是，FDI 可以通过技术外溢效应，使东道国的技术水平、组织效率不断提高，从而提高国民经济的综合要素生产率（沈坤荣、耿强，2001）。FDI 还可以为本土企业带来先进技术与管理经验，促进本土企业提高技术与产品生产能力以实现企业升级（肖黎明、李鑫，2014）。外商投资企业大量引进先进技术会通过技术扩散、技术竞争、技术应用等途径而产生技术外溢效应，大大加快了国内产业结构的升级，外商投资高新技术企业已经成为推动中国高新技术产业发展的主力军之一（江小涓，2002）。

美国是中国的重要外资来源地之一，根据商务部统计数据，截至 2015 年底，中国累计实际使用美资 774.7 亿美元，是对中国投资第五位的国家/地区，占中国实际利用外资总额的 4.72%。可见，美国 FDI 对中国的产业结构升级具有不可忽视的作用。因此，"再工业化"战略可能引起的美国对华投资政策与策略调整及其对中国产业结构升级可能的影响应引起足够的重视。

一、美国"再工业化"对中国利用外资的影响

（一）"再工业化"前后美国对中国投资变化

"再工业化"战略可能使美国在全球的投资及价值链布局发生重大变化，中国是美国对外直接投资的目的地及全球价值网络的重要节点之一，因此美国对中国的投资不可避免地会受到"再工业化"战略的影响，进而可能对中国的产业结构升级产生影响。相对于整个对外投资而言，美国对中国的投资，在"再工业化"以来发生了更加明显的变化。

从投资量上看，中国实际利用美资从 2002 年的 54.2 亿美元下降到 2015 年的 20.9 亿美元，2015 年的实际利用美资额仅为 2002 年的 38.6%；从中国实际

利用美资占整个实际利用外资的比重来看,从2002年的10.3%下降到2015年的1.7%(见图5-1和表5-1)。

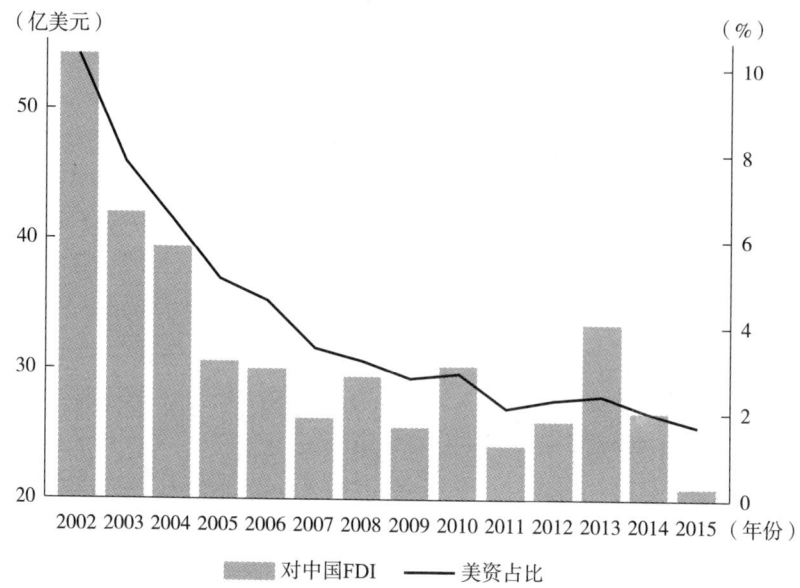

图5-1 美国对中国直接投资及占中国外商投资比例

数据来源:根据商务部《2013中国外商投资报告》《2016中国外商投资报告》,http://www.fdi.gov.cn/绘制。

表5-1 美国对华直接投资情况   单位:亿美元,%

年份	2002	2003	2004	2005	2006	2007	2008
实际利用美资	54.2	42.0	39.4	30.6	30.0	26.2	29.4
实际利用外资	527.4	535.0	606.3	603.2	658.2	747.7	924.0
占中国利用外资比例	10.3	7.8	6.5	5.1	4.6	3.5	3.2
年份	2009	2010	2011	2012	2013	2014	2015
实际利用美资	25.5	30.2	24.1	26.0	28.2	23.7	20.9
实际利用外资	900.3	1057.4	1160.1	1117.2	1175.9	1195.6	1262.7
占中国利用外资比例	2.8	2.9	2.1	2.3	2.4	2.0	1.7

数据来源:商务部《2013中国外商投资报告》《2016中国外商投资报告》,http://www.fdi.gov.cn/。

从投资的产业分布来看,"再工业化"以来美国对中国制造业投资比重下降明显,2008年前基本维持在70%左右,2009年骤降到62%,后又继续快速下降，2012年下降到50%以下（见图5-2）。而服务业的投资则快速增长，尤其是租赁和商务服务业，根据商务部《2013中国外商投资报告》的数据，从2002年的5.7%上升至2012年的19.1%。

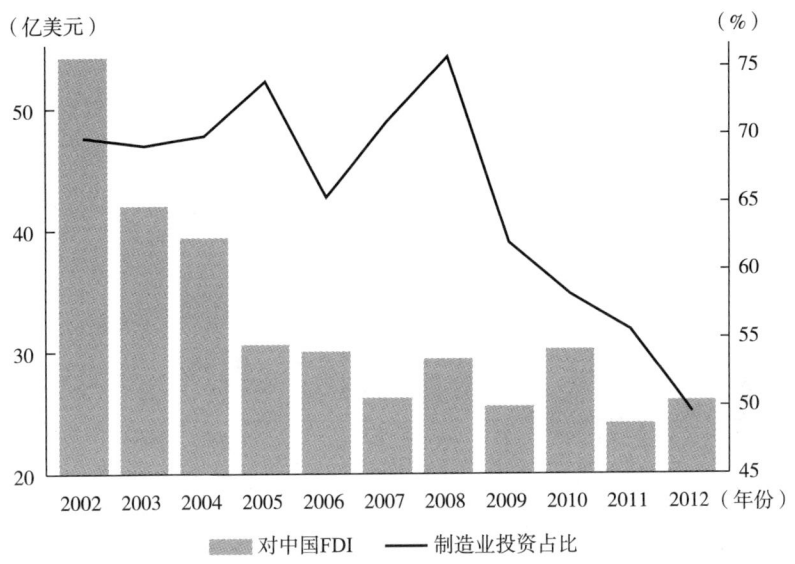

图5-2 美国对中国直接投资及制造业投资占比

数据来源：根据商务部《2013中国外商投资报告》数据绘制。

从投资的区域分布看，"再工业化"前后变化不明显，美国投资的区域主要集中在东部地区（见表5-2）。而东部地区又主要集中在江苏、上海、广东、浙江4省。以2012年为例，根据商务部《2013中国外商投资报告》的数据，这4个省所占比重分别为28.0%、17.2%、13.5%、10.9%，仅这4个省的比重之和就达到69.6%，其中长三角的江浙沪就达到56.1%，即仅长三角就吸引了美国FDI的一半以上。

表5-2 美国对华投资区域分布情况　　　　　　　　　　　　单位：%

年份	2002	2003	2004	2005	2006	2007	2008	2009	2010	2011	2012
东部	89.5	85.6	86.5	90.0	92.8	91.0	82.4	84.8	91.5	89.3	91.1
中部	6.2	9.8	10.2	7.8	4.6	4.2	12.4	7.5	4.7	6.5	6.3
西部	4.3	4.6	3.3	2.2	2.5	4.8	5.2	7.7	3.8	4.3	2.6

数据来源：商务部《2013中国外商投资报告》。

在撤资方面，媒体有零星报道美资企业的撤资情况，也有相关机构对美资企业的回流做了相关调查。如中美国商会的调查报告显示，已经或准备将产能迁出中国的美资企业比例不断上升，从2013年的11%上升至2015年的15%，资源和传统制造业企业已经或准备迁出的比例高达25%；同时，因空气质量差而很难招聘高级管理人才来华工作的情况日益突出，面临这一问题的企业比例从2009年的26%升至2015年的53%。

由于条件限制，笔者未能获取系统的美资企业撤资数据。根据美国经济分析局（BEA）公布的中美跨国公司在对方国家的销售与雇佣情况数据（见表5-3），可以从一个侧面判断在华美资企业的撤资情况，根据这个数据，在中国的美国跨国公司的雇佣人数与销售额在2009年以来均保持了稳定的增长，美资企业的撤资问题可能并不像媒体报道或相关机构预测的那么严重。

表5-3 中美跨国公司在对方国家的销售与雇佣情况 单位：亿美元，万人

年 份	2009	2010	2011	2012	2013	2014	2015
在中国的美国跨国公司雇佣人数	94.1	112.5	125.3	134.3	141.3	170.6	170.6
在中国的美国跨国公司销售额	1437	1698	2106	2338	2640	3430	3558
在美国的中国跨国公司雇佣人数	0.4	1.1	1.3	3.4	3.8	4.1	4.4
在美国的中国跨国公司销售额	30	47	83	145	156	223	221

数据来源：http：//www.bea.gov/international/factsheet/factsheet.cfm?Area=650.

总之，美国"再工业化"战略对中国吸引美国投资的冲击还是比较大的。那么，这种冲击会转化为对中国产业结构升级的冲击吗？要分析这个问题，不能仅看美国对华直接投资的变化本身，还要看其有没有对中国利用外资的整体情况产生影响。因为，尽管美国是中国外资的重要来源地，但毕竟美国的投资在中国的外资中占比很小。

（二）美国对华投资大幅下降对中国吸引外资的影响

美国"再工业化"形成的投资与制造业回流可能会形成示范效应，即引起更多发达国家的效仿，从中国撤资或减少投资，美国制定了一系列吸引外资的政策可能会吸引更多的资金投向美国，从而与中国吸引外资形成竞争效应。但由于中国的外资主要来源于亚洲，以2015年为例，来自亚洲的投资占了82.5%（见表5-4），发达国家在中国的投资占比很小，所以即便在多个发达国家有重振制造业计划的背景下，美国投资的下降应该不会引起大的连锁反应，不会影响中国吸引外资的大局。

表 5-4 2015 年按来源地中国吸收外资情况   单位：亿美元，%

地区	亚洲	南美洲	欧洲	北美洲	大洋洲	非洲
实际使用外资（亿美元）	1041.6	91.4	69.0	30.4	24.4	5.9
占比（%）	82.5	7.2	5.5	2.4	1.9	0.5

数据来源：商务部《2016 中国外商投资报告》。

事实上，美国投资的下降不仅没有对中国吸引外资产生大的影响，相反，中国的外商直接投资仍持续上升，不断创新高（见图 5-3）。"再工业化"以来，尽管中国吸引外资的增长速度有所下降，但仍维持在一定幅度水平的稳定增长，中国实际利用外资的数量反而又上了一个台阶。

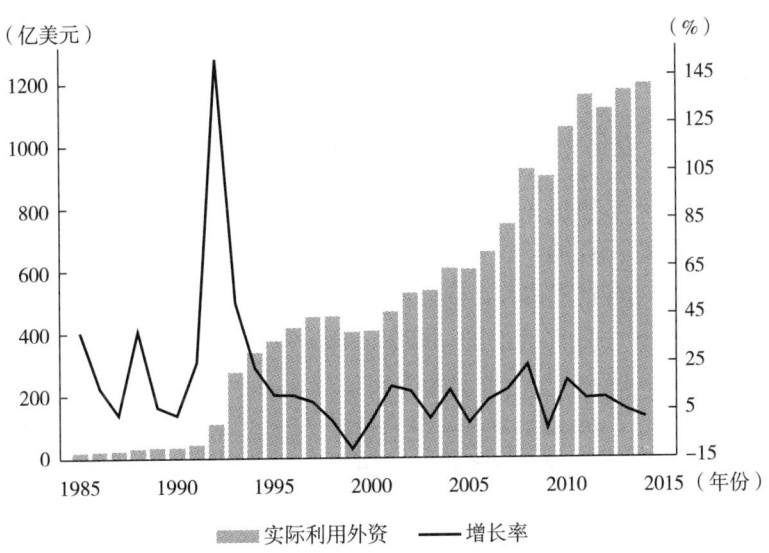

图 5-3 中国实际利用外资情况

数据来源：商务部《2016 中国外商投资报告》。

（三）美国对华投资的技术水平变化

如表 5-5 所示，在华美资企业的增加值率从 2009~2015 年持续下降，且增加值率水平不仅低于全球美资企业增加值率，而且低于中国制造业的平均增加值率，与全球美资企业增加值率的差距还有扩大的趋势。表明在华美资企业的技术水平并不高，主要将附加值较低的加工制造环节放到了中国，利用中国的低成本及产业配套能力，而且这个状况没有改变的迹象。

表 5-5　2009~2015 年在华美资
企业增加值率与世界比较　　　　单位：亿美元，%

年份	在华美资跨国公司			全球美资跨国公司			增加值率差异
	销售额	增加值	增加值率	销售额	增加值	增加值率	
2009	1437	304	21.2	47836	11450	23.9	2.7
2010	1698	370	21.8	51686	12422	24.0	2.2
2011	2106	460	21.8	59127	14160	23.9	2.1
2012	2338	462	19.8	59429	14147	23.8	4.0
2013	2640	513	19.4	60019	13948	23.2	3.8
2014	3430	676	19.7	65050	14902	22.9	3.2
2015	3558	657	18.5	59602	13575	22.8	4.3

数据来源：http://www.bea.gov/.

二、美国 FDI 变化对中国产业结构升级的可能影响

在中国经济发展转型的关键阶段，美资的变化到底会对中国的产业结构升级产生什么影响？对这个问题的认识要客观全面，既不可盲目夸大，也不能视而不见。首先，美资对中国的经济发展与产业结构升级确实发挥了一定的作用，尤其是经济发展之初可能还发挥了较大的作用，在未来的升级过程中也仍需要其继续发挥作用。但由于中国的产业结构到了一定的水平，持续升级的动力也在发生转换，加之美资在中国的外资中所占比重很小，故对美资大幅下降的影响不宜过分夸大。其次，美资的变化意味着全球产业布局与价值链的调整，它可能会有一系列的连锁反应，对深度嵌入全球价值链的中国产业而言，尽管美资所占比例不大，但站在全球价值链的角度来看，这种影响也应慎重对待，不可小觑。

美资的变化对中国产业结构升级造成的影响是比较复杂的，不仅存在着现实的直接影响，还存在潜在的间接影响；不仅存在着不利影响，也存在着有利影响；不仅存在着短期影响，更存在着长期影响。此外，美资的变化也并不是单向影响产业结构，经济发展阶段与产业结构的变化也反向影响着外来的投资；美国"再工业化"对中国产业结构的影响也并不局限于战略本身的影响，中国从该战略中得到的借鉴与启示对产业结构的影响也不容小觑，甚至其意义可能会不亚于其本身的直接影响。

因此，对该问题要进行全方位、多角度的综合深入分析，要有战略视野、全局意识与系统思维，要通过短期、直接的影响挖掘长期、潜在影响，尤其要看到不利影响背后的有利因素，看到美国"再工业化"所带来的机遇，从而采取更

有效的对策。

(一) 从资本供给角度的影响

发展中国家一般资本不足,特别是在产业结构调整过程中,需要大量的固定资产投资(黄日福、陈晓红,2007)。中国经济在发展之初也同样缺乏资本,外资在固定资产投资与产业结构调整中发挥了重要的作用,不仅外资企业的经济活动会被统计进数据,直接改善产业结构数据,而且外资的进入会更好地发挥中国本土企业的比较优势,让其参与价值链分工,更好地提升效率,强化在某些环节的竞争力。

随着中国经济的发展,资本得到持续的积累,资本问题已大大缓解。从量上看,资本已不再是经济发展的瓶颈,外资在固定资产投资中的地位也持续大幅度下降。尽管中国利用外资持续增长,但外资在总投资中的比重仍快速下降,中国实际利用外资占全社会固定资产投资实际到位资金的比重已从1995年的12.5%下降到2015年的0.5%(见表5-6)。可见,外资占中国固定资产投资的比重已变得"微不足道"。由于美资占中国利用外资的比重又很低,所以美资的变化从资本供给总量的角度对产业结构的影响几乎是可以忽略不计的。

表5-6 1995~2015年中国实际利用外资占全社会固定资产投资比重 单位:%

年 份	1995	2000	2005	2007	2008	2009
占 比	12.5	7.2	5.5	2.4	1.9	0.5
年 份	2010	2011	2012	2013	2014	2015
占 比	1.6	1.5	1.1	0.9	0.7	0.5

数据来源:根据《中国统计年鉴》(2016)数据计算。

过去较长的一段时间里,投资成为促进中国经济增长的最主要的动力来源,是"三驾马车"中最强的一个。资本充足的程度是经济发展之初无法想象的,它是中国经济发展的重大成就,但也成为了经济进一步增长的重要问题。由于投资边际效率递减规律的存在,中国经济过去对于投资的依赖过大,使得投资拉动经济增速的效果越来越差(吴敬琏,2015)。

关于投资的问题引起了学者们激烈的讨论甚至争论,尤其在2008年全球金融危机发生后,2009年中国采取以投资为主的强刺激政策拉动经济,经济在短期内快速回升,但投资的效率没有同步提升,资本生产率(GDP与存量资本之比)进一步快速下降。如表5-7所示,中国资本生产率呈明显下降趋势,2009年以后下降速度明显加快,在1999~2008年的9年间下降了43.2%,年均下降4.8%,而在2009~2014年的5年间又下降了35.1%,年均下降7.0%。所以仅经过短暂的时间,2011年以来经济增速又进入了下降通道,故学者们普遍不赞同过于依赖投资的方式拉动经济增长。

表 5-7　1999~2014 年中国资本生产率

年　份	1999	2000	2001	2002	2003	2004	2005	2006
资本生产率	0.74	0.69	0.65	0.62	0.58	0.54	0.50	0.47
年　份	2007	2008	2009	2010	2011	2012	2013	2014
资本生产率	0.45	0.42	0.37	0.34	0.32	0.29	0.26	0.24

数据来源：根据《中国固定资产投资统计年鉴》（2015）数据计算。

可见，中国的经济增长很大程度上是建立在海量投资的基础上的，但投资效率低下，存在着大量的低水平重复投资，这又形成了比较严重的产能过剩等问题，导致中国经济仍然没有摆脱粗放型的发展模式，这反而成为了未来可持续增长的较大隐忧和"瓶颈"。但却不能因此就否定投资、"妖魔化"投资、谈投资色变，投资并不可怕，关键是什么性质的投资，由谁投资。

从量上看中国经济似乎已不缺资本甚至是资本已经过剩，但如从结构的角度看，资本实际上仍是稀缺的资源，中国仍需要投资，尤其需要高质量的投资。资本生产率持续下降的原因其实在于高质量投资的不足，投资质量的不足又导致了供给体系质量不高，不能有效满足需求。然而，中国这方面的投资力度是显得不足的。2014 年上半年，中国企业技术改造投资占工业投资比重为 39.6%，而发达国家在 20 世纪 50 年代实现工业化前后技术改造占工业投资的比重达到 50%~70%（赵昌文等，2015）。可见，中国需要在企业层面加大提高供给质量和效率的投资力度。

所以，林毅夫（2015）在分析"三驾马车"的状况后，仍坚持选择投资，并指出在投资的方式上应以企业家为主体，企业根据比较优势，根据市场需求进行产品和服务的升级换代，这是最大的投资。外资绝大多数是企业层面的直接面向市场需求的投资，相对具有较高的技术含量，有助于提升整个投资的效率。从这个角度说，中国仍很需要外资助力产业结构升级，美资下降对产业结构的影响又是不容小觑的。

（二）从技术溢出角度的影响

技术溢出是指发达国家对发展中国家进行直接投资，其先进技术、经营哲学、管理经验能通过一定途径渗透到东道国的其他企业（黄日福、陈晓红，2007）。外资带来资本的同时，还带来了先进的管理与技术，这些管理与技术会通过多种途径外溢到东道国的企业，如员工培训、人员流动、有形产品、模仿学习等。学者们的研究普遍发现外资对中国具有技术溢出效应，如何洁（2000）研究显示 FDI 对中国各省市工业部门存在明显的正的技术外溢作用；杨晓兰（2016）研究发现 FDI 对我国中高技术产业技术创新具有正向的溢出效应；马明申（2007）研究表明美国对华直接投资产生正的外溢效应；等等。

这些技术的溢出不仅让中国企业获得了溢出的技术要素本身，更有意义的是通过这些要素的注入及组合，改善了原有企业和产业的资源配置状况，提高了资源配置效率和产业发展水平（郭克莎，2000），这会有助于提升全要素生产率（沈坤荣、耿强，2001），促进本土企业提高技术能力（肖黎明、李鑫，2014），加快产业结构升级（江小涓，2002）等。

显然，根据这些研究和观点，中国需要更多的外资，以获得更多的技术溢出，从而推动产业结构升级。随着美国部分高端制造业回归本土，将使中国向国外先进企业学习受到迟滞（徐冰曦，2014），新增美资的大幅度下降也会影响美资企业对中国的技术溢出，从而对产业结构升级产生不利影响，尤其对投资下降最大的关键行业会形成直接影响，从而影响这些行业的产业升级。

但也有一些研究得出不同的结论。如邓丽娜（2015）认为，外资对华制造业直接投资的国际技术溢出效果有限，甚至对某些行业的技术溢出产生阻碍，她的研究发现，从劳动密集型行业到技术密集型行业回归系数依次递减，表明 FDI 渠道的国际技术溢出阻碍了制造业内的产业结构升级。肖黎明和李鑫（2014）指出，中国虽然大量引进外资，但却经常被锁定在低端制造环节，从而客观上形成了中国本土企业与外资企业各自的优势领域，进口产品与外资企业占据了中国的中高端市场，而本土企业却只能占据市场的低端。Brandt 和 Thun（2010）指出，企业海外投资的最终目的在于利用自身特定优势来获取利润，因此为了保持其垄断优势，通常会对自身的关键技术严加保护。这些研究实际上表明外资的技术溢出是很有限的，进而正如刘志彪和张晔（2005）指出的 FDI 对本土产业升级的作用是比较有限的，它具有明显的阶段性特征。

如果根据这些观点，美资下降似乎对技术溢出的影响并不大，甚至还存在有利影响。那么，到底该如何看待美资大幅下降对技术溢出的影响呢？笔者认为，学者们两类观点表面上看是矛盾的，但实质上是统一的，只不过看问题的角度不同而已。毫无疑问，从技术溢出的角度看，美资变化短期内对产业结构存在着负面的影响，但对其要理性客观对待，不宜过分夸大。如从更宽的视野、更长的时间跨度看，说不定能得出不同的结论，甚至会发现美资的下降对产业结构升级存在着有利影响。

外资的技术溢出过去对中国产业结构升级产生过巨大的推动作用，这个毋庸置疑，但问题是这个推动作用的趋势能延续下去吗？我们还能像以前那样依赖外资的技术溢出吗？现有的技术溢出水平还能支撑未来的产业结构继续转型升级吗？对这些问题的理解是把握美资下降对技术溢出影响的关键，而要理解这些问题的关键需要把握以下几点。

1. 外资溢出的技术类型被限定在一定的范围内，溢出的主要是非核心技术，核心技术则采取严格的保护措施

外商投资企业为了保证发展中国家的上游供应商提供符合质量和技术标准的中间投入品，保证生产的及时和通畅进行，或是为了进一步增强产品竞争力，会积极向发展中国家的上游企业转移技术（邱斌等，2012），这有助于提升发展中国家企业与之合作的效率与竞争力，但外商在主观上并不是为了提升发展中国家企业的竞争力，而是为了提升发展中国家企业与之协同、配套的能力，从而提升其所构建的全球价值链（GVC）的竞争力及其对GVC的掌控能力。

中国企业为更好地发挥自身的比较优势，通过参与GVC分工，不断提升嵌入GVC的程度，以期获得更多的技术外溢。中国在嵌入GVC的初级阶段，能够通过工艺升级与产品升级获得技术外溢与学习机会；而一旦进入更高级的功能升级和链条升级，便会触碰到发达国家的核心利益，遭到封锁与抑制（王玉燕等，2014）。

可见，外商向发展中国家企业溢出技术仅是手段，并不是目的，目的是为了更好地发挥与放大其核心竞争力与优势。基于此，外商的技术转让会被限定在一定范围内，即非核心技术，技术的转让只能提升东道国企业的配套能力，而不能让其获得威胁自身的技术与能力。因此，外商的核心技术是受到严格保护的，东道国企业很难获得。正如张宏和王建（2013）指出的，发达国家的对外直接投资主观上并不是去扩散自己现有的先进技术，反而带有防止自己垄断技术扩散的目的，东道国从发达国家的直接投资中获得的技术外溢也就不会有预期中的那么高。

美国是中国的重要外资来源地之一，在合作的过程中，中国本土企业向美资企业学习了大量的技术与经验，这也促进了中国企业技术与管理水平的提升。可以说，美资企业能外溢给我们的或我们能从美资企业学习到的都已经差不多了，再学习就到了核心的部分了，这是美资企业绝对要严控的。

近年来，美资进入中国的方式也发生了一些变化，特别是跨国公司带入的技术越先进，外资企业就越倾向于以外商独资的方式进入中国市场（邓丽娜，2015）。如表5-8所示，近年来美资企业以独资方式进入中国的比重持续上升。整个外资的情况与美资基本一致，2015年外商独资企业投资金额为952.85亿美元，占比75.46%，中外合资企业投资金额为258.85亿美元，占比23.25%。截至2015年，外商独资企业累计投资金额为10669.3亿美元，占比64.96%，中外合资企业投资金额为4383.28亿美元，占比26.69%。根据陈德湖和马平平

第五章 "再工业化"、美国对华FDI与中国产业结构升级

（2013）的实证研究发现，外资控制权越高，技术溢出效应就越弱。外商企业"独资化"倾向实际上就是为了更好地、绝对地控制核心技术，不仅不会转让，而且还防止中国企业的模仿与学习，甚至连中国企业接触相关核心技术的机会都要切断。

表5-8　2002~2012年美国对华投资企业类型及占比　　　　单位:%

年　份	2002	2003	2004	2005	2006	2007	2008	2009	2010	2011	2012
外商独资	55.8	56.3	62.1	67.3	68.9	77.7	75.7	80.9	81.8	79.1	71.6
中外合资	38.2	36.8	28.4	28.7	27.1	20.1	21.6	18.0	16.5	19.3	22.9

数据来源：商务部《2016中国外商投资报告》。

此外，即使采用中外合资的方式，外方企业也采取了一套严密的控制措施，中方也很难学习到其核心技术。徐礼伯和陈效林（2014）对中外合资企业内外方如何控制其技术的机理进行了深刻的分析与揭示，有助于中国企业在中外合资中采取更有效的对策。限于篇幅，这里不展开介绍，感兴趣的读者请详见原文。

因此，中国广大企业应深刻认识到，核心技术是不太可能从外资企业那里转让或学习而来的，只能靠自己一点一滴的积累。中国企业应减小对外资企业技术的依赖，切实提升自己的创新能力。对于美资的下降，辩证地看，有利于打消一些不切实际的幻想，反而有可能形成一种倒逼机制，激发企业自主创新。波特（1990）在分析美国的外资与创新时，曾指出外国企业投资急剧增加也不是个好兆头，这种现象持续下去，只会妨碍美国企业提升技术与能力。这个观点同样适用今天的中国，从长期看，美资的下降对中国实现根本性的技术进步具有一定的积极意义。

2. 外资的技术溢出对产业结构升级具有阶段性特征，它是一把"双刃剑"

外资的技术溢出有力地促进了中国企业竞争力的提升以及产业结构的升级。但也应该看到，外资的技术溢出对产业结构转型升级的影响不是一成不变的，它与中国产业发展阶段紧密相关。在产业发展的初期，由于技术水平较低，外资的技术溢出能发挥很大的作用，但随着中国产业结构的持续升级，外资的作用会逐步下降，甚至不利于中国产业结构的进一步升级。

中国企业的技术与管理水平明显提升，产业层次与结构不断出现积极变化，尤其在部分高新技术产业也取得了可喜的进步，外资在这里面发挥的作用值得肯定。但在取得进步的背后，产业结构仍面临着客观严峻的现实不容忽视。如邓丽娜（2015）指出，中国制造业的技术进步存在着虚高化问题，2011年中国高技术产业人均产值为68.4万元/人，远低于制造业的平均水平72.6万元/人，中国

所谓的"高技术产业",在全球的生产链条中,只能处于高技术产业的低端装配环节。柳卸林和张杰军(2004)在对增加值率指标和大量相关数据进行深入分析后发现,中国高技术产业增加值率低于普通制造业。杨大楷和范飞龙(2004)运用统计指标对中国28个制造业的经济效益进行了评价研究,发现资金密集型和技术密集型制造业的经济效益并没有领先于劳动密集型制造业。

高技术产业本应是各种经济指标都较高的行业,但在中国外商直接投资密集的高技术产业的相关指标却不理想,甚至低于传统的劳动密集型产业。这表明在跨国公司主导的GVC中,大部分企业处于价值链的低端环节,即使生产过程中使用了先进的生产设备,最终代表着先进的科学技术,但关键的零部件的核心技术仍在外商手中,这使得中国形成事实上的高技术产业没有关键的高技术(中国社会科学院工业经济研究所,2011),中国企业只占了高技术产业的名,而没有高技术产业的实。

发达国家对外投资是构建全球价值链(GVC)的途径,其目的是为了将非核心环节转移出去,从而更好地发挥自己的优势。前文分析表明,跨国公司为了提升所掌控的GVC的整体竞争力,会在一定范围内帮助发展中国家企业提升技术与管理水平。发展中国家的企业通过参与全球价值链,有利于发挥自身的比较优势,也可以更加专注于最擅长的环节,同时可能接触到先进的管理与技术,这的确提升了发展中国家企业的效率与技术水平,从而促进了整个产业结构的升级。

但跨国公司将发展中国家的产业升级限定在一定范围内,只能为GVC服务,绝不允许冲击其地位。如文嫮(2005)以浦东集成电路地方产业网络为例,发现价值链治理者即全球领先公司,为了自身利益,会推动地方产业网络实现非关键性升级,而一旦地方产业网络的升级行为侵犯其核心权益,就会被领先公司阻挡与压制。文嫮的发现揭示了跨国公司掌控GVC的一般规律,正如王玉燕等(2014)指出的,全球价值链(GVC)下的国际分工方式导致国际大买家或者跨国公司通过掌控研发与设计、掌控高端渠道整合以及重要的战略资源,牢牢控制价值链条高端以及战略核心环节。而中国广大制造企业,大都是全球各个价值链上的生产加工与装配企业,对各个价值链上的核心技术、专业服务、销售渠道、规则制定等"高端环节"无话语权,被锁定在GVC的低附加值环节。

发展中国家的企业当然不甘心被"锁定"在GVC的低端环节,会设法进行升级。但跨国公司只允许进行工艺与产品升级,一旦进入到功能升级或链条升级阶段,试图建立自己核心研发能力时,为防止对链主的垄断势力和既得利益构成挑战,它们就会利用各种方式来阻碍和控制,从而迫使发展中国家被俘获在GVC低端环节,抑制其技术进步步伐(刘志彪、张杰,2007)。

可见,外资对中国的产业结构升级是一把"双刃剑"。一方面它会促进中国的产业结构升级,另一方面又会让中国的企业被 GVC "俘获",从而很难进行高端化的企业升级(刘志彪、张杰,2007;Gereffi,2001),这实际上也成为了 GVC 背景下中国产业结构继续升级的一大障碍。

因此必须充分认识到,外资对促进产业结构升级是有一定限度的,在产业层次很低的情况下,是很有效的,但发展到一定层次,反而可能是进一步升级的制约,尤其不太可能形成一流的产业。没有哪个国家的一流产业是依靠外部力量建立起来的,对外资的过度依赖反而会伤害本国产业的长远发展。

根据王玉燕等(2014)的实证研究,中国工业嵌入全球价值链(GVC)的程度与全要素生产率(TFP)之间呈倒 U 形关系。即随着嵌入 GVC 程度的加深,TFP 先逐步提高,等过了某一个范围后,TFP 又逐步下降。TFP 是反映产业结构水平指标中较好的指标,它比三产比率更能代表产业结构的真实水平。该研究表明,中国工业嵌入 GVC,对产业结构升级的影响也是倒 U 形的。因此,一国的工业并不是嵌入 GVC 越深越好,外资也不是越多越好,要看产业结构所处的阶段。从这个意义上说,美资下降并不可怕,它对产业转型升级的影响是短期的,从长期看,反而可能倒逼形成产业结构转型升级的新动力。

值得注意的是,中国大多数工业领域嵌入 GVC 程度呈上升趋势,并且高技术工业嵌入程度远高于传统工业(王玉燕等,2014),表明中国工业在未来的升级中整体上要面临突破外资"束缚"的挑战,这一点必须要有清醒的认识,切不可被一些表面的统计指标所"迷惑"或误导。中国在利用外资取得明显的经济发展成效之后,产业结构与产业竞争力都获得了较大提升,但由于外资在中国经济中具有较大的比重,中国的产业竞争力中具有很多外资的元素,如剔除这部分,本国或本土企业的竞争力并没有统计指标显示的那么强。

刘林青和谭力文(2006)提出,区分产业国家竞争力与产业(民族)企业竞争力的概念很有价值,的确到了区分两者区别的时候了。从目前中国国家产业竞争力的角度看,很大程度上建立在外商企业在本国投资的基础上,呈现的是产业被外国企业控制,主要利润被它们赚取,同时担心它们随时撤走的不利局面。因此,正是发展本土企业核心竞争力的时候了,中国企业的国际化应建立在自身核心能力的基础上,走向国外应遵循这个逻辑。按刘林青的理论,中国到了产业(民族)企业竞争力培育阶段,主要任务是要不断提高产业国际竞争力的"本国成分",此时政府政策的焦点应从外资吸引政策转移到帮助本国企业壮大和"走出去"的策略上来。如果没有本土企业的优势,靠外资企业实现的产业结构优化是靠不住的,就像现在担心发达国家撤资对经济形成冲击一样。

3. 中国产业结构升级到了"攻坚"阶段,需要实现动力转换以突破"瓶颈"

中国经济经过 30 多年的快速发展,产业结构经过持续优化,已经发生了很大的变化，但在产业结构升级到一定水平之后，再继续升级出现了"乏力"的现象，近年来产业结构几乎徘徊不前，升级遇到了难以突破的"瓶颈"，尽管从三次产业的比例关系来看，中国产业结构仍处于较好的优化趋势中，第三产业的比重仍不断提高（见图5-4）。

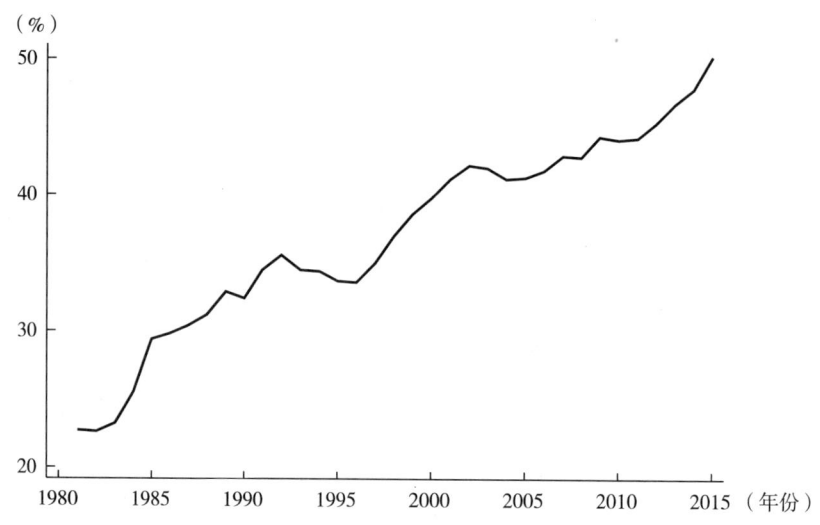

图 5-4　中国第三产业增加值占比的变化

数据来源：《中国统计年鉴》（2016）。

但从更能反映产业结构内在质量的资本生产率、劳动生产率、增加值率、全要素生产率的角度来看，中国产业结构升级实际进展缓慢。资本生产率持续下降，全要素生产率尤其是工业全要素生产率对工业增长的贡献一直处于较低水平。如表5-9所示，1997年以来，工业的增长主要靠资本投入拉动，但资本生产率持续下降，工业全要素生产率水平一直较低，对工业增长的拉动能力很弱，近几年甚至出现负值，表明工业内部的产业结构升级几无进展，也表明工业的升级乃至整个产业结构升级遇到了难以突破的"天花板"。

表 5-9　1997~2015 年中国各要素对工业增加值增长贡献率　　单位：%

年　份	工业产出增长率	劳　动	资　本	全要素生产率
1997	0.2	-1.4	0.2	1.5
1998	-2.3	-8.8	0	6.5
1999	-1.3	-2.4	0.1	1.1
2000	0.7	-1.6	0.2	2.1

续表

年 份	工业产出增长率	劳 动	资 本	全要素生产率
2001	0.1	-0.8	0.2	0.6
2002	-0.4	0.5	0.3	-1.2
2003	1.2	1.5	0.3	-0.7
2004	2.7	5.2	0.4	-2.9
2005	2.6	1.5	0.5	0.6
2006	2.0	2.4	0.6	-1.0
2007	2.3	2.5	0.6	-0.8
2008	3.0	4.3	0.4	-1.6
2009	-1.7	0	0.3	-2.0
2010	2.6	2.9	0.5	-0.8
2011	2.8	-1.5	0.5	3.7
2012	-0.4	0.4	0.3	-1.2
2013	-0.5	1.1	0.3	-1.9
2014	-0.7	-0.3	0.3	-0.7
2015	-3.4	-0.3	0.1	-3.2

数据来源：中国社会科学院工业经济研究所《2016 中国工业发展报告》。

出现这种现象的原因在于原有促进产业结构升级的以外生为主的动力正在衰竭，不足以支撑产业结构继续升级，尽管经济内生增长的趋势初步显现，但新的以内生为主的动力还没有真正建立起来。可以这么说，产业结构升级到了最艰难的"攻坚"阶段，必须实现产业结构升级动力的转换，该阶段的升级主要应依靠创新尤其是本土企业的创新来推动。从产业结构升级的角度来说，我们已较好地利用了别人的力量，外资的作用已基本发挥出来，甚至可以说已基本完成了使命，外力难以推动往更高处走了，外资不可能让中国企业获取其核心的东西，也不支持中国产业向价值链的中高端延伸，更不希望中国产业拥有强大的竞争力。

中国目前产业结构的主要问题已不是三次产业间的比例关系问题，而是产业内的结构问题，特别是价值链低端锁定的问题。尤其需要通过统计数据的现象看本质，统计数据造成了很多幻觉，如高新技术产业的比重较高，但我们并不占据高新技术产业的关键环节。而大量外资是造成这种错觉的重要原因，也是中国经济的隐忧。

因此，中国的产业结构升级到了必须依靠"自力更生"突破的阶段，关键是中国企业必须掌握更多的核心技术以及价值链的关键环节，依靠创新实现内生增长。然而，核心技术是不能从市场上买到的，更不可能从跨国公司那里轻易获得，它需要在长期的不断试错当中一点一滴地积累。因此，尽管产业结构升级的形势很严峻，但仍不能操之过急，"攻坚"阶段的产业结构升级不能打成"歼灭战"，不能追求立竿见影的效果，需要扎扎实实做好企业创新与转型的基础。

从这个意义上说，美国投资下降对中国产业结构升级的影响更是可以忽略的，并不是不需要美资，而是美资难以成为推动产业结构实现突破的力量。美资减少反而可以让我们放弃幻想，转变思路，从而促进构建新的动力。当然，美资的减少会对特定产业及就业造成一定影响，一定程度上会降低经济调整的回旋余地，这方面的短期影响与困难是存在的，但并不影响大局。

(三) 从产业关联角度的影响

外资企业通过向中国下游企业提供产品和服务，或者向中国企业购买产品和服务，从而与中国企业形成前后向关联关系，这种关系有助于推动或拉动相关产业的发展，从而起到推动产业结构优化的作用。一方面，通过前向关联，跨国公司可向中国下游企业提供更先进的投入品、相关设备的使用和维修技术、人员培训，向经销商传授先进的营销方式，为其开辟销售渠道等，中国的下游企业可从跨国公司得到高质量、高技术的产品和服务，并积极学习、模仿先进的技术和管理经验，从而促进自身生产工艺和产品质量的提高（唐艳，2011）；另一方面，通过后向关联，外资企业对中国企业的采购会提高质量的要求，从而倒逼中国企业提升质量和效率（胡国平等，2013）。

可见，产业关联是外商投资影响中国产业结构的重要途径。因此，美资变化也会通过这个途径对中国产业结构升级造成影响。从产业关联角度分析美资下降的具体影响时，不能简单笼统地分析美资总量的影响，要分析投资的结构。美资总体上是下降的，但下降主要发生在制造业，服务业并没有明显下降，部分服务业的投资还增加了。

1. 制造业投资下降的影响

制造业投资明显下降到底会产生什么样的影响，关键要看现有制造业投资与中国产业之间的关联程度如何。总体上，跨国公司与中国企业的产业关联不够紧密，外资本地生产体系的封闭性阻碍了与本地企业的联系（唐艳，2011）。由于跨国公司在发展中国家的投资仅是其构建的全球价值链的组成部分，其主要目的是利用廉价的生产要素来提升其整个体系的竞争力，因此在整个 GVC 的分工格局中，对发展中国家的投资主要集中在技术含量较低的制造环节，以加工贸易为目的的投资占了很大的比重，即使在高端产业领域，中国也仅处于低端的制造环节。

2010年，中国外商投资企业加工贸易进出口总额占同期全国的比重达到了83.9%，国有与私营企业之和仅占14.4%，这样的格局使得本土的产业结构升级更多地受制于跨国公司的全球价值链分工格局，不利于中国在价值链分工中贸易利益提升和产业升级（张平，2014）。这种以加工贸易为目的的投资不仅不能较好地带动中国相关产业的发展，反而割裂了制造业和生产性服务业的产业关联，代工制造业的发展不仅没有形成对生产性服务的有效需求，反而在要素获取方面与服务业展开竞争（江静，2014）。

在外商投资的领域中，有不少属于高端产业，但这些产业仍仅将最低端的加工组装环节放到了中国，而核心部件与高端环节仍留在发达国家本土或投资到技术水平相对高的国家或地区。以笔记本电脑行业为例，美国的HP、Gateway、戴尔，挑选几家中国台湾厂商进入其一级供应商清单中，这些台湾厂商为了降低成本，将部分生产基地放到中国大陆，但中国大陆当地供应商极少有机会进入到台商笔记本集群的供应体系中（王益民、宋琰纹，2007）。如在宏碁、华硕进入长三角的苏州时，由于当时苏州在该产业的基础较薄弱，几乎没有可依赖的上下游企业，他们就将与之配套的供应链整体搬到了苏州，与宏碁一起落户的上下游企业有14家，华硕12家（邢夫敏，2013）。随着更多外资企业的进入，尽管苏州的基础本来很差，但仍然通过FDI主导形成了具有影响的笔记本电脑行业的产业集群。

不可否认的是，这样的产业集群提升了当地产业结构的层次，促进了经济的发展，但这样的集群主要体现的是跨国公司的战略意图，仅是其构建的全球价值链中生产体系的一部分。跨国公司思考的并不是如何让集群更好地根植于当地的经济基础与文化背景以带动当地相关产业发展，而是如何让集群更好地为全球价值链服务，如何更好地强化其对全球价值链的控制。因此，这些集群或生产体系虽然地处中国，但它与跨国公司的全球价值链的关联更强、联系更紧密，而与中国本土企业的关联性反而较弱，甚至跨国公司还会限制其与本土企业的联系及关联性。

相对于中国本土企业而言，这些集群实际上是一个封闭的体系，它与本土企业没有形成高水平的互动。本土企业只做了非核心的能提升外资效率的配套，这确实在一定程度上提升了产业层次与效率，但核心的配套，实际是跨国公司内部提供的，没有带动相关产业向中高端发展。这些集群实际上强化了中国处于国际分工和全球产业链条的低端地位，外资封闭化的生产体系削弱了内外资产业关联度，内资企业无法融入外资产业链（唐艳、何伦志，2010），它对于东道国产业发展以及当地创新体系的提升，往往作用有限（王益民、宋琰纹，2007）。江静（2014）研究表明，长三角先进制造FDI所需求的高端或生产性服务业大多由跨国公司提供,这降低了对长三角本土服务业的需求,挤压了本国服务业的生存空间,造成了长三角服务业与制造业之间互动机制被割裂,跨国公司还在长三角地区设立研发中心加强技术垄断,咨询、法律、营销等商务服务 FDI,从而对本土服务业形成较大的挤出效应。

因此,必须认识到,尽管这些集群在一定时期内提升了产业的档次,优化了产业结构,促进了经济的发展,但也带来了产业结构统计数据"虚高"的问题,一定程度上造成产业结构的畸形,客观上对从根本上提升产业竞争力形成制约,对产业结构的长期可持续优化产生一定的不利影响。故从产业关联的角度看,美国制造业投资的下降对产业结构的影响有限,对长期应该还是偏积极的影响①。

2. 服务业投资增加的影响

尽管受"再工业化"战略的影响,美国对华 FDI 呈现下降的趋势,但这种下降主要是制造业的投资下降造成的,服务业的投资总体上受影响不大,部分服务业的投资还呈明显上升趋势。根据 BEA 数据的计算,2016 年美国对华信息服务业(Information)的投资是 2008 年的 3.6 倍,信息服务业占对华投资存量的比重已从 2008 年的 1.3% 提高到 2016 年的 2.8%;2016 年美国对华专利、科学与技术服务业(Professional, Scientific, Technical Services)的投资是 2008 年的 3.1 倍,专利、科学与技术服务业占对华投资存量的比重已从 2008 年的 0.9% 提高到 2016 年的 1.6%。根据商务部的数据,美国对华租赁和商务服务业投资近年来出现明显增长(见图 5-5)。

美国在相关生产性服务业投资的增加有利于生产要素的改善与提升,进而促进相关产业的发展与升级。当然,也应该看到,外资在中国投资的生产性服务业的科技含量不高,提供给中国制造业企业的相关服务水平和层次受到限制,影响制造业生产效率提升(胡国平等,2013),这是中国长远产业结构转型升级必须逐步解决的问题,即必须不断提升自主生产性服务业的水平。

---

① 需要说明的是,尽管核心部件与高端环节仍留在发达国家内部,但中国参与跨国公司的分工仍是有意义的,这里的分析并不否认该意义。以苹果为例,根据宋笛(2018)的调研,尽管国内加工厂并不掌握核心部件的设计、生产能力,但是由于苹果在技术上整体的领先,非核心部件的生产也需要很高的工艺技术水平,一些海外的企业能够生产,但优良率不高,满足不了苹果规模化生产的需求。这种制造工艺方面的领先、产业链的完整是全球其他市场所不具备的,实际上在为苹果生产的过程中,国内的工厂也形成了一批生产环节的知识产权,而这些都是短时间内难以替代的。苹果带来的也并不仅仅是利润与营收,更重要的是在苹果严格的采购制度和丰厚的利润吸引下,国内手机加工厂所形成的一次技术竞赛,这种技术竞赛的结果是:一方面苹果手机的产业链已经越来越离不开中国的制造企业;另一方面中国本土手机产业也正在从中获益。

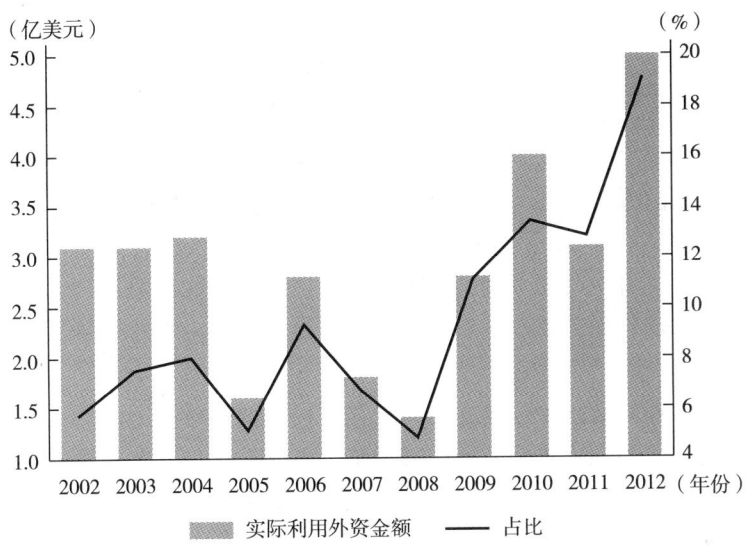

图 5-5　美国对华租赁和商务服务业投资情况

数据来源：商务部《2013 中国外商投资报告》。

（四）从分工角度的影响

产业结构升级的内在机理在于分工深化（徐礼伯等，2016），分工不仅可以让制造业中具有服务功能的环节分离出来，形成生产性服务业，提高第三产业的比重，而且分工促使各个环节生产效率的提高，可以让不同企业集中资源专注于自己最擅长的环节，有助于形成核心能力，这也是工匠精神的体现。

外资不仅带来了资金、管理和技术，从整体上提升产业的层次，还有助于促进分工深化，从而导致产业结构演化。如王雪慧（2013）研究发现，FDI 对产品内分工具有促进效应，这种效应不仅可以促进服务业的发展，更关键的是可以提升制造业本身的效率和竞争力，从而推动制造业内部的升级。

但也应该认识到，外资通过促进分工来优化产业结构的程度是有限的。外资虽然有助于促进分工，可以让中国企业更加专注于自己擅长的、有优势的环节，但问题是我们在这个分工体系中是被动的。从发达国家的角度看，它们对外投资也是为了利用外部资源更好实现分工，把非核心的环节分离出去，让自己集中资源于最核心的环节，这样可以让自身的资源发挥更大的效用。尽管跨国公司在全球价值链上占据的环节越来越少，但由于专注和占据着最核心的环节，其对 GVC 的掌控力实际上是丝毫不减的，反而利用对核心环节的掌控调动了更多的资源，使其核心竞争力得到了更好的发挥。

在这个由发达国家主导的分工体系中，中国企业对参与分工的环节实际上是没有选择权的，我们所处的环节主要是拥有成本优势的一些加工制造环节，中国企业被全球价值链低端"锁定"的根源也在于被动地分工在了这些环节,这就决定了中国产业所享受的外资带来的分工红利很快会失去,因为它不能从更高层次上推进中国产业内的高水平分工。

美资的减少或退出,从其自身的角度看,是其产业在全球分布格局的重塑,一定是沿着分工的方向更深入一步,目的是为了更好、更充分地利用外部资源,以让自身更好地集中资源专注于最核心的环节,这一点没有改变,也不可能改变。美资企业无论将一些加工制造环节转移到成本更低的国家,还是将一些高端产业回流本土或转移到其他发达国家,可能对就业形成一些短期冲击,但从分工角度看,不会对产业结构变化产生大的影响。

分工深化本身就是一个缓慢变化的过程,美资变化对分工的影响需要较长的时间才能显现。然而,从长期来看,美资减少对分工变化可能反而存在有利的影响。因为,如前文分析的,这可以倒逼本土企业的创新及对核心技术的研发,有助于中国企业更好地参与全球分工。

(五)从竞争角度的影响

外商投资企业的进入带来了来自外部的挑战和冲击,加大了国内产业的竞争程度,而竞争机制对产业的技术进步和生产率提高具有重要的调节作用(郭克莎,2000)。外资的竞争一方面会倒逼本土企业不断改进技术与管理,提升竞争力,另一方面也可能通过垄断挤压本土企业的生存空间。如宝洁公司在化学日用品行业为中国市场带来竞争的同时,也在很大程度上挤压了中国企业在该行业的生存空间,宝洁公司在洗护发领域占据了近一半的市场份额,而在牙膏领域,宝洁占有20%左右的市场份额,佳洁士加上高露洁等外资品牌曾经在2012年抢走了中国市场高达65%的份额①。

中国整个化学日用品行业在外资的带动下,行业整体竞争力持续提升,行业内的产业结构不断升级。但如果剔除外资,中国本土企业在该行业的状况是不理想的,该行业的竞争最后逐步演变为主要外资品牌之间的竞争,本土品牌在这种高强度的竞争下没有得到大的发展。由于中国市场潜力大,美国在相关消费品行业没有撤资的动力,美资不会产生大的变化,美资变化因素对相关产业的结构影响不大。

"再工业化"战略会使部分工业项目回流到美国国内,美国会加强工业产品的出口,也提出了出口倍增计划,这可能会使两国工业产品在国际市场上的直接竞争加强,这种竞争有利于促进中国相关工业企业提升技术与管理水平,有利于产业结构的升级。

---

① http://www.clii.org.cn/zhhylm/zhyylmPinPaiShiChang/201412/t20141223_3864971.html.

第五章 "再工业化"、美国对华FDI与中国产业结构升级

由于"再工业化"战略涉及美国全球价值链分工体系的调整,不仅包括产业在美国与其他国家之间的调整,还包括产业在美国之外的国家之间调整。由于中国近年来劳动力成本的大幅上升,一些企业,如耐克、Newbalance等,可能将一些加工环节转移到东南亚或非洲等更具成本优势的地区,这种类型的撤资会在短期内对就业形成一定的压力,使相关传统产业面临更激烈的竞争。但这种竞争会促使中国企业对消费品进行升级,提升商品的品质与附加值,有助于培育优秀的品牌,从而促进产业结构的升级。

前文分析表明,美国"再工业化"不仅是重新重视工业,更是重塑工业发展新动力,占据未来产业发展制高点,即"再工业化"的重点并不是发展传统工业,所以在中国已有优势的传统工业领域不会产生大的影响。美国会加强在生命科学、人工智能、新能源、新材料等高新领域的投资,这些领域也是中国未来要重点发展的领域。表面上看,两国在这些领域会形成竞争,似乎美国将资源向这些领域集中会冲击中国在这些领域的发展,实际不然,这些领域都是高度不确定领域,都有相当大的风险,需要人类共同攻克。即使美国走在前面,也会给我们带来经验与学习的机会,相互良性的竞争有助于共同取得较快进展,对未来的产业升级是双赢的好事。

另外,"再工业化"战略不仅引起美国减少对中国的投资,还会吸引其他国家的资金去美国投资,从而可能会与中国在吸引外资方面形成竞争,进而间接影响其他国家对中国的投资。但实践表明,"再工业化"并没有引起美国外资的增加,而中国的外商投资还在明显增长。

从2005年到2014年,中国吸引的外资从603亿美元增长到1196亿美元,增长了98.3%,而美国吸引的外资仅从1138亿美元增长到1464亿美元,仅增长了28.6%,中国吸引的外资与美国吸引的外资的差距也越来越小,中国有超越美国的趋势(见表5-10)。

表5-10 中美吸引外资的比较 单位:亿美元

年份	2005	2006	2007	2008	2009
美国吸引外资	1138	2064	1527	535	227
中国吸引外资	603	658	748	924	900
美国—中国	535	1406	779	-389	-637
年份	2010	2011	2012	2013	2014
美国吸引外资	2106	1538	1702	1507	1464
中国吸引外资	1057	1160	1117	1176	1196
美国—中国	1049	378	585	331	268

数据来源:Derrick T. J., James J. F. Direct Investment Positions for 2014: Country and Industry Detail [J]. Survey of Current Business, 2015 (7); 商务部《2013中国外商投资报告》《2016中国外商投资报告》。

三、美国对华投资展望及影响

要分析美国 FDI 变化对产业结构的影响,除了分析美资已有变化的影响之外,还要分析未来美资可能的变化,它涉及对中国产业发展更长远的影响。美国对华投资下降的趋势会延续下去吗?要理解这个问题,有个现象必须引起思考。"再工业化"以来,为什么美国对外投资总体上仍在增长却对中国的投资在下降(见表 5-11),而且这是在中国外资仍在增长的情况下发生的。

表 5-11 美国对华与对外 FDI 的比较 单位:亿美元,%

年份	2002	2003	2004	2005	2006	2007	2008
对华投资	54.2	42.0	39.4	30.6	30.0	26.2	29.4
对外投资	1561	1531	3912	809	2356	5167	2385
对华投资占比	3.5	2.7	1.0	3.8	1.3	0.5	1.2
年份	2009	2010	2011	2012	2013	2014	2015
对华投资	25.5	30.2	24.1	26.0	28.2	23.7	20.9
对外投资	3325	1769	3081	3600	2833	2273	—
对华投资占比	0.8	1.7	0.8	0.7	1.0	1.0	—

数据来源:Derrick T. J., James J. F. Direct Investment Positions for 2014:Country and Industry Detail [J]. Survey of Current Business, 2015 (7),商务部《2013 中国外商投资报告》《2016 中国外商投资报告》。

从净投资的角度来看,综合外来投资,美国仍处于资本净流出状态,而与中国之间资本却处于净流入状态。是中国对外资的吸引力下降了吗,显然不是,因为中国的外资整体上仍在增长。是美国故意和中国"过不去"吗,也不太可能是。"再工业化"战略并没有使美国减少对外投资,可见减少对外投资并不是"再工业化"的目标,美国向哪里投资、投资多少,一切以其自身战略需要与利益最大化为原则,不可能刻意减少对某个国家或地区的投资,更不用说中国这个具有大量共同利益的世界第二大经济体了。

那么,该如何理解这种现象呢?日本经济学家小岛清在《对外直接投资论》(1978)中提出的边际产业扩张理论有助于解释这种现象。该理论认为投资国应选择对外投资的产业是在本国已经处于或即将处于比较劣势的边际产业,这些产业在本国技术水平落后、劳动生产率低,但在东道国该产业却是使用先进技术并在不断成长的优势产业。与此同时,投资国应选择与本国技术差距较小的国家进行投资,因为这样有利于东道国的消化、吸收,也有利于在海外特别是发展中国家找到立足点,占据当地市场。

第五章 "再工业化"、美国对华FDI与中国产业结构升级

边际产业扩张理论较好地解释了美国对外投资主要投资于发达国家的原因，如2014年，美国在对外直接投资的2273亿美元中，仅投向西欧发达国家的就占57.6%，达1309亿美元，之所以是这个结构，是因为这些国家的产业与美国的产业差距较小。同理，该理论也解释了中国吸收的外资主要来自亚洲国家的原因，如2015年，在中国吸收的外资中，仅亚洲就占了82.5%，达1041.6亿美元，这是因为中国与亚洲国家或地区产业差距比较小的缘故。

更重要的是，该理论有助于更好地理解为什么美国对中国的投资占其对外投资的比重很小，那是因为两国产业结构差距较大的缘故。近年来，美国对中国投资的下降，从一个侧面说明了中国近年来在产业结构升级上进展并不大，尽管中国的产业水平不断提升，产业结构也持续优化，但并没有能够缩小与美国产业的差距，这个差距很可能是扩大了。否则，面对这么大的市场，美国怎么会减少对中国的投资呢。美国的高端产业与中国的差距较大，不愿向中国多投资，而低端的以做加工贸易为主的产业，中国又面临了成本更低国家争夺外资的竞争压力，逐步失去了传统的比较优势，使得美国将部分制造环节转移到更具成本优势的国家，从而导致美资的持续下滑。

还要引起注意的是，美国并不是从"再工业化"战略开始实施时才对中国减少投资，在这之前就开始减少投资。美国对华投资从2002年的54.2亿美元减少到2008年的29.4亿美元，然后又减少到2015年的20.9亿美元，"再工业化"战略开始时，美国对华投资已减小到一个相当低的水平，受该战略的影响，在很低的水平上又进一步下降。这表明，中国自身产业层次与结构的因素对美资下降的影响实际上比"再工业化"战略还大。

理解了美国对华投资下降的原因，比较有助于判断后面美国对华投资下降的趋势是否会延续。本书认为，美国对华投资下降的趋势不会延续，在经过一段时间的下降以及在低位徘徊一段时间之后，会逐步回升，转而进入一个上升通道。

美国对华投资下降主要是两国产业差距过大，加之中国传统比较优势逐步丧失造成的。但随着中国产业结构的持续优化，技术水平的提高，以及新比较优势的形成，与美国产业的差距逐步缩小，相互的协同能力会增强，会吸引美国加大对中国的投资。当然，前文分析表明，中国在产业升级的进展缓慢，还面临着严峻的挑战，甚至遇到了难以突破的"天花板"，但产业结构总体上还是朝着优化的趋势发展的。尽管进展不快，但还是积累了较好的经济技术基础与向价值链中高端延伸的力量，在高铁、云计算、网购、快递、支付等领域还形成了突破与领先优势。因此，只要采取行之有效的对策，完全有可能克服种种困难，缩小与美国产业的差距，实现产业结构的实质性升级。

可见，未来美国对华投资重拾上升之势是大概率事件。当然，中国还要做出

巨大的努力,尤其要在传统优势逐步丧失的情况下构建新的比较优势,要提升与发达国家产业竞争与合作能力,让发达国家的高端产业对我们形成某方面的依赖,实现将更多的先进产业或价值链的核心环节向中国投资。

必须深刻地认识到,这里讨论外资对中国产业结构升级的影响,但经济发展到现在这个程度,产业结构的升级与外商投资之间已不再是单向的依赖关系了,而是相互的依存关系,未来的产业结构升级需要外资的作用,外商的投资也需要适合的产业结构环境。中国需要高质量的外资来推进进一步的转型升级,但更需要通过产业结构的升级来吸引高质量的外资。只有高水平的产业结构,才能吸引高质量的外资,也才能增加与外商合作中的"话语权",实现和外资的对等关系与真正合作,而不是任外资摆布,名义上是合作者而实质上却是"局外人"。

除了产业结构的因素之外,随着人均收入的持续增长,中国的市场越来越大,消费结构也逐步发生改变,会增强对外资包括美资的吸引力。根据波士顿集团2012年的一份报告,到2020年中国中产阶层、富裕消费者和高净值人士家庭在全部家庭中的占比将达47.3%,在私人消费中的占比将达68%,较2011年分别提高18%和12%。这部分消费者对高质量、差异化的商品和服务需求旺盛,这既是中国经济发展与产业结构优化的重要动力,也是企业投资与发展的重要机遇,包括外资企业在内的广大企业不可能对这样的机遇视而不见,包括美国在内的外资企业必然会根据市场变化提升投资的层次。

尤其是服务业,扩大对中国的投资既符合"再工业化"战略的出发点,也符合中国的市场需求,无论是消费结构的改变,还是工业结构变化对生产性服务业需求,都为美国的优质服务业企业在华迎来更多投资机遇,服务业将成为我国利用美国直接投资的重点产业。中美商会2014年的调查报告显示,72%的在华美资服务业企业对未来中国商业前景持乐观态度。这些预期会体现在对华的投资行动上,会为中国产业结构升级尤其是工业内部的结构优化带来可利用的优质资源。

第六章 "再工业化"、中国对美国 ODI 与中国产业结构升级

对外投资已成为促进中国产业结构升级的重要途径之一,学者们的研究普遍表明对外投资对产业结构升级具有促进作用。如杨建清和周志林(2013)研究发现,中国对外直接投资与国内产业升级之间存在长期稳定的比例关系,对外直接投资能有效促进中国产业结构的优化和升级。陈琳和朱明瑞(2015)研究显示,对外投资明显促进产业间升级等。

近年来,中国对外投资快速增长,对外直接投资(ODI)已从 2002 年的 27.0 亿美元上升到 2015 年的 1456.7 亿美元,对外 ODI 的存量也从 2002 年的 299.0 亿美元上升到 2015 年的 10978.6 亿美元,对外直接投资已成为推动产业结构优化升级的重要因素。

由于中国产业总体上缺乏核心竞争力,亟须获取更多的先进技术。王英和刘思峰(2008)研究表明,中国对外直接投资存在反向技术外溢效应,可见对外直接投资是获取先进技术从而推进产业升级的重要途径。又由于发达国家是创新的来源地,而技术知识的外溢是具有空间约束的,在短期内,技术知识的传播局限于一定的地理范围内,是区域性的(张辉、王建,2013),鉴于发达国家主要在发达国家之间投资,因此,中国应更多地向发达国家投资以更多地接近先进技术。正如江小涓(2000)指出的,中国国内有实力的企业"走出去",到科技资源密集的地方设立 R&D 机构或高科技企业,开发具有自主知识产权的高新技术产品,是利用国外科技资源的一种有效形式。

然而,中国的 ODI 主要投向了发展中国家,在发达国家的直接投资很少。截至 2015 年末,中国对发达经济体的直接投资存量仅占 14%,对发展中经济体的直接投资占 83.9%,对转型经济体直接投资占 2.1%。尤其对美国的投资则更少,2008 年,中国对美国直接投资仅占中国对外直接投资的 0.8%,严重制约了美国先进技术对中国的逆向溢出。

但"再工业化"战略实施以来,美国加大了外资的引进力度,放松了对华

的一些投资限制,在新能源等一些重要领域,美国还比较期待中国的投资。如2017年,特朗普总统在访华期间,中国国家能源投资集团与美国西弗吉尼亚州签署谅解备忘录,承诺对后者页岩气和化学品生产等项目投资837亿美元。受美国加大吸引外资力度的影响,预计中国对美国的投资也会明显上升,这对产业结构升级会产生积极的影响。

一、"再工业化"前后中国对美国直接投资的变化

(一)总体情况

中国对美国直接投资的规模与比重都较小,但近年来,尤其是2009年以来,中国对美国的直接投资快速增长,已从2009年的9.1亿美元增加到2015年的80.29亿美元,其占中国对外投资的比重也持续上升,已从2008年的1.6%提高到2015年的5.5%。如图6-1所示,美国实施"再工业化"战略之前,中国对美国的直接投资始终在10亿美元/年以下徘徊,而在美国实施"再工业化"战略之后,中国对美国直接投资呈直线上升之势,已向100亿美元/年的大关冲刺。"再工业化"战略似乎是推动中国对美国直接投资的"催化剂",使得中国资本进军美国呈现"起飞"之势。

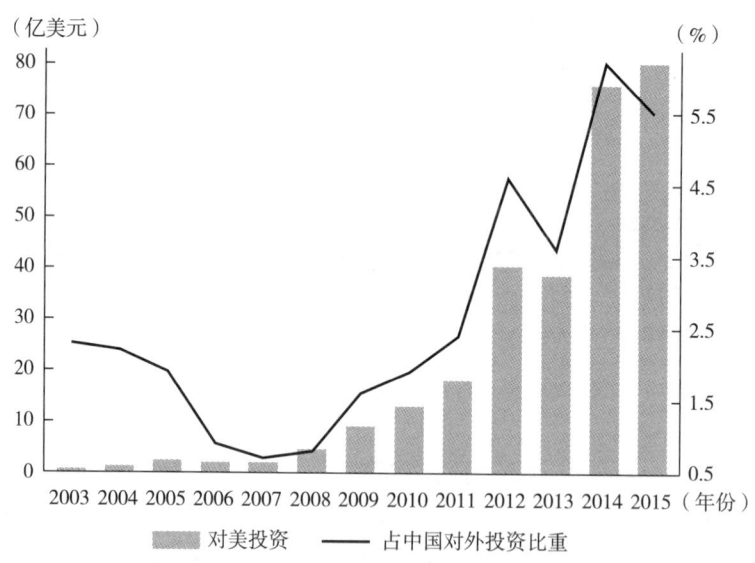

图 6-1 中国对美国直接投资额及占中国对外投资比重

数据来源:商务部、国家统计局、国家外汇管理局历年《中国对外直接投资统计公报》。

中国对美国投资增长快还体现在对美国投资的增长速度远快于整个对外投资

的增长速度，如图6-2所示，在2008年之前，中国对外投资增长率明显高于对美国的投资增长率，而在2008年之后，正好反过来，除个别年份外，中国对美国投资的增长率显著高于对外投资增长率。2009~2015年，中国对外投资增长了157.7%，而对美国的投资却增长了782.3%。这段时间，中国对外的投资增长已相当强劲，占世界的比重也持续较快上升，已从2009年的5.2%上升到2015年的9.9%，但对美国投资的增长速度竟然达到对外投资增长速度的5倍左右，对美国投资强劲的势头由此可见一斑。

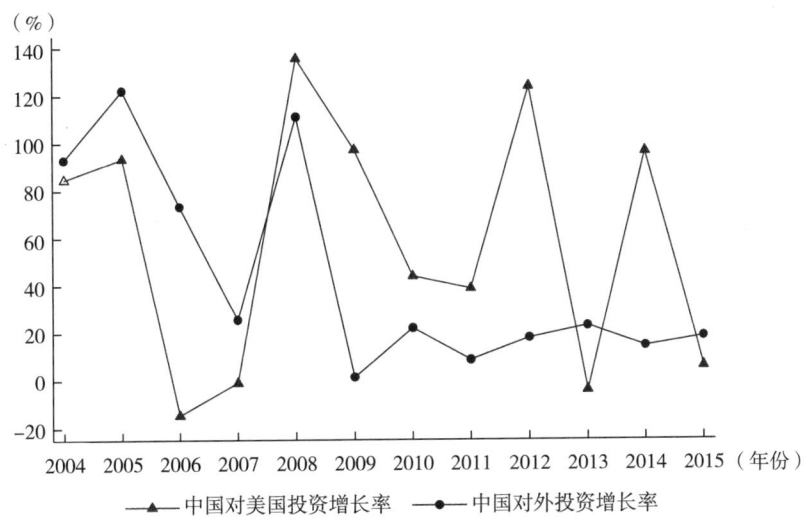

图6-2 中国对美国与对外投资增长率比较

数据来源：根据商务部、国家统计局、国家外汇管理局历年《中国对外直接投资统计公报》计算。

受其影响，美国"再工业化"以来，对美国投资占中国对外投资的比重呈现快速上升之势，已从在2%以下徘徊迅速增长到5%以上，对美国投资的存量及其占比也取得较快增长，具体情况如表6-1所示。

表6-1 中国对外直接投资（ODI）情况 单位：亿美元,%

年 份	2015	2014	2013	2012	2011	2010	2009
对外ODI	1456.7	1231.2	1078.4	878.0	746.5	688.1	565.3
对外ODI占世界比重	9.9	9.1	7.6	6.3	4.4	5.2	5.2
对美国ODI	80.29	75.96	38.73	40.48	18.11	13.08	9.1
对美国ODI占中国对外投资比重	5.5	6.2	3.6	4.6	2.4	1.9	1.6
对外ODI存量	10978.6	8826.4	6604.8	5319.4	4247.8	3172.1	2457.5

续表

年份	2015	2014	2013	2012	2011	2010	2009
对外 ODI 存量占世界比重	4.4	3.4	2.5	2.3	2.0	1.6	1.3
对美国 ODI 存量	408.02	380.11	219.00	170.80	89.93	48.74	33.38
对美国 ODI 存量占中国对外投资存量比重	3.7	4.3	3.3	3.2	2.1	1.5	1.4
年份	2008	2007	2006	2005	2004	2003	2002
对外 ODI	559.1	265.1	211.6	122.6	55.0	28.5	27.0
对外 ODI 占世界比重	—	—	2.7	1.7	0.9	0.5	—
对美国 ODI	4.62	1.96	1.98	2.32	1.20	0.65	—
对美国 ODI 占中国对外投资比重	0.8	0.7	0.9	1.9	2.2	2.3	—
对外 ODI 存量	1839.7	1179.1	906.3	572.0	448.0	332.0	299.0
对外 ODI 存量占世界比重	—	—	0.9	0.6	0.6	0.5	—
对美国 ODI 存量	23.90	18.80	12.38	8.23	6.70	5.02	—
对美国 ODI 存量占中国对外投资存量比重	1.3	1.6	1.4	1.4	1.5	1.5	—

数据来源：商务部、国家统计局、国家外汇管理局历年《中国对外直接投资统计公报》。

此外，由于在中国对美国直接投资大幅上升的同时，美国对中国的投资持续下降，从 2012 年开始，中国对美国的投资超过了美国对中国的投资（见图 6-3）。2015 年中国对美国直接投资已达到实际利用美资的 3.84 倍（对美投资 80.29 亿美元/实际利用美资 20.9 亿美元），而中国对外直接投资仅为实际利用

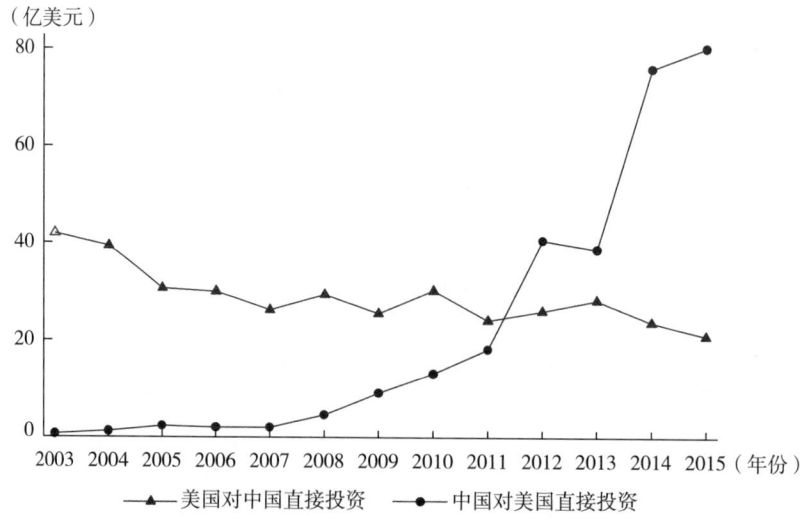

图 6-3 中美相互投资对比

数据来源：历年《中国对外直接投资统计公报》、历年《中国外商投资报告》。

外资的1.15倍（对外直接投资1456.7亿美元/实际利用外资为1262.7亿美元）。可见，虽然中国对外投资仍主要集中在发展中国家，但已开始重视对发达国家尤其是美国的投资，这是一个重要的转变。

（二）重点行业投资情况

随着美国鼓励外商对美国制造业的投资，中国借此机遇，增强了对美国制造业投资的力度，对美国制造业投资额大幅上升，占中国对外制造业直接投资的比重上升也很快，已从2007年的4.9%快速上升到2015年的20.1%（见图6-4），已大幅高于2015年中国对美国投资占对外投资5.5%的比重。受对美国制造业投资快速增长的影响，中国对美国投资中制造业的比重也上升很快，2015年已高达49.9%，这个数据明显高于中国对外投资中制造业的比重，2015年中国对外投资中制造业占比仅为13.7%（见表6-2）。

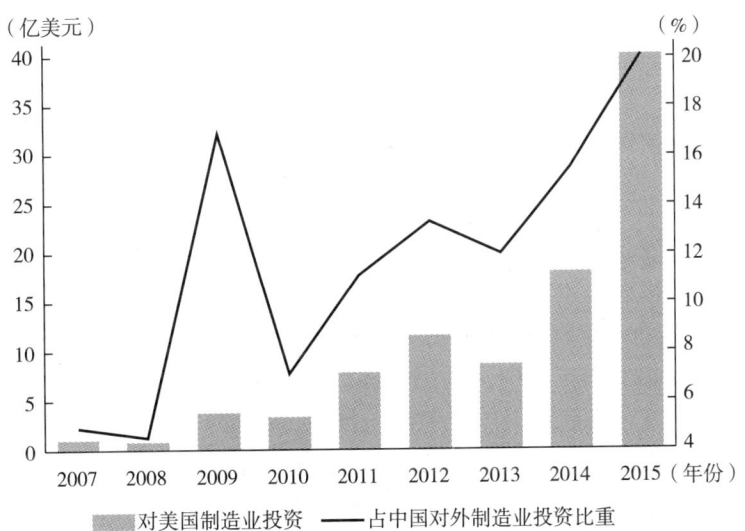

图6-4 中国对美国制造业直接投资额及占中国对外制造业投资比重

数据来源：商务部、国家统计局、国家外汇管理局历年《中国对外直接投资统计公报》。

此外，近些年来，中国对美国直接投资还呈现出一大亮点，即对美国科学研究和技术服务业的投资快速增长，尤其在2015年出现井喷式上升，从2014年的2.24亿美元上升到2015年的12.28亿美元，占中国对美国投资额的15.3%（见表6-2）。

表6-2 中国对美国相关行业直接投资（ODI）情况 单位：亿美元，%

年份	2007	2008	2009	2010	2011	2012	2013	2014	2015
对美国制造业投资	1.04	0.79	3.78	3.32	7.81	11.56	8.62	18.04	40.08
对美国投资中制造业比重	53.3	17.0	41.7	25.4	43.1	28.6	22.2	23.7	49.9
对美国制造业投资占中国对外制造业投资比重	4.9	4.5	16.9	7.1	11.1	13.3	12.0	15.5	20.1
对美国科学研究和技术服务业投资	—	0.19	1.25	0.48	0.38	1.08	1.72	2.24	12.28
对美国投资中科学研究和技术服务业比重	—	4.1	13.8	3.6	2.1	2.7	4.4	3.0	15.3
中国对外制造业投资	21.3	17.7	22.4	46.6	70.4	86.7	72.0	118.8	199.9
中国对外投资中制造业比重	8.0	3.2	4.0	6.8	9.4	9.9	6.7	20.9	13.7

数据来源：商务部、国家统计局、国家外汇管理局历年《中国对外直接投资统计公报》。

二、中国对美国ODI变化对产业结构升级的可能影响

金融危机以来，美国为了摆脱危机，加大了吸引外资的力度，中国对美国投资也变得相对比较容易。如美国三大汽车公司相继出售非核心业务，为中国开展海外并购提供了机遇，2009年北京汽车以2亿美元收购通用旗下萨博的部分知识产权，2010年吉利汽车以18亿美元获得福特旗下沃尔沃的100%股权以及包括知识产权在内的相关资产。中国利用美国"再工业化"的机遇，对美国大幅度增加直接投资，并一举超过美国对中国的投资，这是一个具有重要意义的转变。它表明中国与以美国为代表的发达国家之间从资本单向流动转变为双向流动，从某种意义上标志着中国对外开放与经济发展进入一个新阶段。对美国投资的大幅增加将为中国的经济发展与产业结构优化添加一个重要的推动力量。

美国是世界上科技、经济、产业最发达的国家之一，中国对美国大幅增加投资具有吸引外资所不具备的独特价值。尽管中国已从发达国家包括美国吸引了大量外资，但发达国家对中国FDI只是其全球价值链的一个组成部分，中国只是被动地参与了发达国家构建的分工体系，在这个体系中外商向中国输出什么技术、中国参与什么环节等是没有话语权的。通过参与全球价值链分工，虽然中国在一定程度上获得了分工效率，产业结构升级也因此取得一定进展，但却在总体上被"锁定"在中低端的环节。

实际上，为了提高效率，发达国家仅是将制造环节放到了中国，发达国家核心技术和核心产业的R&D投入基本上还是放在国内（张宏、王建，2013），可利

用的创造性资产如技术知识、学习经验、管理专长和组织能力主要集中在发达国家（Dunning，1998），中国通过吸引外商直接投资的方式并不能真正接触到其核心的领域。前文分析表明，中国在外商投资体系中能获取的技术溢出效应、产业关联效应等方面相当有限，从长期看甚至存在不利的影响。此外，王英和周蕾（2013）的一项研究表明，对外直接投资对中国产业结构升级具有显著的促进作用，其作用的显著性和力度要大于外商直接投资。

因此，中国企业变被动为主动，主动参与全球价值链分工，主动到发达国家尤其是美国投资，更多地接触先进技术，具有重要的价值。Fosfuri 和 Motta（1999）指出，企业的海外投资可以出于"无优势跨国经营"，即通过靠近市场领导者，而从技术外溢中受益。所以，尽管中国企业总体上处于劣势，也缺乏跨国经营尤其是在发达国家经营的经验，但仍坚持利用"再工业化"的机遇，向美国扩大投资规模，以利于获取以技术为核心的战略性资源。

根据遇芳（2013）的研究，对外直接投资对母国产业升级的影响机理与投资动因有关，而动因主要有基于邓宁提出的资源寻求、市场寻求、效率寻求、战略资产寻求四种。中国对外直接投资同样包含了这4个动因，但由于美国是发达国家，中国对其进行直接投资显然不是为了获取其自然资源，也不可能是为了利用廉价的劳动力、较低的融资成本等来提高效率，所以资源寻求与效率寻求不是中国对美国投资的动因。中国对美国投资的根本目的是为了进军美国市场和获取以技术为核心的战略资产，即市场寻求与战略资产寻求另外两个动因。

这与鲁桐（2000）的一项问卷调查结果相吻合，他的调查表明，中国企业对发达国家直接投资的动机主要是扩大海外市场和寻求先进技术。因此，这里在分析对美国ODI变化对中国产业结构升级的影响时，分别从扩大美国市场与寻求战略资产的角度进行讨论。

（一）从市场寻求角度的影响

中国以对外直接投资的方式拓展美国市场具有不同于对发展中国家投资的特殊意义，美国是发达市场，对美国投资的关键价值并不在于化解一点过剩产能、避开一些贸易壁垒、拓展一些发展空间，而在于在这个市场上得到历练，使得对美国投资企业的产品档次、质量、差异化程度以及经营能力等都得到提升，从而促进产业升级。

根据迈克尔·波特（1990）的钻石模型，需求条件是一个国家产业竞争优势的关键要素之一。中国有着广大的市场，多数产业的市场需求空间很大。但从竞争优势的角度看，市场的质量绝对比市场的需求量更重要，当外国客户比国内客户更挑剔时，国内企业要维持竞争优势是很困难的，因为内行且挑剔的客户是企业追求高质量、完美的产品造型和精致服务的压力来源。

中国由于经济发展水平不高，总体上消费水平、层次还较低，消费者不够成熟和挑剔，加之市场规模很大，企业缺乏提供高质量、高品质、高差异化产品与服务的压力，导致了企业总体上提供优质产品与服务的能力不强，这在某种程度上也是中国产业竞争力不够强的原因。但就是在这样的环境下，常有企业家抱怨，认为现在消费者越来越难"伺候"而导致企业越来越不好做。实际上，相对于发达市场而言，中国的消费者相对是比较好"伺候"的，但为什么还会有这样的抱怨呢？说到底，是中国企业缺乏提供高质量产品与服务的能力，需要到发达的市场上历练。

美国是最发达的市场之一，不仅规模大，而且消费者成熟、专业、挑剔、难"伺候"，这样的消费者群体是美国产业发展的宝贵资源。表面上，这样的市场需求条件给了企业很大的难度和压力，实质上是为企业提供了一流的磨炼环境。美国的产业竞争力强，消费者的贡献功不可没。中国企业通过直接投资，主动出击，自加压力，到这个最"难"的市场上竞争，大有裨益，会在很大程度上促进企业竞争力提升，最终会集为产业结构优化升级。

1. 有助于提升产品开发能力

发达市场消费者的消费心理与行为相对比较成熟，加之收入较高，需求的个性化程度较强，对产品的选购比较挑剔和讲究。在这样的市场上经营，必须更加用心捕捉、体会消费者的个性化需求，更加精心地开发、设计差异化的产品，并千方百计地提升产品的质量、品质、售后服务等。因此，企业进军以美国为代表的发达市场，有利于提升产品的品质与层次，提高产品的附加值，从而直接带动企业的提档升级。除此之外，企业在发达市场压力下的竞争历练会大幅提高开发、设计、提供一流产品的能力，这种能力会传递到母国公司，从而提升企业持续发展与升级的能力。

以海尔为例，该企业于1999年在美国投资建立工厂。其中，设计中心位于洛杉矶、营销中心位于纽约、生产中心位于南卡罗来纳州，以融资、融智、融文化为指导，在美国初步实现了设计、生产、销售"三位一体"的本地化经营模式。由于在美国进行本土化的研发、生产与销售，海尔可以在当地市场充分发现用户需求，然后开发、设计、生产差异化的、符合市场需求的产品，所以不断扩大了在美国市场的份额。海尔不仅针对美国消费者的饮食文化与居住条件，研发生产了可以存储整个火鸡和蛋糕的超大空间的美国式变温对开门冰箱，而且还生产了专为学生设计的"电脑桌冰箱"等。这些在当地都很受欢迎，海尔在美国已经占据了小冰箱市场50%的份额，在美国销售家电已经突破4000万台，在美国市场覆盖率近三成。2016年6月7日，由海尔集团控股41%的青岛海尔股份有限公司与美国通用电气共同宣布双方已就青岛海尔整合通用电气家电公司的交

第六章 "再工业化"、中国对美国ODI与中国产业结构升级

易签署所需的交易交割文件,这标志着具有百年历史的美国家电标志性品牌——GE家电正式成为青岛海尔的一员①。除此之外,海尔在欧洲、日本市场也都针对市场需求开发了大量差异化的高品质产品。海尔在发达市场上的竞争磨炼,大大提升了企业的产品开发能力,也正是依靠高质量的产品与服务、较强的创新能力,海尔已连续多年蝉联全球销量最大的家用电器品牌,也是全球白色家电第一品牌。

再以福耀玻璃为例②,该企业在美国"再工业化"以来,开始向美国较大规模投资,已经开设了3个工厂。分别是:2010年11月在美国密歇根州注册成立福耀玻璃配套北美有限公司,主要向包括通用、克莱斯勒、现代、起亚等汽车公司提供福耀的玻璃产品和快捷的客户服务;2014年3月在美国俄亥俄州莫瑞恩市注册成立福耀玻璃美国有限公司,年产汽车玻璃300万套,主要供应美国本土的通用、克莱斯勒等汽车厂商;2014年7月收购美国伊利诺伊州PPG Mt. Zion工厂,成立福耀玻璃伊利诺伊有限公司,将原生产线升级改造后,建成两条年产共30万吨的浮法玻璃生产线,为福耀玻璃美国有限公司提供汽车玻璃原材料。截至2017年6月30日,累计投入近8亿美元。美国工厂的工资远高于国内,比当地的工资还高5%~10%,企业必须提高自动化甚至智能化生产水平,以提高生产效率;美国用户本身要求较高,加之消费也在升级,有利于提升产品档次,还可以带动整个公司产品档次提升。近年来,福耀的产品结构持续优化,产品层次与附加值持续提高,整体上量价齐升,利润率也持续升高,这与拓展海外发达市场有很大的关系。目前,福耀国内市场占有率为60%,美国市场占有率仅为16%(还以产品出口为主,直接投资美国的工厂的份额还不大),大幅低于国内市场占有率,表明在美国市场还有很大的拓展空间。当然,这也表明美国市场竞争强度较大,福耀会面临较强的竞争压力,但这也是推动企业提升竞争力与继续升级的动力。可以预见,福耀会在美国市场实现强劲增长,福耀对美国直接投资时间还不长,由于种种原因,尽管美国的公司本身还没有实现盈利,2017年上半年,美国公司的营业收入1.15亿美元,亏损-1044.1万美元,但在美国的销售增长很快,在2017年6月已实现单月盈利49.52万美元,表明已打开很好的局面。

2. 有助于提升技术能力

企业到美国直接投资必须要遵守美国的各项规范、标准,发达国家的标准总体上比中国更高或更严格。企业刚进美国经营时,可能会不太适应,甚至会遇到"麻烦"。如福耀玻璃投资到美国的工厂,在生产安全、设备维护维修等方面要

---

① 海尔官网。
② 本部分数据来源于福耀官网和国信证券金太阳交易系统。

接受美国监管和美国规范与标准，福耀表现出了不适应，美国联邦职业安全与卫生署还出面处理，拟罚款22.5万美元，最终福耀拟按要求投资700万美元改善工厂的安全相关问题，罚金也降至10万美元①。

再如，中国中车2016年进军美国市场，拿下芝加哥13亿美元的订单，并宣布在美国建厂。世界上83%拥有铁路的国家在使用中国中车公司的产品，但中车在进军世界市场的过程中，仍感觉进军美国市场是最难的，原因就在于美国有非常复杂的技术条件、技术要求、法律法规和激烈的市场竞争②。美国严格的技术标准与法律法规尽管给中国企业带来了"麻烦"，但遵守这些严格标准的过程，实际上也是一种学习和提升的过程，它有助于倒逼中国企业提升技术水平和经营能力。在这个过程中，虽然没有从美方获得直接的技术外溢，但为了应对那些标准，企业必然会获取一些技术积累，这可以看成从美国的技术标准中获得了间接的技术溢出，这比直接获取的技术溢出更有价值，因为企业不仅获取了技术本身，更关键的是通过这个自主学习与摸索的过程积累了获取技术的经验，提升了技术能力。

3. 有助于提升国际市场经营的能力

中国企业在对外投资的过程中，会涉及大量相关国际知识产权运作、跨文化管理、国际金融、国际市场规则、国际经营理念、国际法律等问题，尤其是对发达国家投资，这些问题更突出。加大对美国投资有利于积累这方面的知识和经验，可为企业更好、更大规模地持续走向国际化经营，持续推动国内产业升级积聚力量。

如福耀在美国投资的工厂，由于文化的差异，导致了一系列的不适应，2017年6月12日的《纽约时报》还刊文《中国工厂遇到了美国工会》，报道了福耀在美国工厂遇到的困境——车间里的文化冲突。福耀与美国员工（包括被雇佣的管理人员）就加班、解雇、带薪休假、劳动保护方面存在较大的认知差异，福耀在与对方沟通处理分歧与矛盾的过程中，进一步加深了对美国文化、工会等方面的理解，积累了宝贵的经验，也提升了跨文化管理的能力。此后，福耀还将进一步增加在美国的投资，这些经验的取得、能力的提升会为下一步的投资打下良好的基础，也会为其他企业向美国投资提供借鉴。

4. 有助于促进国内关联产业的发展与升级

除了对美直接投资的企业与产业本身之外，对美国投资还有助于通过产业间

---

① http://tech.sina.com.cn/roll/2017-06-18/doc-ifyhfhrt4621135.shtml.
② 据央视2016年5月29日央视《对话》节目对中国中车奚国华、孙守萍等的采访视频资料整理。另美方还要求在美国市场的采购必须达到采购总成本的65%且最后的总装必须在美国，这就意味着有许多核心零件部件要在美国本土采购，表明美国利用市场保护本国制造的意图很强，但这也为中国企业进军美国提供了机遇。

的关联关系带动与之相配套的上下游产业的扩张与生产率提升。产业关联是中国对外直接投资引致产业结构升级的三大机理之一(陈林、朱明瑞,2015)。对美投资需要国内产业为之提供相关要素与配套服务,有助于拉动国内相关产业发展,如技术服务、国际法律、管理咨询、物流与供应链等。

同时,在美国投资的产业与企业也可以向国内的相关产业输入更多优质的生产要素与配套服务。前面分析表明,中国企业在美国市场上会面临更大的竞争压力,不仅会要求国内与之配套的相关产业提高技术与服务水平,而且在美国企业的历练也会为国内配套产业提供帮助,从而实现了母国产业与东道国投资的良性互动,长此以往,会无形中逐步提高国内配套产业的技术和服务水平,从而推动产业的优化升级。

(二) 从战略资产寻求的角度

战略资产寻求型对外直接投资是指通过对外直接投资获取知识、技术、品牌、人才等战略资产以提升其研发和生产经营能力(遇芳,2013)。对于什么是战略资产,并没有统一的概念。笔者认为,战略资产是企业在长期的经营中积累起来的,难以通过市场交易获得,以技术为核心但又不局限于技术的,对企业的转型升级与核心竞争力形成具有根本支撑作用的关键性资源。中国对美国投资,有利于获取相关战略资产,这其中既包括通过逆向技术溢出获得先进技术(吴先明,2007;姚利民、孙春媛,2007;王英、刘思峰,2008;董有德、孟醒,2014),也包括通过在美国市场的竞争与学习来积累品牌、知识、经验、经营"诀窍"等关键资源。

1. 有利于通过逆向技术溢出获取先进技术资源

美国是科技最发达的国家,集聚着大量高端产业或产业的核心环节、核心技术、高端人才等创新要素,有诸如硅谷这样的知识和技术中心。前面分析表明,尽管美国也向中国投资,但它主观上并不是为了向中国扩散自己的先进技术,相反,最核心的技术与核心产业的研发仍基本上是放在国内的,中国只有向美国直接投资才可能接近其真正核心的技术与创新要素。尽管美国也不情愿向去投资的中资企业扩散其技术知识,但随着越来越多的中资企业或机构在美国设立,它们会与当地各类组织建立千丝万缕的联系,会构建许多学习与获取其先进技术的途径,美方无法控制所有途径,无力完全阻止技术的逆向溢出。

中国企业向美国投资,有利于拓宽高质量的信息渠道,接近技术前沿,更好地了解技术、产业、价值链等发展的动态与趋势,还可以通过接近当地一流的企业或科研机构,学习、模仿它们的行为来提高自身的研发水平。我们的目标是追求更多的原创性的技术与突破性的创新,但创新不会凭空而降,往往始于学习与模仿①，根据按井上达彦（2013）的研究与观点，模仿是创造之母，模仿可以引发革新，或者模仿才是革新的前提与基础。但为了取得好的效果，必须要有高质量的学习与模仿对象，企业"走出去"的过程，尤其是向发达国家"走出去"的过程，从某种意义说也是寻找优质学习与模仿对象的过程。

需要强调的是，这里讲的学习与模仿不是机械的、被动的，不是为了简单受让、"抄袭"人家的已有技术，我们通过直接投资获得逆向技术溢出的真正价值并不在于技术本身，而是通过这个过程积累研发的能力与经验，这是比技术本身更重要的最核心的东西，它是企业获取核心技术的真正源泉，这才是推动企业转型升级的根本保障。

此外，中国企业在美国新设生产或研发机构，可以大量招聘本地员工，尤其是高素质的员工。高素质员工是知识的载体，雇佣高素质员工可以利用其自身的知识、技术和经验，员工向中资企业的流动会带动知识技术的流动，这也是获得技术逆向溢出的重要途径。

以华为为例②，该企业先后在美国硅谷等地设立R&D研发中心，硅谷是高科技公司、人才的聚集地，更是美国信息产业的集中地，苹果、英特尔、惠普、甲骨文等世界500强企业都在这里设立了总部或研发中心。华为通过在这些地方设立研发机构，有助于接触甚至是获取计算机相关产业的前沿与先进技术，了解与把握该行业的发展趋势。此外，华为以积极的态度随时准备捕捉吸收国际人才的机会。金融危机爆发以来，华为更是抓紧时机加快吸引人才。根据《2011年可持续发展报告》，其海外员工本地化比例为72%，在人才类别方面，包括金融人才、熟悉全球法律运作的人才、具备国际知识产权运作经验的人才、具备领先通信技术领域经验的人才等。在此基础上，华为还注重输送本土人才到这些地区进行培训和学习，以提升人员的综合能力。截至2011年底，华为在全球申请的专利数累计达47322件，授权有23522件，其中国外的专利10978件，约占47%，而在美国、欧洲等发达国家和地区的授权专利也达5415件。根据华为《2016年年度报告》，截至2016年底，累计获得专利授权数达62519件，比2011年增加了近2倍。2016年6月，华为发布第四版网络安全白皮书《全球网络安全挑战——解决供应链风险，正当其时》，该白皮书由华为美国网络安全官Andy

---

① 模仿的价值不应被轻视，实际上，创新与模仿的界限是模糊的，甚至模仿就是创新的步骤或组成部分。创新中所谓的渐进性创新也一样，它与突破性创新也没有明确的界限，难以真正区分，不能轻视渐进性创新的价值，更不能认为渐进性创新就是缺乏创新精神。两类创新不仅没有矛盾，而且存在着内在的联系，渐进性创新有助于发现突破性创新的机会，也有助于为突破性创新创造条件，有些突破性创新的阶段性成果或端倪往往以渐进性创新的形式呈现（徐礼伯、沈坤荣，2015）。

② 华为官网以及张宏，王建. 中国对外直接投资与全球价值链升级［M］. 北京：中国人民大学出版社，2013.

Purdy 编著,阐述了全球信息及通信技术(ICT)产业在应对供应链安全挑战方面的不间断努力、优秀实践及标准。由此可见,华为通过对发达国家直接投资,设立 R&D 研发机构,获取高级人才,对于提升企业的研发能力与技术水平成效显著,华为已通过持续升级成长为业内的领导型企业。

当然,这里要强调的是,笔者分析华为对发达国家直接投资对其取得成就的影响,并无意忽视其他因素的作用。事实上,华为的成就并不仅仅与对发达国家直接投资有关。华为是一个十分注重自主研发的企业,长期以来一直坚持将销售额的 10% 左右投入研发,2017 年更是达到了 14.5%。长期高强度的投入,加之积极主动的学习意识、立足前沿的经营理念,造就了华为较强的学习与研发能力。这样的华为走向发达市场,才能更好地获取外方的技术溢出,也才能有效地将外方的技术资源为自己所用,助力提升技术能力以研发出更多更好的技术,而绝不是为了简单获取人家的技术。核心技术是买不来的,即使能买到,随着时间的推移,先进技术也会逐步变得不再先进。企业必须要有消化吸收外来技术的能力,并根据环境需要在现有技术的基础上不断研发掌握新的核心技术,比核心技术本身更重要的是研发核心技术的经验与能力。

2. 有助于获取更多的经营"诀窍"

除了技术之外,品牌、管理、营销等也是中国企业比较缺乏的战略性资源,这些资源对企业能否获取竞争优势同样重要,也难以从市场上买到,需要在长期的经营中一点一滴地积累。与前面谈的核心技术一样,企业的品牌、管理、营销等资源对企业的重要性不言而喻,但同样,这些资源不会凭空而降,比这些资源更重要的是积累这些资源的能力与经验,是经营中积累的"诀窍"。

以品牌为例,好的品牌来源于长期经营中品质、质量、服务等方面口碑的积累,它是企业长期摸索出来的经验,是一种只可意会、不可言传的隐性知识。一个国家引以为傲的品牌一定不是从市场上并购得来的,一个拥有大量优秀品牌的国家,根本原因是在长期的经营中积累了最宝贵的建立、运营、维护品牌的"诀窍",这种"诀窍"绝对是买不到的。一个企业即使能从市场上买到品牌,但如果没有这种"诀窍"的支撑,再大的品牌也会由于得不到恰当的运营、维护与创新而在快速变化中渐渐黯然失色。

中国是一个经济大国,但却十分缺乏品牌,尤其是世界级的品牌,营销策略、经营理念等方面也亟须提高,这成为制约企业乃至整个产业升级的重要瓶颈。但在品牌创建、营销改进、理念提升等的路上,没有捷径可走,唯有艰难摸索。但摸索与借助外部力量和资源是不矛盾的,对美国直接投资可以近距离甚至零距离地接触、观摩、感悟美国企业的组织行为、经营理念、营销策略,可以更好地认识其中的奥妙。体会其中的道与术,并将其融入美国市场的经营中,从而逐步掌握其中的奥妙，这对推进中国产业提档升级，尤其对推进传统产业的结构升级具有重要作用，对现阶段拥有大量传统产业的中国具有更特殊的意义。

近年来，中国战略性新兴产业与高新技术产业取得较大发展，的确已成为经济增长的重要动力，但由于传统产业仍是经济的大头，战略性新兴产业与高新技术产业短期内还难以成为经济增长的主要动力。所以，中国仍要高度重视传统产业的发展，着力推进传统产业内部的结构升级、提升传统产业的竞争力。

根据中国人民大学张杰教授于2016年10月22日在中南大学召开的《中国工业经济》青年学者论坛暨经济新常态背景下中国产业转型升级研讨会上的报告，中国并非处于所谓的后工业时代，并未完成工业化的发展阶段，仍然处于工业化进程中由低端化向高端化发展的重要阶段，中国的新型工业化时代刚刚拉开序幕。在这个阶段，尽管高新技术产业和战略性新兴产业的持续扩张与发展壮大是中国经济新动力的重要支撑，但今后一段时期中国经济新动力形成的主要源泉仍将是传统产业的转型升级，即推动工业的高端化发展以及新型工业化发展。

让传统产业的优秀企业到美国投资是推进传统产业升级的有效途径。尽管美国是发达国家，但在许多传统领域仍有相当的竞争优势，在传统领域仍有许多值得尊敬的世界级企业与品牌，如肯德基、麦当劳、可口可乐、百事可乐、沃尔玛、宝洁、安利、阿迪达斯、耐克等，在相关消费品领域，美国甚至仍引领着世界的消费潮流。

为什么会出现这种情况？美国的商业电视台出现比后继国家至少早12年，大众传媒特别是电视广告，加速了市场营销方法的创新，使美国成为许多现代市场营销技术的发源地（迈克尔·波特，1990）。美国在市场营销领域积累了许多"诀窍"，尤其在许多消费品领域，如饮料、清洁剂、浴室用品、牙膏、化妆品等，建立品牌形象的技巧十分独到，才保证了在这些传统领域仍保持优势地位。美国在这些方面的经验值得中国学习，尤其是通过文化注入塑造品牌形象的能力，学习的最好途径是融到美国市场上，直接与之竞争，零距离的感悟与学习。

需要说明的是，对美国投资有利于获取"诀窍"性的战略资源，表明所谓的市场寻求与战略资产寻求的分类是相对的，它们之间没有明确的界限，有的投资可能兼具市场寻求与战略资产寻求的动机，有的投资虽然是以市场寻求为动机，但却取得了获取战略资产的客观效果。笔者基于已有的成果分两种情况进行分析，是为了帮助更好地理解作用机理，而不是要将两者割裂开来。

三、对美国投资的产业结构升级滞后效应问题

由于美方技术的逆向溢出、在美国中资企业的学习、消化吸收、再创造以及最终推动国内母公司转型升级需要一个过程，有的行业、企业或环节需要的时间可能还比较长，因此，尽管对美国直接投资对中国产业结构升级具有重要的促进作用，但这种作用并不会立即显示出来，实证研究的效果可能并不明显。这与杨仙丽（2013）的研究结果相吻合，即对外直接投资对产业结构升级有正向作用，但短期影响程度不明显。

可见，对美国投资要保持足够的耐心，不能因难以见到立竿见影的效果就怀疑甚至否定其价值。中国对发达国家投资不同于发达国家的对外投资，总体上没有经验可循，也缺乏理论的指导，加之还处于技术上的劣势，决定了中国对美国的投资不会一帆风顺。多数企业对美国投资往往要走一段弯路，经受一些挫折，甚至要遭受一些损失，这实际上是个学习进步的过程，付出些学费在所难免。

根据技术累积产业升级理论（Cantwell, Tolentino, 1990），发展中国家的产业升级过程是企业能力提高的过程，企业技术提高则是不断累积的结果，企业前期对外直接投资的经验获取、局部技术变动和技术积累对后期对外直接投资有重要作用。可见，尽管中国对发达国家投资付出些学费在所难免，但仍需要讲究一些策略，控制好对美国投资的节奏，不宜操之过急，需要在积累经验的基础上稳步推进。对美国投资并不是越快越多就越好，在没有前期投资经验积累的支撑下，如果贸然大规模投资，容易遭受大的损失，不但得不到好的效果，学费反而可能会过于昂贵，得不偿失。

2009年以来，中国利用美国"再工业化"战略的机遇，对美国投资快速上升，为了取得好的投资效果，应注重通过前期投资技术经验积累促进后续投资效果的提高，投资增长的速度要与前期经验与技术积累的程度相匹配。要构建一个"投资→经验与技术积累→再投资→再积累"的良性循环，在这样的循环下，经验与技术越积累越多，投资也逐步加大，所获得的技术与战略性资源又会越来越多，这样良性循环下去，才有助于推动母国公司持续转型升级。

第七章 "再工业化"、中美贸易与中国产业结构升级

对外贸易是影响产业结构升级的重要因素之一,学者们研究普遍表明对外贸易对产业升级具有促进作用(杨丹萍、杨丽华,2016;孙晓华、王昀,2013;温焜,2016)。美国是中国的主要贸易伙伴,中美贸易对中国产业结构升级具有重要作用。与中美相互之间投资不同的是,尽管中美相互是重要的外资来源地,但总体上相互对对方的投资占其外资的比重较小,而中美之间的贸易额都占据了各自很高的比重。以2016年为例,中国对美国货物出口占中国总出口的18.4%,占美国总进口的21.0%,美国对中国货物出口占中国总进口的8.5%,占美国货物总出口的8.0%①。

在"再工业化"战略中,美国提出了出口倍增计划以减小贸易逆差,也确实取得了一定的成效,但总体上美国贸易逆差仍在较高位运行,故美国仍有降低贸易逆差的诉求。在美国的贸易伙伴中,与中国的贸易逆差最大,占其贸易逆差总额的比重较高,且呈现出持续增长的趋势。因此,美国必然会高度关注中美贸易逆差问题,会持续向中国施压,以寻求减小中美贸易逆差,也可能会设置更多的贸易障碍,从而影响到中国的产业结构升级。

一、"再工业化"前后中美贸易情况

(一)"再工业化"前后中美贸易额的变化

2009年以来,无论是货物还是服务,中美贸易均实现了大幅增长。2009~2015年,美国对华出口增长了86.1%,其中货物出口增长了65.3%,服务出口增长了183%;同期美国从中国进口增长了62.4%,其中货物进口增长了62.5%,服务进口增长了57.3%(见表7-1)。美国对中国货物的进出口增长幅度相当,出口略高于进口,但服务业的出口增长幅度远高于进口。

---

① 根据BEA网站与《中华人民共和国2016年国民经济和社会发展统计公报》计算。

表 7-1　中美贸易额变化情况　　　　　单位：亿美元

年份	美国对中国出口			美国从中国进口		
	总额	货物	服务	总额	货物	服务
2006	654	548	106	2994	2892	102
2007	774	643	131	3348	3230	118
2008	872	713	158	3505	3396	109
2009	877	706	171	3074	2979	96
2010	1156	931	225	3767	3661	106
2011	1339	1054	284	4124	4006	118
2012	1449	1119	330	4398	4268	130
2013	1604	1229	375	4555	4116	139
2014	1692	1247	445	4836	4697	140
2015	1651	1167	484	4992	4841	151
2016	1702	1160	542	4794	4633	161

数据来源：http://www.bea.gov/international/factsheet/factsheet.cfm.

对比美国的整个贸易，同期美国对世界出口增长43.0%，其中货物出口增长了41.0%，服务出口增长了46.9%，美国从世界进口增长了40.5%，其中货物进口增长了43.8%，服务进口增长了27.1%。可见，这期间美国与中国贸易的增长幅度远高于其整个贸易的增长幅度。

这里之所以分析2015年与2009年美国贸易数据的比较，是因为2010年1月，奥巴马提出旨在未来5年使美国出口翻一番的出口倍增计划，经济运行结果表明，该计划未能实现。如果用中国国家统计局的数据①，2009～2015年，美国对中国货物出口增长了92.9%，再加上美国对中国服务出口的直线上升，从与中国贸易的角度看，奥巴马的出口倍增计划反而是实现了。

尽管美国对中国的出口增长快于从中国的进口，但"再工业化"战略总体上并没有对中国的对美贸易形成冲击。从货物贸易来看，一方面，无论是对美国的进口还是出口，其占中国贸易总额的比重总体上维持在比较稳定的水平，2009年以来，中国对美国出口占比虽有所下降，但基本维持在17%以上，从美国进口占比一直维持在7%以上，还呈现缓慢上升的趋势；另一方面，中国对美国的贸易顺差总体上仍维持扩大的趋势（见表7-2）②。

---

① 美国经济分析局（BEA）的数据与中国国家统计局的数据存在一定差异（见表7-1、表7-2）。
② 由于统计口径的不同，如美国出口采用的是船边交货价格，中国采用的是离岸价格，对转口贸易，美国在统计进口时采用的原产地原则，中国在统计时采用了目的地原则等，从而使得中美双方统计的贸易顺差（逆差）存在一定的差异。

表7-2 中美货物贸易占中国货物贸易比重　　单位:%,亿美元

年份	对美国出口额	对美国出口占总出口比重	从美国进口额	从美国进口占总进口比重	对美国贸易比重	中美贸易顺差
2003	925	21.2	339	8.2	14.8	586
2004	1249	21.0	447	8.0	14.7	802
2005	1629	21.4	487	7.4	14.9	1142
2006	2035	21.0	592	7.5	15.4	1443
2007	2327	24.0	694	7.3	13.9	1633
2008	2523	17.7	814	7.2	13.0	1709
2009	2208	18.4	774	7.7	13.5	1434
2010	2833	18.0	1020	7.3	13.0	1813
2011	3245	17.1	1222	7.0	12.3	2023
2012	3518	17.2	1329	7.3	12.5	2189
2013	3684	16.7	1525	7.8	12.4	2159
2014	3960	16.9	1591	8.1	12.9	2369
2015	4110	18.0	1493	8.8	14.1	2617
2016	3826	18.4	1338	8.5	14.1	2488

数据来源:笔者根据国家统计局历年《国民经济和社会发展统计公报》计算。

当然,中国对美国的出口额、顺差额的增长越来越缓慢,2016年还出现了一定的下降,这个现象值得重视。它到底是一个偶然,还是一个转折点?随着特朗普总统的上台,其对美国贸易逆差状况很不满意。他在竞选时就说要对华进口商品征收高额关税,自2017年亚洲之行后,他对媒体表态说美国的贸易逆差会快速缩小。特朗普的上台,增加了中美贸易的不确定性,有必要密切关注其政策动向,并评估其影响,以便及时有效应对。

(二)"再工业化"前后美国对华贸易逆差占其总逆差的变化

"再工业化"以来,美国对外贸易逆差的状况总体上得到明显改善,贸易逆差额从最高峰2006年的7618亿美元持续下降,近几年基本稳定在5000亿美元左右。由于GDP的持续增长,贸易逆差占GDP的比重持续稳定下降,已从金融危机前的5%以上下降到2016年的2.7%,下降了一半(见图7-1)[①]。

[①] 图7-1~图7-13的数据均来自http://www.bea.gov/。

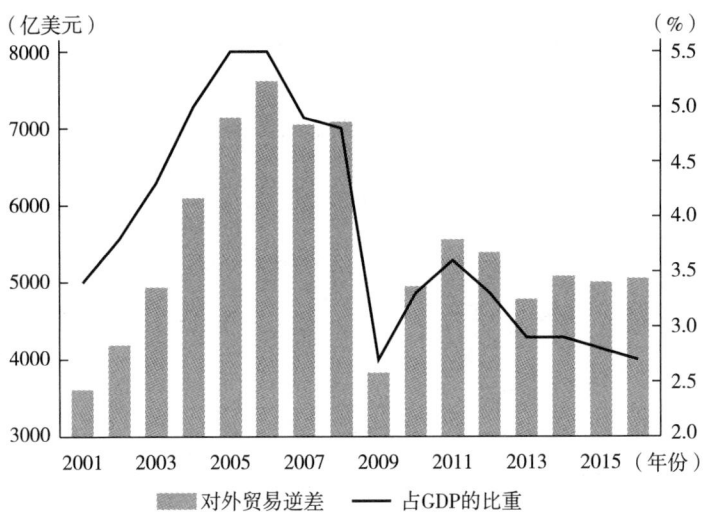

图7-1 美国对外贸易逆差及占GDP的比重

但在美国的贸易逆差中,对中国的贸易逆差问题比较突出,对华贸易逆差占美国贸易总逆差的比重,已从2001年的22.5%上升到2008年的37.1%,实施"再工业化"战略以来,继续上升到2016年的61.3%(见图7-2和表7-3)。

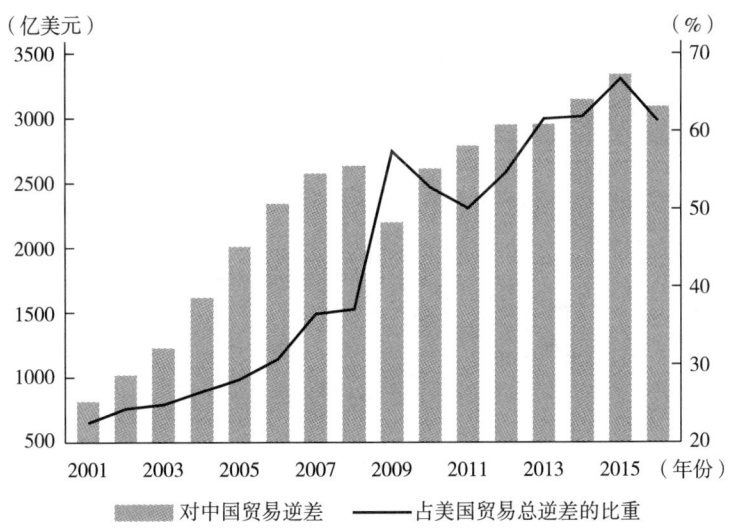

图7-2 美国对中国贸易逆差及占其总逆差的比重

表7-3 美国贸易逆差情况　　　　　　　　　　　单位:%,亿美元

年份	2001	2002	2003	2004	2005	2006	2007	2008
贸易逆差额	3615	4190	4939	6099	7143	7618	7053	7088
贸易逆差占GDP的比重	3.4	3.8	4.3	5.0	5.5	5.5	4.9	4.8
对中国的贸易逆差额	814	1019	1227	1615	2010	2340	2573	2633
对中国逆差额占比	22.5	24.3	24.8	26.5	28.1	30.7	36.5	37.1
年份	2009	2010	2011	2012	2013	2014	2015	2016
贸易逆差额	3828	4947	5557	5391	4784	5083	5005	5048
贸易逆差占GDP的比重	2.7	3.3	3.6	3.3	2.9	2.9	2.8	2.7
对中国的贸易逆差额	2197	2612	2785	2949	2952	3147	3340	3093
对中国逆差额占比	57.4	52.8	50.1	54.7	61.6	61.9	66.7	61.3

数据来源:根据http://www.bea.gov/数据计算。

(三)"再工业化"前后中美贸易结构(主要货物与服务贸易)的变化①

1. 美国对中国出口明显增长的货物或服务

(1) 食品与饮料,2016年比2008年增加了100.7亿美元,增幅达101.6%,该类产品美国2016年对华的贸易顺差达141.5亿美元(见图7-3)。

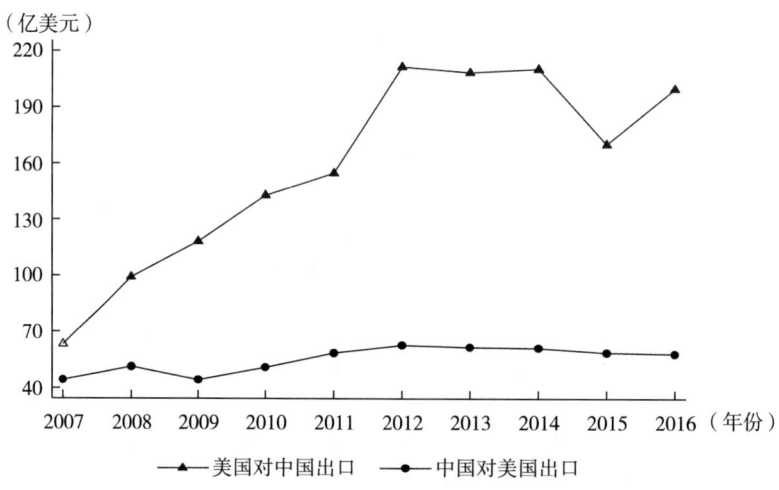

图7-3 食品和饮料中美贸易情况

---

① 这部分的图根据http://www.bea.gov/数据绘制。

(2) 旅游（包括教育），2016 年比 2008 年增加了 255.3 亿美元，增幅达 492.9%，该类服务美国 2016 年对华的贸易顺差达 262.1 亿美元（见图 7-4）。

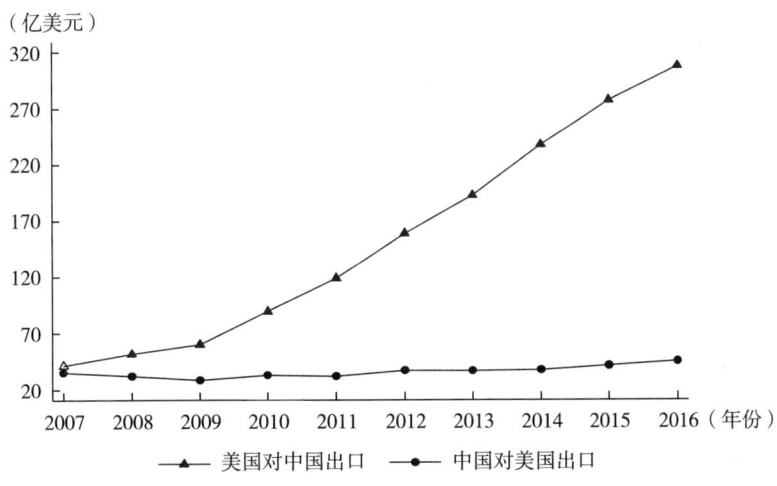

图 7-4 旅游（包括教育）中美贸易情况

(3) 金融服务，2016 年比 2008 年增加了 25.3 亿美元，增幅达 301.2%，该类服务美国 2016 年对华的贸易顺差达 27.7 亿美元（见图 7-5）。

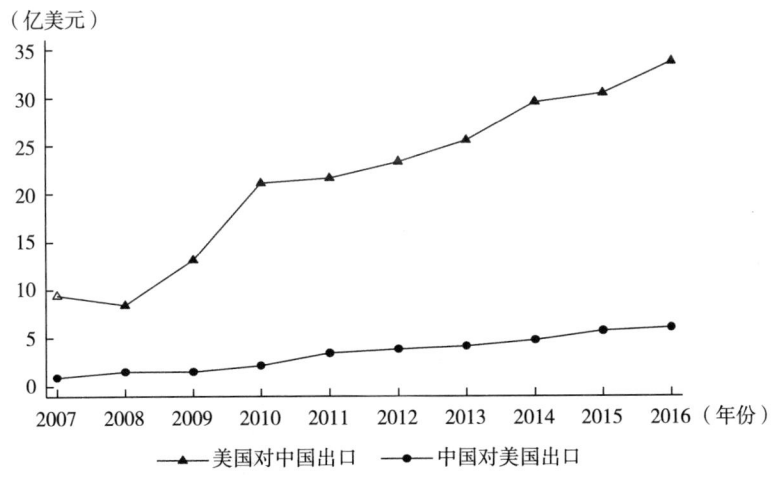

图 7-5 金融服务中美贸易情况

(4) 知识产权使用费，2016 年比 2008 年增加了 56.5 亿美元，增幅达

244.6%，该类服务美国 2016 年对华的贸易顺差达 74.1 亿美元（见图 7-6）。

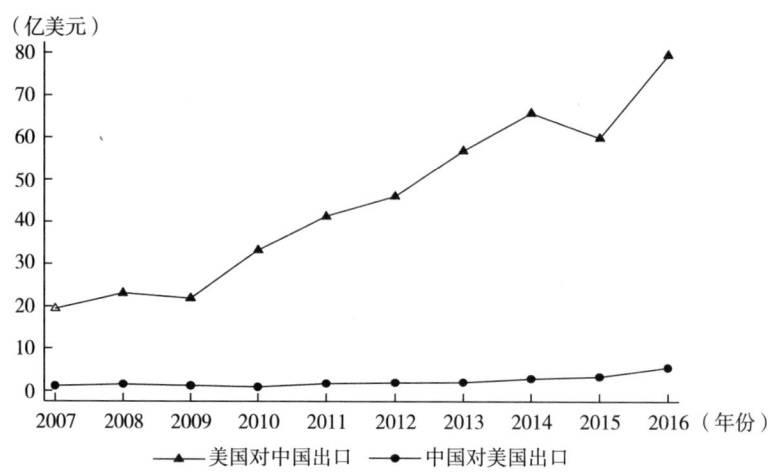

图 7-6　知识产权使用费中美贸易情况

2. 中国对美国出口明显增长的货物或服务

（1）消费品（不含汽车和食品），2016 年比 2008 年增加了 464.4 亿美元，增幅达 26.6%，该类产品美国 2016 年对华的贸易逆差达 2143.3 亿美元（见图 7-7）。

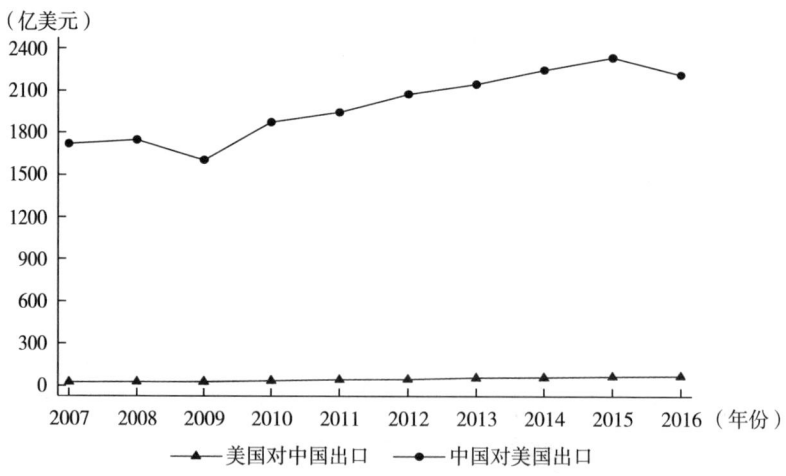

图 7-7　消费品（不含汽车和食品）中美贸易情况

（2）资本货物（不含汽车），2016 年比 2008 年增加了 579.8 亿美元，增幅达52.4%,该类产品美国2016年对华的贸易逆差达1248.8亿美元。中国对美国贸易顺差主要发生在这两类货物上(见图7-8)。

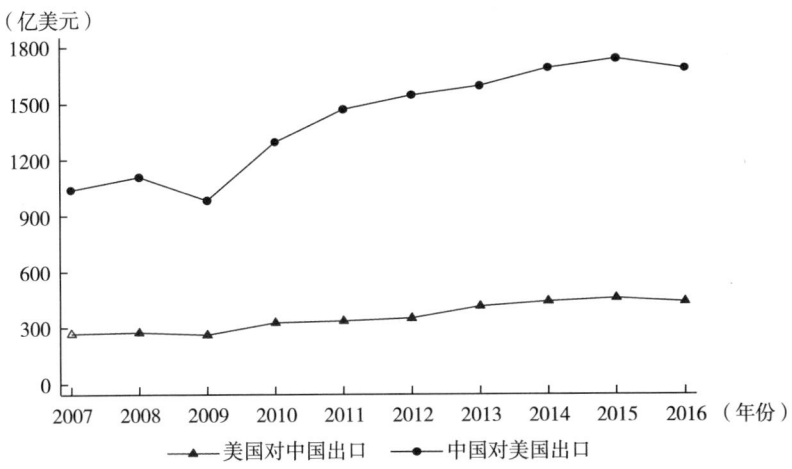

图7-8 资本货物(不含汽车)中美贸易情况

3. 中美相互出口同步明显增长产品

(1)汽车、零部件及发动机,美国对华出口2016年比2008年增加了97.3亿美元,增幅达477.0%,中国对美国出口2016年比2008年增加了101.6亿美元,增幅达111.1%,该类产品美国2016年对华的贸易逆差达75.3亿美元,与2008年的71亿美元相比,几乎没有变化(见图7-9)。

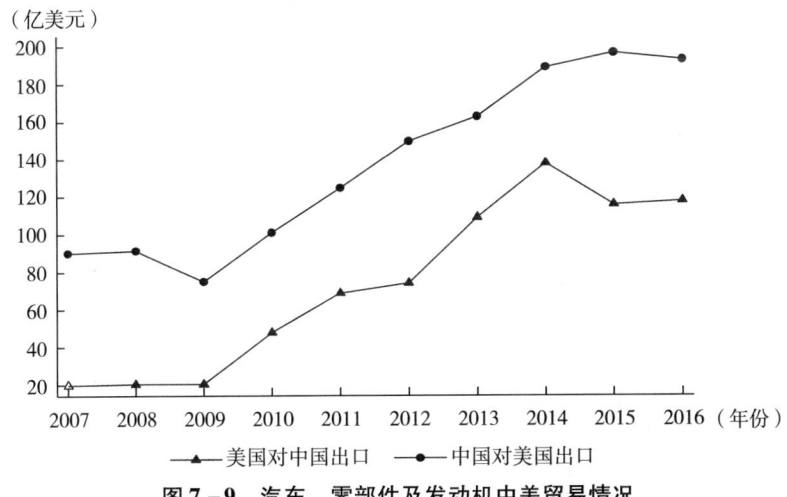

图7-9 汽车、零部件及发动机中美贸易情况

(2) 工业用品与材料, 美国对华出口 2016 年比 2008 年增加了 43.7 亿美元, 增幅达 15.5%, 中国对美国出口 2016 年比 2008 年增加了 66.3 亿美元, 增幅达 18.3%, 该类产品美国 2016 年对华的贸易逆差达 103.3 亿美元, 与 2008 年的 80.6 亿美元相比, 变化不大 (见图 7-10)。

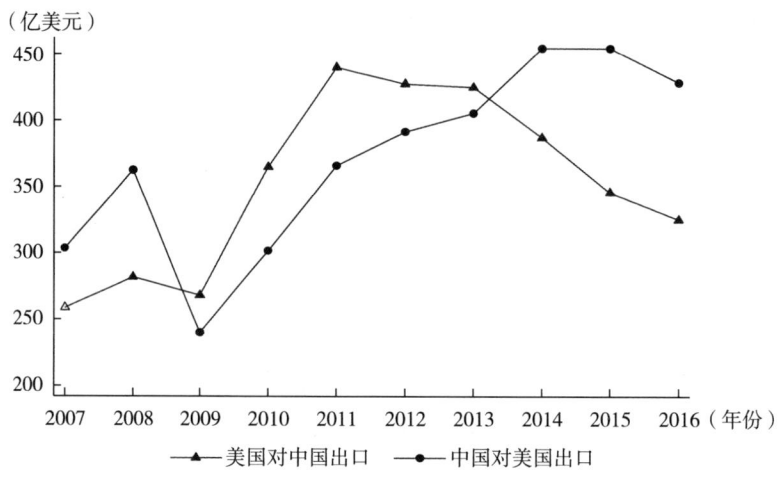

图 7-10 工业用品与材料中美贸易情况

(3) 运输行业、电信与计算机信息服务、商务服务, 中美相互出口均有所增长, 但贸易额很小, 2016 年, 中国对美国该 3 类服务出口额总和仅为 99.4 亿美元, 美国对华出口总额仅为 92.4 亿美元 (见图 7-11～图 7-13)。

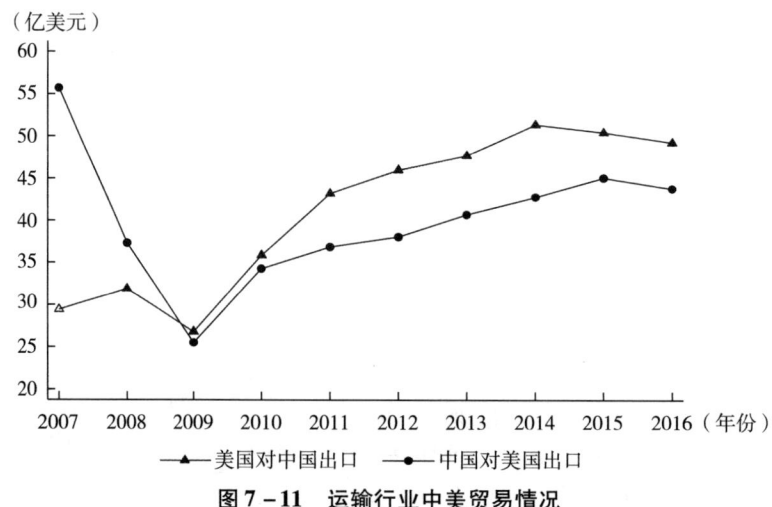

图 7-11 运输行业中美贸易情况

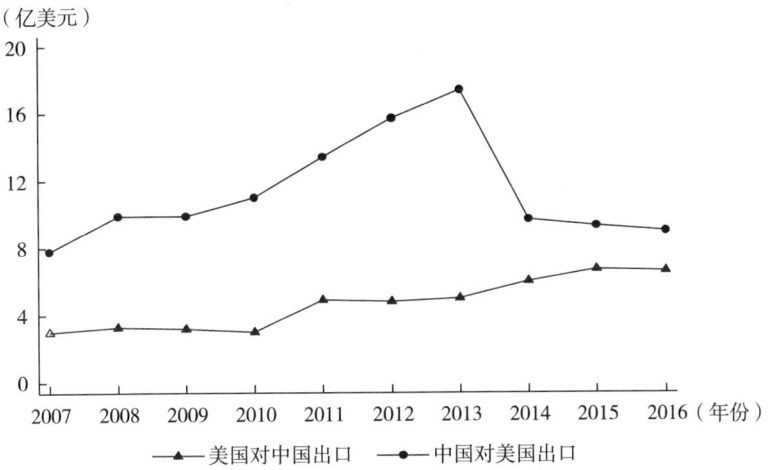

图 7-12 电信与计算机信息服务中美贸易情况

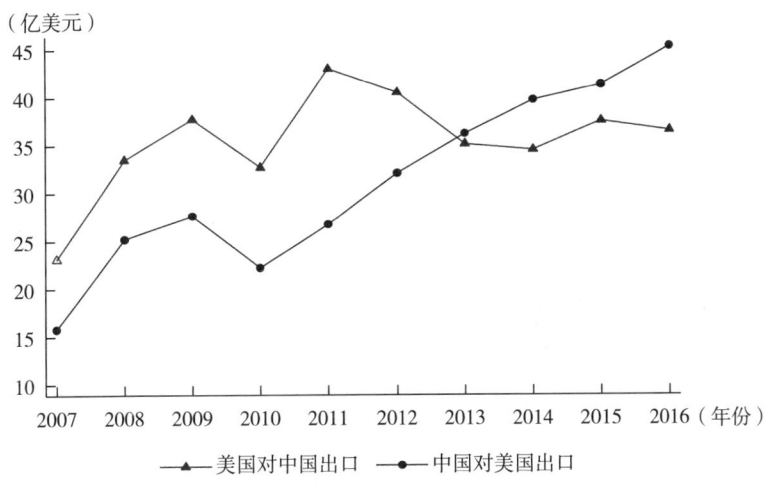

图 7-13 商务服务中美贸易情况

由于中美经济互补性较强,进出口商品结构的不同,尽管美国"再工业化"加大了出口的力度,对中国的出口也大幅增加,但并未对中国对美国的出口形成冲击。中国对美国出口的主要是消费品和资本货物,消费品是中国的传统优势,美国也不会重点发展这些产业,所以对中国出口的影响应该较小,这类商品对美国的出口仍稳中有升。美国"再工业化"增加了对中间产品的需求,促进了资本货物对美国出口的增加。

(四)"再工业化"后中美贸易摩擦的变化

表7-4 1998~2013年美国对华发起反倾销调查行业分布　　单位:次

产业	1998~2003年	2004~2008年	2009~2013年	合计
化学工业	8	9	4	21
冶金工业	8	7	5	20
机械工业	4	7	3	14
金属制品工业	3	2	6	11
轻工业	6	1	1	8
建筑材料工业	2	0	4	6
造纸工业	0	5	1	6
食品工业	4	0	1	5
有色金属工业	1	1	2	4
纺织工业	0	2	1	3
电子工业	1	0	1	2
煤炭工业	2	0	0	2
医药工业	2	0	0	2
农产品	0	1	0	1

数据来源:蒋永红,于程程.美国再工业化对中美贸易摩擦的影响分析[J].对外经贸实务,2015(1).

为实施"再工业化"战略,美国的贸易保护主义有所抬头,针对中国的贸易保护措施明显加强。2009年以来,尽管针对中国的反倾销调查略有下降(见表7-4),但反补贴调查和"337"调查显著增加(见表7-5、表7-6)。尤其是"337"调查,已逐步成为美国对华贸易保护的主要手段,"337"调查占美国对华发起的贸易保护("双反"及"337"调查)案件数的比重已从1998~2003年的34.9%上升到2004~2008年的57.1%,进而再上升到2009~2013年的65.4%。

从全球范围看,2001~2013年,美国共发起"337"调查467起,其中对华发起188起,占比34.5%,中国已成为21世纪美国"337"调查的最大受害国(章涛等,2017)。而且,对中国的"337"调查仍有增长趋势,2017年针对中国的调查占美国发起的全部"337"调查的比重已达48.1%[①],几乎占到半壁江山。

---

① http://money.163.com/17/0623/20/CNL4MDCK002581PQ.html (2017-11-30).

表7-5 1998~2013年美国对华发起反补贴调查行业分布   单位：次

产业	1998~2003年	2004~2008年	2009~2013年	合计
化学工业	0	3	3	6
冶金工业	0	4	5	9
机械工业	0	2	3	5
金属制品工业	0	1	5	6
轻工业	0	1	0	1
建筑材料工业	0	0	3	3
造纸工业	0	2	1	3
食品工业	0	0	1	1
有色金属工业	0	0	1	1
纺织工业	0	0	1	1
电子工业	0	0	1	1
汽车工业	0	0	1	1
农产品	0	0	1	1

数据来源：蒋永红，于程程. 美国再工业化对中美贸易摩擦的影响分析［J］. 对外经贸实务，2015（1）.

由于近年来中国产业通过向价值链的中高端延伸实现产业升级，中美产业在中高端层面的竞争越来越激烈，中美贸易摩擦又出现了新的特点，即摩擦由原来的中低端领域，逐步扩展到高端领域。中美之间也以"337"调查、反补贴等形式出现的贸易摩擦不断增多，涉及的产业也逐渐向高端领域扩展。

表7-6 1998~2013年美国对华发起"337"调查行业分布   单位：次

产业	1998~2003年	2004~2008年	2009~2013年	合计
电子工业	6	31	60	97
机械工业	6	11	19	36
轻工业	6	14	14	34
化学工业	2	5	2	9
医药工业	1	0	4	5
汽车工业	0	0	2	2
金属制品工业	0	0	2	2
有色金属工业	1	0	1	2
食品工业	0	2	0	2
建筑材料工业	0	1	0	1

数据来源：蒋永红，于程程. 美国再工业化对中美贸易摩擦的影响分析［J］. 对外经贸实务，2015（1）.

2009年以来，美国对中国电子工业的"337"调查达到60起，这些正是美国大力推动回流的制造业；2010年，美国对中国光伏产品实施了"双反"调查，对中国光伏业造成严重影响；2012年，美国又对原产于中国的应用级风电塔产品发起反倾销和反补贴立案调查，这些产品都属于新能源产业，正是美国"再工业化"战略中要重点发展的产业。

2017年12月18日，美国总统特朗普公布了其任内首份《国家安全战略报告》（National Security Strategy of the United States of America），不同于往年报告的是，其核心涉及"美国优先"、提升美国贸易和经济地位等问题，该报告提及中国达33次，远高于奥巴马政府的国安报告（2010年为10次，2015年为13次）。尽管从理论上分析中美之间出现贸易战的可能性较低，但特朗普总统的上台还是增加了不确定性，至少美国会进一步加强对中美贸易的保护是可以预见的。

（五）在华美资企业的中美贸易变化

在华美资企业对美国出口增长幅度远高于中国对美国出口的增长，2009~2015年，中国对美国出口额增长了62.4%（见表7-1），而在华美资企业对美国出口增长了156.9%（见表7-7），在华美资企业占中国对美国出口的比重从2009年的1.8%上升到2015年的2.6%①。而在华美资企业从美国进口增长幅度却低于中国从美国进口的增长，2009~2015年，中国从美国进口额增长了88.3%（见表7-1），而在华美资企业从美国进口仅增长了52.2%（见表7-7），在华美资企业占中国从美国进口的比重从2009年的7.8%下降到2015年的6.4%。

表7-7 2009~2015年在华美资企业经营情况   单位：亿美元

年份	在华美资企业			在全球美资企业		
	对美国出口	从美国进口	对美逆差	对美国出口	从美国进口	对美逆差
2009	51	69	18	2193	2581	388
2010	74	79	5	2493	2986	493
2011	80	74	-6	2700	3453	753
2012	85	79	-6	2713	3456	743
2013	102	81	-21	2794	3398	604
2014	133	101	-32	2985	3752	767
2015	131	105	-26	2886	3533	647

数据来源：http://www.bea.gov/.

① 根据表7-1和表7-7数据计算。

第七章 "再工业化"、中美贸易与中国产业结构升级

从美国角度看,在华美资企业对中美贸易的贡献不仅未能缩小贸易逆差,反而使其扩大了。整个全球美资企业也为美国的贸易贡献了顺差,顺差额在2009年后迅速扩大,后维持在一个比较稳定的水平,但相对于美国巨额的贸易逆差而言,这个数额是微不足道的。

(六)中国对美国贸易依存度的变化

中国对美国的贸易依存度加速下降。从对美国货物出口占GDP比重的变化来看,2003~2008年从6.6%下降到6.1%,仅下降了0.5个百分点,下降幅度仅为7.6%,但2008~2016年从6.1%下降到3.4%,下降了2.7个百分点,下降幅度达44.3%。从美国货物进口占GDP比重的变化来看,2003~2008年从2.4%下降到2.0%,仅下降了0.4个百分点,下降幅度仅为16.7%,但2008~2016年从2.0%下降到1.2%,下降了0.8%,下降幅度达40.0%(见表7-8)。

表7-8 中美货物贸易占中国GDP比重的变化　　　　单位:%

年份	2003	2004	2005	2006	2007	2008	2009
对美国出口占比	6.6	7.5	7.7	7.6	8.6	6.1	4.5
从美国进口占比	2.4	2.7	2.2	2.1	2.1	2.0	1.6
总额占比	9.0	10.2	9.9	9.7	10.7	8.1	6.1
年份	2010	2011	2012	2013	2014	2015	2016
对美国出口占比	4.7	4.4	4.2	4.0	3.8	3.8	3.4
从美国进口占比	1.7	1.7	1.6	1.6	1.5	1.4	1.2
总额占比	6.4	6.1	5.8	5.6	5.3	5.2	4.6

数据来源:根据历年国家统计局《国民经济和社会发展统计公报》计算。

从中美货物贸易占GDP比重的变化来看,2003~2008年从9.0%下降到8.1%,仅下降了0.9个百分点,下降幅度仅为10.0%,但2008~2016年从8.1%下降到4.6%,下降了3.5个百分点,下降幅度达43.2%。与中国整个贸易依存度相比,对美国贸易依存度的下降速度总体相当,2003~2006年基本同速下降,2007~2012年以略快的速度下降,2013~2016年又以略慢的速度下降(见表7-8和表7-9)。

中国的外贸依存度显著下降,2016年仅为2003年的一半左右,但与美国相比,外贸依存度仍偏高。美国2016年进口总额为2.71万亿美元,其中货物进口2.21万亿美元,出口总额2.21万亿美元,其中货物出口1.46万亿美元,2016年美国货物贸易总额为3.67万亿美元,占GDP的比重约19.7%。与美国相比,尽管近年来中国的对外贸易依存度持续下降,但仍处于较高的水平,2016年仍

比美国高出13%（见表7-9）。

表7-9 中国货物进出口占GDP比重的变化 单位:%

年份	2003	2004	2005	2006	2007	2008	2009
出口占比	30.9	35.9	33.9	36.2	36.0	34.6	24.5
进口占比	29.3	33.9	29.4	27.6	28.2	27.5	20.5
总额占比	60.2	69.8	63.3	63.8	64.2	62.1	45.0
年份	2010	2011	2012	2013	2014	2015	2016
出口占比	26.2	25.6	24.7	23.7	22.6	20.9	18.6
进口占比	23.1	23.6	22.0	20.9	18.9	15.4	14.1
总额占比	49.3	49.2	46.7	44.6	41.5	36.3	32.7

数据来源：根据历年国家统计局《国民经济和社会发展统计公报》计算。

无论是出口，还是进口，内资企业所占比重都持续上升，在2012年之后都达到了50%以上，超越了外资企业（见表7-10），表明内资企业的竞争力与活力都得到提升。另外，外资企业进入中国的目的发生了改变，不再单纯以加工贸易为目的，以占据中国市场为目标的比重有所提升。这是一个积极的信号，表明中国的庞大市场有利于吸引与稳定外资，从而使经济减小因外资的波动而可能受到的冲击，有利于整个经济的稳定。

表7-10 中国内外资企业货物进出口比较 单位:%，亿美元

年份	内企出口		外企出口		内企进口		外企进口		内企顺差		外企顺差	
	金额	比重	金额	比重	金额	比重	金额	比重	金额	比重	金额	比重
2006	4053	41.8	5638	58.2	3190	40.3	4726	59.7	863	48.6	912	51.4
2007	5255	42.9	6955	57.1	3964	41.5	5594	58.5	1291	48.7	1361	51.3
2008	6397	44.7	7906	55.3	5131	45.2	6200	54.8	1266	42.6	1706	57.4
2009	5295	44.1	6722	55.9	4604	45.8	5452	54.2	691	35.2	1270	64.8
2010	7156	45.3	8623	54.7	6568	47.1	7380	52.9	588	32.1	1243	67.9
2011	9033	47.6	9953	52.4	8707	50.4	8648	49.6	326	20.0	1305	80.0
2012	10262	50.6	10227	49.4	9466	52.1	8712	47.9	796	34.4	1515	65.6
2013	11659	52.8	10437	47.2	10758	54.0	8746	46.0	901	34.8	1691	65.2
2014	12692	54.2	10746	45.8	10524	53.7	9089	46.3	2168	56.7	1657	43.3

数据来源：根据历年国家统计局《国民经济和社会发展统计公报》计算得到。

总体上，无论是对外贸易依存度，还是外商投资占进出口的比例都有明显持续下降的趋势，表明中国经济对外依存度过高的状况得到了显著甚至是根本的改变。但从贸易的国家/地区结构上看，中国对美国的贸易占中国贸易总额的比重仍明显偏高。近年来，中国货物出口中，对美国出口的比重虽有所下降，但2016年仍达18.4%的高位，这既反映了中美贸易的成就，也表明中国存在着出口地区过于集中的风险。

二、中美贸易变化对中国产业结构升级的影响

总体上，尽管贸易竞争激烈程度在加大，但美国"再工业化"对中国产业发展还没有产生实质性的冲击。从贸易额来看，尽管2008~2015年美国对中国的货物出口大幅增长了63.7%，远高于同期中国对美国的货物出口增长幅度的42.6%，但从绝对值的角度看，这期间美国对中国的货物出口额仅增加了454亿美元，远低于中国对美国的1445亿美元，中国对美国的贸易顺差没有因为"再工业化"而缩小。即使考虑到美国对中国服务贸易的优势，中国对美国的贸易顺差总体上仍维持上升的趋势。从对外贸易依存度来看，中国无论是对美国还是对整个世界贸易的依存度均在持续快速下降，近十多年来下降了近一半，中国经济过度受制于外需的状况明显改变。

但从结构上看，"再工业化"以来，中美贸易的结构发生了一些变化，会对产业结构产生一些影响。另外，中国仍是美国主要的贸易逆差来源国，美国有较强的削减贸易逆差的诉求，尤其是特朗普总统上台以来已多次明确表达这种诉求。不难预见，美国会在经贸问题上采取一些新的举措，毫无疑问会对中美贸易带来挑战，从而不可避免地会对中国产业结构的优化与产业发展带来影响。

（一）从技术溢出角度的影响

根据新增长理论（Romer, 1986; Lucas, 1988），贸易可以加速先进科学技术、知识和人力资本在世界范围内传递，从而产生知识、技术、人力资本的"外溢效应"。一个地区通过进口，国内的企业可以通过模仿，逆向技术破解，进而可以带来产品的技术革新，提升生产效率，降低生产成本，产生超额利润，进而促进产业结构的优化升级（杨丹萍、杨丽华, 2016）。

美国为了削减贸易逆差，实施"再工业化"战略以来加大了对中国出口的力度，2009年以来对中国出口出现大幅度增长。从结构上看，美国对中国出口增长幅度较大的货物主要集中在工业用品与材料、汽车、零部件及发动机、食品与饮料等方面，服务主要集中在知识产权使用费、旅游、教育、金融等方面。

美国对华这些产品与服务出口的增加有助于中国获取更多的知识、技术溢出，进而有助于优化产业结构。工业中间产品出口增加不仅有助于提高相关产业

的效率，更可以让中国企业接触到更多先进技术的中间产品；知识产权使用费出口增加，有助于中国企业获取更多先进技术的使用权，更直接接触了先进技术；教育出口增加，有助于为中国培养更多优秀人才，增加更多的人力资本；旅游出口的增加，有助于拓宽中国公民的视野，了解更多美国的文化、先进的理念；金融出口增加，有助于带来先进的金融生产要素，促进中国金融领域的竞争，提升中国金融行业服务水平，等等。

尤其需要说明的是，美国在食品与饮料行业对中国的出口也实现了大幅增长，这个行业属于较传统的产业，中国应该有更大的比较优势，但作为发达国家的美国反而对我国的出口实现了大幅度的增长，而中国在该行业对美国的出口仅实现了小幅的增长。前文分析表明，美国在许多消费品领域仍有相当的竞争力，如饮料、餐饮、牙膏等，在这些领域建立品牌形象的技巧十分独到。因此，这些产品对中国加大出口，一方面会加剧市场的竞争，另一方面有助于中国企业增加学习竞争对手的机会。

美国对华出口增加，除了这些对中国产业结构优化升级的促进机制以外，也存在着抑制机制。美国大量中间产品对中国出口的技术溢出效应是有限的，过了一定的度甚至是有害的。如刘洪钟和齐震（2012）研究发现，中间产品进口对内资企业没有产生理想的技术溢出，且拉大了外资、内资企业间的技术差距，中间产品进口对内资企业TFP的增长产生了抑制。朱琴和姜彩楼（2016）研究显示，长期依赖技术的引进抑制了技术创新等。不可否认的是，美国对中国出口中间产品、转让或授权知识产权与技术，提高了生产率，但到了一个极限，通过进口核心中间品与引进技术的途径在提高效率的同时，也抑制了自主创新。

以芯片为例，2017年，特朗普总统在访华期间，高通与小米、OPPO、vivo三家中国手机制造商签署非约束性采购意向备忘录，将在今后三年向这三家手机制造商销售零部件，金额高达120亿美元，这项协议的执行有助于提升中国企业手机的生产能力，提高这类产品在经济中的比重，表现为产业结构的优化。但由于这些核心部件通过贸易较易获取，也使得中国企业对这些核心部件产生过度依赖，制约了研发能力提升，从长远来看，不利于构建自主的核心竞争力。近期发生的中兴事件，进一步表明对外国核心部件的大规模使用抑制了自己的自主创新，尽管中兴已是一家知名的企业，但核心技术受制于人，一次断供事件竟然让其到了"休克"的边缘，这必须引起警觉与反思。

综合来看，包括美国在内的发达国家增加对中国出口，对中国的产业结构既有促进作用的一面，也有抑制作用的一面。按照Mazumdar（1996）的理论，当一国的对外贸易是出口消费品并且进口资本品时，此时的贸易结构对产业结构具有拉动作用。中国在贸易结构上有所优化和改善，但总体上仍处于出口消费品并且进口资本品的"大进大出"阶段,虽不能说贸易对产业结构具有拉动作用,但仍存在一定的正向影响,尤其是比中国发达的国家的贸易。所以,总体上,与发达国家贸易短期内的促进作用仍大于抑制作用,但长期的抑制作用不容忽视。

从中国对美国出口的角度看,美国对华出口的大幅增长,同步促进了中国对美国出口的大幅增长,除了前述原因之外,表明中国产业仍具有较大的竞争优势。但应该认识到,由于中国较深嵌入全球价值链,中国企业主要从事加工、组装等制造环节,依赖贴牌和跨国公司外包订单实现出口活动。这种状态下,出口对中国企业的技术溢出很有限,中国对美国出口的大幅增加难以产生明显的技术溢出变化。

不仅如此,由于中国企业被"锁定"在价值链的中低端环节,会对企业创新能力产生抑制效应(张杰,2009),这样的贸易,甚至使企业丧失了构建自主研发能力与发展自主品牌的内生动力(张杰等,2013)。所以,中国反而要警惕,对美国出口增加对短期经济增长确实有好处,但在这种国际贸易分工和利益分配格局下,即便中国本土企业的出口能力得到提升并且出口结构实现优化,并不一定能够带来中国本土企业出口收益的同步提升(张杰等,2013)。而且,对美国出口占比过高,还容易引起贸易摩擦。

另外,美国对华贸易的逆差不降反升,美国会有更强的降低逆差的意愿。那么,根本出路在哪里?综合分析中美贸易结构,中国对美国出口最大的仍是具有传统比较优势产业,主要集中在消费品、资本货物等最终产品,中国的比较优势发挥到了极致,而美国对中国的优势主要是高科技产品,但在这方面美国对中国是限制出口的。李强(2007)指出,美国只有从根本上改变对中国高技术产品的禁运,才能有效改善中美贸易不平衡,放宽对中国出口管制才是缓和中美贸易顺差的唯一出路。10多年过去了,这种状况并没有根本改善。可以预见,逆差的压力可能会促使美国逐步放宽对华高科技产品出口,这有利于中国接触到更多的高技术含量的产品,从而间接接触到更多的高新技术,进而有助于提升自身的竞争力和优化产业结构。

(二)从产业关联角度的影响

美国振兴工业、扩大出口,会产生相关中间品的需求,这为中国企业提供了机会,有利于中国对其出口相关中间产品,从而发展相关产业。2008~2016年,中国对美国的工业用品与材料出口增长了18.3%,快于同期美国对中国出口的增长幅度的15.5%,这是一个很重要的变化。中国一直是中间产品的进口方,高度依赖进口技术含量高的中间产品以加工组装成最终产品。

美国工业的发展也有关联配套产业与中间产品的需求,中国经济有着较强的产业配套能力,美国"再工业化"为中国提供了发展相关产业与优化产业结构的机会。如近年来中国对美国汽车、零部件与发动机的出口均大幅增长,即表明中国汽车工业具备了一定实力,该类产品出口的增长又将进一步促进相关产业发展;在服务业领域,近年来商务服务领域中国对美国出口也大幅增长,2016年该领域已出现贸易顺差,这个趋势有助于进一步拉动服务业的发展,从而促进产业结构优化。

但由于整个价值链被跨国公司通过中高端环节控制着,对供应链上的中间产品(包括服务),中国企业并没有太多的话语权,所以短期内对中国产业发展虽存在有利影响但并不明显。从长期看,美国工业发展增加了中国企业与之配套与合作的机会,通过在合作中大量的摩擦、学习、碰撞,有助于得到更多的锻炼,进一步提升关联产业的配套能力,以更好地融入全球价值链,改变在其中的地位,从而带动关联产业的发展与产业结构升级。

(三)从市场角度的影响

美国是中国最重要的出口市场之一,尽管近年来对美国货物出口比重有所下降,但仍占据中国对外货物出口相当高的比重,2016年仍达18.4%,美国市场仍是中国经济增长与结构调整的重要影响因素之一。随着中国经济竞争力的提高,美国针对中国企业的贸易保护日益增强,这可能会影响中国产品对美国的出口。

一方面,美国可能加强对一些传统产业的贸易保护,以维持这些行业的就业,如钢铁、轮胎等产业;另一方面,随着中国经济的不断转型升级,中国的高新技术产业已具备越来越强的竞争力,美国可能主要在这些领域加强贸易保护力度,从而增加中国高新技术产品进入美国市场的难度。

"再工业化"以来,美国针对中国企业发起的反倾销、反补贴调查并没有发生明显变化,但"337"调查显著增加,尤其集中在电子工业、机械工业、轻工业领域,表明美国针对中国企业的贸易保护措施逐步发生了变化。中国高新技术产品对美国出口额不断增长,导致美国越来越多地采用"337"调查来限制中国产品的进口(黄晓凤,2011),"337"调查已成为美国对华贸易摩擦的主要手段(章涛等,2017)。"337"调查涉及的都是与高新技术产品有关的专利侵权问题,这势必会对中国高新技术企业的发展形成冲击,进而对中国经济结构的调整与升级造成一定程度的影响(章涛等,2017)。

但在冲击之外,"337"调查对中国企业也有积极的一面。中国企业为了应对"337"调查,不仅会提升知识产权意识,在出口前就提前做好准备,进行专利检索,确定是否有可能侵犯涉及该产品的美国专利,或涉及该产品的制造方法的美国专利,而且会加强研发投入,力争掌握更多的核心科技,尽可能申请并拥有更多的专利。此外,在应诉的过程中也有助于历练企业,积累维护自己权益的相关经验，这有利于中国企业将更多的产品推向国际市场。从长期看，中国企业应对"337"调查的过程，也是知识产权意识、研发能力、国际经验等增长的过程，这个过程有助于企业增强竞争实力，从而有助于整个产业的提档升级。

（四）从竞争角度的影响

从中国本土市场的角度来看，美国对华出口的增长有助于促进竞争。企业竞争压力的加大，在一定程度上有助于促进企业加强创新、优化管理、提高效率，这些都是产业升级重要的动力。尤其是服务业，在该领域，美国的优势较大，"再工业化"以来，对中国的出口更是飞速增长，2016年，美国对华服务业出口达到542亿美元，是2009年的3倍多。可以预见，为了缩小其贸易逆差，美国会进一步寻求服务业出口。美国大量优质服务产品的进入，会为中国产业提供更多的先进生产要素，这在一定程度上弥补生产性服务业发展相对滞后的"短板"，也会给竞争力总体较弱的中国服务业带来更大的竞争压力，但也提供了更多的学习机会，有助于倒逼该领域的创新与升级。

从美国市场的角度看，美国可能会加大吸引外资的力度，或通过贸易保护促使部分企业对美国投资，以规避贸易壁垒。这些措施都会增加中国企业在美国市场上竞争的激烈程度，这对中国产业结构升级总体上是有利的，对此前文已有论述，这里不再赘述。但是，由于美国对华贸易逆差一直处于高位，美国可能的贸易保护甚至贸易战，对中国乃至世界经济都会产生较大的冲击，对此后文将做详细分析。

从除美国之外的国际市场的角度看，随着中国产业结构持续优化及产业竞争力的提升，尽管中美产业间总体上互补性较强，但中美产业间直接竞争的领域会越来越多，这会使中国企业面临更加激烈的市场环境，短期内会带来一些经营挑战，但长期看，有助于企业提升竞争的本领，进一步提升竞争力和优化产业结构。

三、美国可能的后续举措及对中国产业发展的影响

美中贸易逆差处于高位，美国也有强烈的削减逆差的意愿，相关贸易保护主义的措施也在陆续推出。2018年1月22日，特朗普批准了上任以来首项重大保护主义举措，将"美国优先"的政策推入执行层面，对进口太阳能电池板及洗衣机征收保护性关税。对进口太阳能电池板及洗衣机征收保护性关税实则是剑指中国，中国是全球最大的太阳能电池板出口国，2017年上半年，中国太阳能电池板的产量占全球的70%，中国生产了世界上60%的太阳能电池和71%的太阳能电池组件。与此同时，特朗普政府在考虑以国家安全的名义对钢铁和铝行业采取新的保护措施，启用20世纪80年代以来一直未动用过的一项法律。在2018

年初的达沃斯世界经济论坛上,有美国政府官员表示,2018年将把更多精力放在解决超过3000亿美元的对华贸易逆差问题上①。2018年7月6日,美国对价值340亿美元的中国商品加征25%的额外关税生效,美国对华发起贸易战等。

从理论上分析,美国没有理由对华发起贸易战,美国背后可能另有企图,相信未来中美通过谈判实现停战是大概率事件。但可以预见,特朗普政府不会主动停战,甚至为了逼迫中国做出更大的让步,会有更多的贸易保护措施在酝酿中,整个博弈的过程会非常激烈,美国后续的政策充满了较高的不确定性,对中国产业发展的影响应引起高度重视。

那么,美国到底会对中美贸易采取什么新的保护措施呢?贸易战会升级吗?要研判美国可能的举措,前提是要弄清楚美国的贸易逆差到底是如何形成的,真相是什么,以及对中国的贸易逆差的原因到底是什么。

(一) 美国贸易逆差的真相

美国早在1910年就成为工业社会。到"二战"结束时,美国不仅成为制造业强国,也成为世界头号工业、经济、科技强国。在第二次世界大战刚结束的几十年时间里,美国是国家竞争优势的代名词,战后的美国,在经济实力上是当代罕见的,美国几乎所有产业都能独当一面,只有少数产业未能取得重要优势(迈克尔·波特,1990)。战后美国在许多行业的竞争优势使得其在外贸中也占据了很大优势。根据迈克尔·波特(1990)的研究,1971年,美国占全球出口总额比例超过50%的产业有9个,超过40%的有16个,超过30%的有39个。

那么,这个经济与贸易上的第一强国为什么后来发展成为贸易逆差大国呢?美国产业的竞争力真的不行吗?或者,真的如特朗普所说,世界贸易规则对美国不公平吗?实际上,美国的贸易逆差只是一种"表象",并不意味着美国产业竞争力低。相反,从某种程度上说,正是由于美国产业强大的竞争力才导致了巨额的贸易逆差。

由于"二战"后美国产业具有很强的竞争力,出于两方面原因,美国开始了对海外进行大规模的投资。一是由于其他国家贸易保护主义盛行,对外直接投资可以规避一些贸易壁垒,如工程机械领域的卡特彼勒,1950年就在海外设厂生产了,此举并非为了降低成本,而是基于各国关税和限制进口的考虑(迈克尔·波特,1990)。二是美国为了最大限度地发挥自身的优势,通过对外投资构建全球价值链,将价值链的中低端环节转移出去,自己则集中资源、精力于价值链高端的核心领域和环节。

截至2015年底,美国对外直接投资总额达到5.0万亿美元的天量规模,尽

---

① http://pit.ifeng.com/a/20180125/55448419_0.shtml(2018-01-25).

管美国的投资环境较好，一直对外资具有较强的吸引力，美国的外资规模也持续较快增长，然而外国对美国直接投资总额仅为3.3万亿美元，远小于美国对外直接投资的规模，美国对外净投资达1.7万亿美元。美国在全球海量的投资形成了巨大的产品与服务供给能力，2015年，美国跨国公司控股的海外子公司在全球的销售额达到5.9万亿美元，考虑到这类公司对美国贸易逆差647亿美元（对美国出口2886亿美元，从美国进口3533亿美元），相当于美国在国外子公司对美国以外市场的净销售额达6万亿美元。而外国跨国公司控股的美国子公司的全球销售额仅为4万亿美元，考虑到这类公司贸易逆差3121亿美元（出口3528亿美元，进口6649亿美元），相当于外国在美国子公司对美国市场的净销售额为4.3万亿美元（见表7-11）。

美国在国外的控股子公司（Majority-owned Foreign Affiliates of U.S. Multinational Enterprises）对美国以外市场的净销售额比外国在美国控股子公司（Majority-owned U.S. Affiliates of Foreign Multinational Enterprises）对美国市场的净销售额多1.7万亿美元。美国通过跨国公司对全世界的投资，用本地化经营代替了出口，这是竞争力强的标志，这些企业创造了巨额的销售额、赚取了大量的利润，然而，这些收入是贸易统计中没有的。

表7-11　美国在国外子公司与外国在美国子公司经营对比　单位：亿美元

年份	美国跨国公司控股的国外子公司				外国跨国公司控股的美国子公司			
	销售额	增加值	从美国进口	对美国出口	销售额	增加值	出口	进口
2015	59602	13575	3533	2886	39965	8945	3528	6649
2014	65049	14902	3752	2985	41652	8836	4231	7162
2013	60019	13948	3398	2794	40054	8422	3957	7047
2012	59429	14147	3456	2713	37787	7923	3494	6597
2011	59127	14159	3453	2700	35642	7459	3175	6430
2010	51686	12422	2986	2493	31194	6608	2399	5433
2009	47836	11450	2581	2193	29176	5925	2172	4829

数据来源：http://www.bea.gov/.

美国根本不是全球贸易的受害国，而是通过跨国经营早就赚得盆满钵满。美国淡化自己对外大量净投资的事实，而总强调所谓的贸易逆差，有点"为富不仁"。5000亿美元左右的贸易逆差相对于1.7万亿美元的对外净销售额并算不上什么，如果以企业的母国归属来统计，美国的贸易实际上是顺差的。

因此，美国的贸易逆差仅是一种统计"错觉"，美国产业仍具有强大的竞争力，并通过全球产业布局与贸易获得了巨大的利益。所谓的贸易逆差，意味着在不削减当期消费的同时，还能保证投资，从而使得高科技的发展有充足的资金保障，这实际上有利于美国的产业结构升级。

（二）美中贸易逆差的真相

美中贸易逆差占美国整个贸易逆差相当大的比重，2013~2016年都达到了60%以上。到底是什么原因让美国贸易逆差的大头集中在中国？是中国产业的竞争力比美国强吗？

如果深入分析中美贸易会发现，美国的贸易逆差并不意味着其产业竞争力弱于中国，中国的贸易顺差也并不意味着贸易利益大。中国为了更好地发挥自己的比较优势，选择融入全球价值分工体系，成为了世界工厂，但中国总体上处于全球价值链的中低端环节，获取的是极其微薄的附加值。发达国家的跨国公司通过占据高端核心环节把控了整个价值链，获取了主要的附加值。根据张杰等（2013）的研究，从贸易利得角度看，这种处于加工地位的贸易对中国经济可持续发展造成了一定的负面效应。

但从统计指标上看，美国的贸易逆差却主要发生在中国，但获取这个贸易利益的却主要是不同价值链上的跨国公司。如表7-12所示，中国对美国出口主要是由中国境内的外商直接投资企业承担的，2007年占到了中国对美国出口总额的68.3%，同时，这些企业占到了中国对美国贸易顺差的73.1%。根据李强（2017）的研究，仅东亚地区的其他国家通过加工贸易把生产转移到中国，其对美国的顺差实际上也相应地大量转移到了中国，这个数字在2008年时高达1700亿美元。

表7-12 中国境内外商直接投资企业对美国进出口情况

单位：%，亿美元

年份	对美国出口		自美国进口		进出口顺差	
	金额	比重	金额	比重	金额	比重
1998	203.3	53.5	77.1	45.5	126.2	60.0
1999	225.5	53.8	83.1	42.7	142.4	63.4
2000	288.0	55.3	99.6	44.5	188.4	63.3
2001	298.8	55.0	115.7	44.2	183.1	65.2
2002	405.0	57.9	131.1	48.1	274.0	64.1
2003	576.7	62.4	168.1	49.6	408.6	69.7
2004	822.7	65.9	233.3	52.2	589.4	73.7
2005	1029.4	67.1	258.7	53.2	833.7	73.0

续表

年份	对美国出口		自美国进口		进出口顺差	
	金额	比重	金额	比重	金额	比重
2006	1374.7	65.6	330.2	55.8	1044.5	72.4
2007	1590.1	68.3	396.7	57.2	1193.3	73.1

数据来源：转引自郑甜. 开放经济条件下中美贸易差额的真实利益研究［D］. 东北财经大学硕士学位论文，2013.

可见，中国只是占了中美贸易顺差的名，但本土企业在中美贸易中获得的直接贸易收益并不多。中国早期的对外贸易集中于劳动密集型产业，技术水平不高，对外贸易的扩大反而使得技术水平提升受到限制，进而阻碍产业结构升级（杨丹萍、杨丽华，2016）。随着经济的发展，产业结构的升级，中国的贸易结构有了改善，但中国的对外贸易仍没有有效带动产业结构升级，"两头在外"的加工贸易使中国对外贸易结构呈现出超前发展的虚幻性，并不与中国产业结构存在必然的内部联系（袁欣，2010）。

美中贸易不平衡的主要原因并不在中国经济本身，中国只是做了美国贸易逆差的"替罪羊"。尽管如此，中国仍理解美国的关切，也表达了愿意和美国合作减小贸易不平衡问题的诚意，但美国不能将责任推给中国，更不能狮子大张口，采取贸易霸凌行为。因为，美国也应该清楚，根本解决该问题的"钥匙"并不在中国手上。

（三）美国对中国可能进一步采取的贸易保护措施及对我国产业结构的影响

面对中美贸易不平衡的现状，美国有比较强烈的意愿要改变。这里要强调的是，对于这种现状，不仅美国想要改变，中国其实也想改变。中国制造业出口中国内增加值比重仅为50%，而那些相对复杂的行业，如电子设备，国内比重特别低，只有30%左右（Koopman et al.，2012），在中国的出口中，有大量进口的中间投入品。美国想缩小自身贸易的逆差，但中国想改变这种"大进大出"、饱受指责但贸易得利却很薄的状况。

美国需要的改变当然以自身的利益为出发点，必定会给中国的利益带来一定的负面影响，但美国的举措也可能为中国需要的改变带来某些动力，关键看如何应对。中美贸易的复杂性，决定了"再工业化"战略对中国产业结构升级的影响是挑战与机遇并存，既有负面的冲击，也有积极的动力。中国担着巨额贸易顺差的名，但并没有得到与之相称的利益，对长远的产业结构转型升级还存在着负面作用，而且还招致了较多的贸易摩擦。

当然，从实际情况来看，美国对削减美中贸易逆差问题，过于以美国的利益为出发点,过多强调了中方的责任,几乎从来不提自身的原因,这让中国承受了本不该承担的压力。是美国真的没认识到内在的原因吗?笔者认为,美国肯定对造成巨额逆差的原因做了剖析,更大的可能是美方故意"懂装不懂",以一副贸易"受害者"的姿态寻求向中方更多施压,让中国承担更多责任,这对中国当然是不公平的。

另外,也正是美国认识到了美中贸易不平衡的原因所在,明白中国可以退让的空间其实并不大,中国会寻求与美国合作但会坚守底线,所以美国在采取后续新的措施时应该会保持基本的理性,不应该与中国开打贸易战。可是,2018年7月美国还是开打了贸易战,不排除这是特朗普政府惯用的一种所谓极限施压策略,以迫使中国做出更多让步。在中国坚决采取应对措施以维护自身合法利益的情况下,相信最终中美会回到谈判的轨道上来。

笔者认为,不管美国口头上说得多么狠,多么强调所谓的"美国优先"的原则,都是为了谈判策略服务的,其能打的牌其实并不多,并没有很强的贸易战意志。第一,中美贸易逆差的主要原因是跨国公司的内部贸易,这部分美国干预的空间不大。就2018年7月6日生效的美国对中国商品加征25%的额外关税的价值340亿美元的商品来说,外资企业就占了200多亿美元,其中也有在华美资企业的商品。第二,消费品行业是中国传统的优势领域,也仍保持着较大的优势,中国本土企业对美国出口主要在这个领域,如果美国想通过一些贸易保护措施削弱中国相关产品的竞争优势,这对美国的国民福利是有损害的。第三,贸易战也会伤及美国自身利益,中国也有很多反制的牌。如果真的打下去,美国会在许多领域失去中国庞大市场,会增加自身消费者的负担,也会引起世界越来越多国家的反对与反制。

美国政策的空间主要在两个方面:第一,出台优惠政策,吸引资本回流及外资进入,以做强本国产业尤其是制造业。比如前文提到的近两年以福耀为代表的一些中国企业到美国投资,将本应由中国进口的产品改为在美国本土生产,有利于削减贸易逆差。中国企业到美国投资对中国的产业结构升级总体上是有利的,其机理这里不再赘述。但另外,美国对外资的吸引会不会与中国吸引外资形成竞争,如特朗普税改,肯定会吸引外资对美国投资,对中国可能会造成一些不利影响,但还要继续做深入研究。

第二,美国一直不愿做但应该会逐步做的,就是放宽对华高技术产品出口的管制。前文分析表明,美中贸易不平衡主要是由跨国公司内的贸易造成的,除此之外,当然有美中经济本身的因素。那就是中国将自己的比较优势发挥到了极致,而美国的技术上的优势并没有用足,因为高技术产品对中国是限制出口的,如果这个问题不解决,美中贸易的不平衡问题就不可能从根本上解决。以2008

年为例,中国高技术产品进口额为3400亿美元,美国占7%,低于欧盟的9%和日本的14%,美国出口管制体系在打击别人的同时也扼杀了自身发展的空间,造成了贸易的失衡(张茉楠,2010)。根据奥巴马2009年8月的一个总统令,一个由涉及出口管制的所有联邦部门组成的跨部门工作委员会正对现有的出口管制和许可制度进行评估。可见,在贸易逆差的压力下,出现了一些放宽管制的苗头。美国逐步放宽高技术产品管制对中国产业结构升级也是有利的,其机理这里不再赘述。

当然,贸易战也是美国的选项之一,而且已经启动。尽管这条途径并不明智,最终也会平息,但相信博弈会很激烈,不排除美国会继续推出重磅甚至令全球惊讶的举措,中国也只有做好准备,放弃幻想,有效应对,以战促和。贸易战对中国的经济增长、产业发展与结构调整都会造成不利影响,但通过这次中美贸易风波,会促使中国思考调整优化自己的发展模式,不排除会对长远的产业结构、价值链地位等产生积极的影响。

(四) 美国发起贸易战意图再思考

除了前面分析之外,我们还必须深入思考一个问题,明明美国贸易逆差的根源不在中国,中国也已明确表明会进行对等反制,美国发起贸易战只会两败俱伤,那为什么美国还要执意发起贸易战呢?看来必须要考虑一种可能的极端情况,即贸易战并不是贸易本身的问题,而是美国遏制中国崛起的手段,美国真正关心的并不是逆差问题,而是中国的发展势头。

尽管美国口头上多次强调无意遏制中国的发展,但其骨子里到底还是没有能接受中国崛起的事实,非常担忧对其地位的冲击与替代,宁可在贸易战中陪着中国一同遭受损失,也要冒险阻止中国的发展进程。它之所以敢这样出手,在于其认为自身的实力要远强于中国,承受损失的能力也大于中国。

因此,贸易战不排除是美国一次大胆且激进的遏制中国发展进程的战略尝试,所谓的贸易逆差只是一个借口。其如意算盘是,美国虽然会遭受一些可承受的损失,但却可以换取对中国发展进程的遏制甚至扼杀,从而维持其无人能挑战的地位,或者消除有可能对其挑战的力量。

如果美国的根本意图在此,那会对中国产业发展产生非常严峻的威胁,我们也不要幻想通过谈判平息纷争,除非做出实质性的让步,那样的止战其实还是达到了美国的战略目的。实际上,不管美国发动贸易战的根本目标是不是在于此,肯定会有遏制中国发展进程意图的成分,不能确定的只是这个成分的程度而已。因此,未来中国产业发展与结构升级的外部环境不会宽松,应对贸易战必须做好最坏的打算。

第八章　基于双重差分模型（DID）的实证分析

前文从美国对华 FDI、中国对美国 ODI、中美贸易三个角度，对美国"再工业化"对中国产业结构升级的影响及机理进行了理论分析。理论分析表明：①美国对华 FDI 大幅下降，对中国产业结构升级具有一定的负向影响，但影响并不显著，从长期看可能还存在着正面的影响。②中国对美国 ODI 快速上升，有助于推进中国产业结构升级，但需要较长的时间才能显现，所以对产业结构升级的短期推进作用并不显著。③中美贸易暂未受冲击，保持了平稳发展的势头，短期内对中国产业结构升级的影响并不显著，但考虑到美国会逐步加强贸易保护，长期影响不可忽视。

综合这三个角度可以判断，美国"再工业化"对中国产业结构升级还未产生显著影响。本章利用 2002~2015 年（"再工业化"前后）的数据进行实证研究，验证美国"再工业化"对中国产业结构升级是否产生显著影响。

一、模型构建

由于美国对华直接投资、中国对美国直接投资、中美贸易的 90% 以上都发生在东部地区，因此，美国"再工业化"战略对中国产业结构影响的政策效应也主要发生在东部地区，其他地区的影响相对可以忽略。基于此，为比较美国"再工业化"对东部和中西部产业结构升级影响的差异，本书将受到美国"再工业化"影响的东部地区作为实验组，基本未受影响的中西部地区为参照组，构建双重差分模型（DID）检验东部地区的产业结构升级程度是否慢于或快于中西部，以验证美国"再工业化"对中国产业结构升级的影响。本书构建的 DID 模型为：

$$K_{it} = \alpha + \beta_1(\text{Group} \times \text{Time}) + \beta_2 \text{Group} + \beta_3 \text{Time} + \beta_4 \text{Control}_{it} + \varepsilon_{it}$$

其中，K_{it} 表示省（自治区、直辖市）i 在 t 年份的产业结构，虚拟变量 Group 表示是否属于实验组，如属于东部省（直辖市）（北京、天津、河北、辽宁、上海、江苏、浙江、福建、山东、广东、海南）取1，否则取0。虚拟变量Time表示美国"再工业化"实施前后，2009年前取0，2009年之后（含2009年）取1。交叉项Group×Time即"再工业化"战略的政策效应，系数β_1是本书重点关注的系数，其估计值即双重差分估计量，它衡量了美国"再工业化"战略对中国产业结构升级的影响。Control为可能影响产业结构升级的控制变量，ε_{it}是随机扰动项。

二、变量说明与数据处理

参考现有文献中的通常做法（杨仙丽，2013；蓝庆新、陈超凡，2013；茶洪旺、左鹏飞，2017；李逢春，2012；杨丹萍、杨丽华，2016；阳立高等，2014），对各变量的设定如表8-1所示。数据来源于国家统计局历年统计年鉴，采用2002~2015年31个省份的数据。统计年鉴中缺2004年、2008年、2013年三年的劳动报酬数据，按线插法处理。选择从2002年开始，主要是考虑到美国开始实施再工业化的年份是2009年，这样再工业化前后的时间长度基本相当。

表8-1 变量及度量说明

	变量名称	变量度量	单位
被解释变量	产业结构（K）	K=（第一产业增加值百分比×1+第二产业增加值百分比×2+第三产业增加值百分比×3）/100	
解释变量	DID（Group×Time）	省份（自治区、直辖市）虚拟变量与再工业化政策时间虚拟变量的交叉项	
	省份虚拟变量（Group）	实验组取1，控制组取0	
	时间虚拟变量（Time）	2002~2008年取0、2009~2015年取1	
控制变量	城市化率（Rcity）	城镇人口/总人口	%
	居民消费率（Rconsume）	居民消费总额/GDP	%
	研发水平（Research）	（发明专利授权量+1）取对数	个
	新增固定资产（Fassets）	新增固定资产/GDP	%
	商品进出口（Trade）	各省商品进出口总额/GDP	%
	经济发展水平（Elevel）	人均实际GDP取对数（按2009年价格计算）	元
	金融发展水平（Finance）	Finance=金融行业增加值/GDP	%
	劳动报酬率（Wage）	Wage=劳动报酬/GDP	%

资料来源：笔者整理。

三、描述性统计

表8-2为主要变量描述性统计。样本中产业结构系数的最大值为2.791，最

小值为 1.7，平均值为 2.2857，说明不同省份（自治区、直辖市）的产业结构差异比较大。城市化率的最大值为 91.89，最小值为 19.89，平均值为 48.13，标准差为 15.0343，说明不同省份的城市化率差异非常大。同理，不同省份的居民消费率、研发水平、新增固定资产、商品进出口、经济发展水平、金融发展水平、劳动报酬等的差异也都较大。由于这些因素对产业结构具有一定影响，加之这些因素在不同省份（直辖市）之间差异较大，这也是本书选择这些控制变量的原因。

表 8-2 主要变量描述性统计

变量	样本量	均值	标准差	最小值	最大值
k	434	2.2857	0.1276	1.7000	2.7910
Rcity	434	48.1277	15.0343	19.8900	91.8900
Rconsume	434	52.0097	8.7647	37.8000	90.8000
Research	434	6.4831	1.7920	0.0000	10.4917
Fassets	434	33.3254	17.7726	4.0000	99.4000
Trade	434	31.3254	37.1054	1.6000	187.6000
Elevel	434	10.1256	0.6143	8.4931	11.4617
Finance	434	4.6217	2.7786	0.6000	17.1000
Wage	434	47.0444	6.6625	31.4654	70.8075

数据来源：笔者通过 Stata 计算。

四、面板数据的估计策略选择

图 8-1 为被解释变量在 31 个省（自治区、直辖市）（不包括港澳台地区）的时间趋势图。从图 8-1 中可以看出，不同省（自治区、直辖市）的产业结构（k）的时间趋势不尽相同，省际产业结构水平差异较大，省际产业结构优化升级速度差异也较明显，表明不同省份存在个体效应。为严谨起见，下面对此进行统计检验，先检验属于个体效应模型，再检验属于固定效应还是随机效应模型。

第一步，检验是否存在个体效应。使用"xtreg, fe"命令，不加选择项"r"，得到 F 检验的 p 值为 0.0000，即认为存在个体固定效应，不应使用混合回归。再使用"xtreg, rertheta"命令，得到 sigma_u = 0.03837993，sigma_e = 0.03082313，rho = 0.60791066，接着使用"xttest0"命令，得到 LM 检验的 p 值为 0.0000，即认为存在个体随机效应，不应使用混合回归。

第二步，检验应使用固定效应还是随机效应模型。用豪斯曼检验（hausman），得 p 值为 0.0000，表明应该使用固定效应模型，而非随机效应模型。

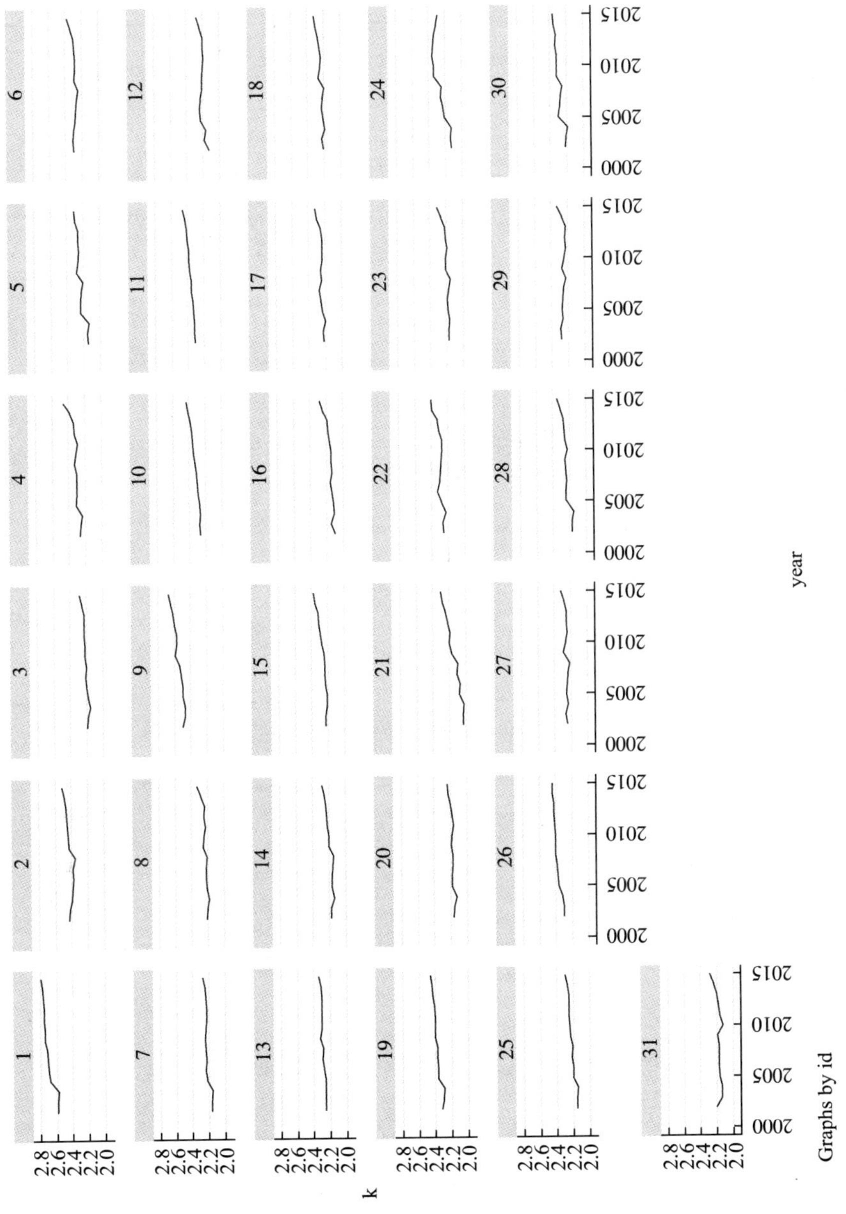

第八章 基于双重差分模型（DID）的实证分析

图 8−1 31 个省（自治区、直辖市）产业结构时间趋势图

五、DID 检验结果

表 8-3　双重差分检验结果（固定效应模型）

模型	(1)	(2)	(3)	(4)
被解释变量	k	k	k	k
Group×Time	0.0262*	0.0134	0.0228	0.0231
	(1.99)	(0.70)	(1.47)	(1.25)
Group	0.5108***	0.3481***	0.5125***	0.3307***
	(30.00)	(10.16)	(29.94)	(10.91)
Time	0.0565***	0.0186*	0.0598***	0.0014
	(8.10)	(1.84)	(5.57)	(0.11)
Rcity		0.0015**		0.0006**
		(2.61)		(2.38)
Rconsume		0.0009		0.2741*
		(0.96)		(1.97)
Research		0.0002		0.0038
		(1.43)		(0.74)
Fassets		0.0004		-0.0541
		(1.34)		(-1.27)
Trade		0.0000		-0.1492
		(0.09)		(-0.75)
Elevel		0.0033		0.0869***
		(0.47)		(3.14)
Finance		0.00756**		0.3301
		(2.32)		(1.08)
Wage		-0.0007		0.0162
		(-1.24)		(0.25)
常数项	2.2531***	2.1288***	2.2701***	1.2641***
	(751.34)	(38.88)	(584.23)	(4.61)
N	434	434	322	322
R-squared	0.4883	0.6251	0.5104	0.6485

注：*、**、***分别代表通过10%、5%和1%的显著性检验，括号内为t值。

数据来源：笔者通过 Stata 计算。

表8-3报告了回归结果。模型(1)显示在不加入控制变量的情况下,DID的系数为正且通过了10%的显著性水平,在加入控制变量的情况下,模型(2)显示系数仍为正但不再显著,表明美国"再工业化"政策对中国的产业结构升级没有产生显著的影响。

由于中部省份与东部省份毗邻,中部省份的产业结构可能会受到东部省份经济发展的影响,从而降低模型的检验效果。为此,笔者将控制组中的8个中部省份(江西、湖北、湖南、山西、安徽、河南、吉林、黑龙江)删去,仅留下12个西部省份,由于西部省份与美国之间的相互投资与贸易相对于东部省份更加可以忽略不计,这样可能更有利于判断美国"再工业化"对中国产业结构升级的影响。模型(3)显示,在去除中部省份且不加入控制变量的情况下,DID的系数为正但不显著,在加入控制变量的情况下,模型(4)显示系数仍为正但不再显著,表明美国"再工业化"政策对中国的产业结构升级没有产生显著的影响。

六、共同趋势假设检验

双重差分估计有效性的前提之一是实验组与控制组在接受处理之前满足共同趋势假设(Bertrand,2004)。因此,为了验证DID模型的适当性,本书对实验组和控制组的产业结构进行了共同趋势检验。图8-2、图8-3显示,在美国推出"再工业化"政策之前,控制组和实验组的产业结构大致保持相同的升级趋势。因此,本书使用DID模型来检验美国"再工业化"政策对中国产业结构升级的影响,符合共同趋势假设的前提条件。

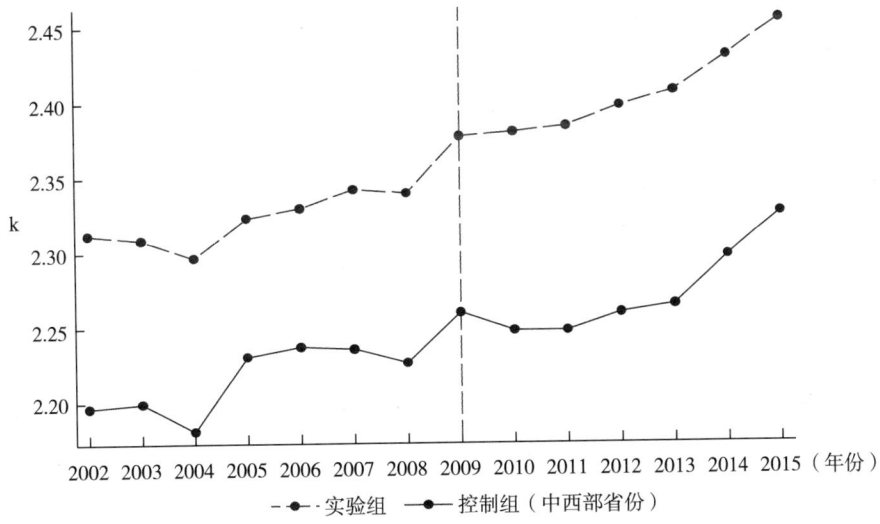

图8-2 产业结构共同趋势(控制组为中西部省份)

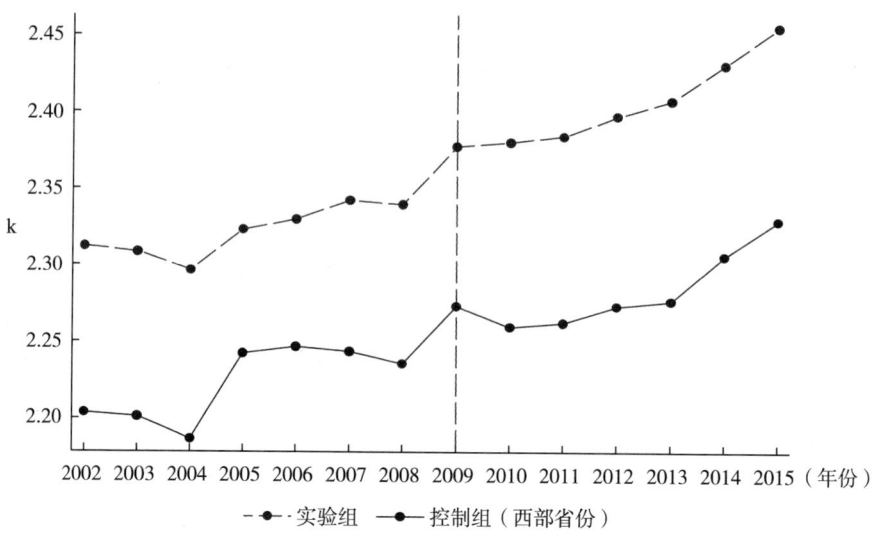

图8-3 产业结构共同趋势（控制组为西部省份）

七、结论与建议

实证研究验证了前面的理论分析，即美国"再工业化"并未对中国产业结构升级产生显著影响。但需要强调的是，不能因此忽视该战略，实证研究检验的仅是已经产生的短期影响。

如前文分析，该战略的影响更多是长期的、潜在的，部分影响具有时间滞后效应，要随着时间的推移逐步显现出来。而且，美国会根据情况变化做出一些动态调整，会推出一些新的措施或政策，其影响也不能忽视。如中美贸易，数据显示"再工业化"并未对中美贸易产生负面影响，但特朗普上台后以逆差为借口发动了贸易战，这个影响会逐步显现出来。再如中国对美国投资，"再工业化"本来提供了较好的机遇，对美国投资呈现快速增长，但特朗普上台后对此似乎有所芥蒂，经常以国家安全为由，阻止中国企业收购其科技企业等。

前述的贸易战、收购限制等措施其实只是美国政府的一种损人不利己的消极应对，这些措施其实并不利于"再工业化"战略。在消极应对之外，特朗普政府也推动了一系列的内部主动改革。如税改，就是一项立足长期的主动改革，有助于吸引外资与资本回流，也有助于刺激国内企业的投资与激发创新，同时有助于减轻个人税收负担进而拉动社会消费，它对我国的影响可能不亚于贸易战与对美国收购限制。

由于美国"再工业化"的本质是重塑工业发展新动力及占据未来产业制高

点，加之中国近年来科技实力的快速提升以及战略性新兴产业、高新技术产业等快速发展，引起了美国的担忧，其必然会采取一系列的打压措施。美国贸易保护的清单也直逼中国调整增长的科技产业，或者剑指《中国制造2025》。中兴事件也表明，美国比较担心中国产业转型升级以及重点领域的突破。不管中美双方在这一轮贸易摩擦的结局如何，美国还会不断设置各种新的障碍。

因此，尽管美国"再工业化"短期内并未对中国的产业结构升级产生明显的影响，但对此仍应有足够的危机意识。美国"再工业化"对中国产业结构升级产生的影响暂时不大的确给予了产业结构调整一定的回旋余地，但绝不能有"安乐"感，而是要利用好这个余地，不能放松对该战略的关注、研究与应对。

第三篇 应对美国"再工业化"的对策

在应对美国"再工业化"的过程中，应树立系统思维，不能"头痛医头，脚痛医脚"。既要应对短期的显性冲击，也要应对长远的潜在影响；既要化解不利的影响，也要抓住所带来的机遇；既要应对外部挑战，更要立足内部改革。对美国发起的零和举措，如贸易战、收购管制等，要见招拆招，坚决反制，做到"兵来将挡、水来土掩"，不给对方幻想和讹诈的空间。同时，尽可能提出双赢与多赢的方案或举措，在互利公平的前提下争取美国的合作。

从长期看，尤其要顶住一些外部压力，立足于长远推进内部改革，为产业发展与结构优化创造良好的环境与内生的动力。美国"再工业化"给了我们更强的推进产业结构升级的紧迫感，必须要加快完善产业体系的步伐，加快提升产业竞争力的速度，但越是如此，越要平心静气、冷静思考，越要遵循产业结构升级的内在规律，不能盲目躁动，防止欲速则不达。要通过改革，构建促进产业升级的长效动力机制，不仅稳步实现产业竞争力的整体提升，更要培育形成一些具有领先地位和竞争优势的一流产业。

本篇循此思路展开对策研究，先就投资与贸易影响提出短期应对策略，再围绕产业结构升级规律遵循、政府角色调整、产业政策转型、供给侧改革等讨论面向长远的改革。

第九章 应对中美间投资与贸易变化的对策

第一节 顺势引导企业更好地对美国"走出去"

中国要突破价值链低端"锁定",就必须改变现有价值链分工格局。前文分析表明,现有分工体系是跨国公司主导的,我们是完全被动的,几乎没有任何话语权,参与分工的环节、能够学习到的技术、被允许升级的程度都是外方说了算的,而且跨国公司最核心的技术与环节基本上仍是放在国内的,我们是难以接触到的。

要打破现有分工格局,我国企业必须立足自主创新,主动深入到发达国家去,根据自身发展战略的需要,尽可能接触先进的技术、标准、规则、理念、经验等。前文分析表明,对发达国家直接投资具有发达国家外来直接投资所不具备的独特价值,有利于促进我国产业转型升级,进而逐步提升在价值链中的话语权与掌控力,具体机理这里不再赘述。

"再工业化"为中国企业进军美国提供了契机,对美国直接投资保持了快速的增长,从2012年开始超过了美国对华直接投资。尽管特朗普政府表现出了种种不安,对中国对美国直接投资心存芥蒂,尤其是对科技型企业的投资与并购开始设置重重障碍,但从总体上看中国对美国投资的空间与前景不会发生根本改变。当然,为了利用好对美国投资的机遇,尽可能减轻特朗普政府的阻碍,也尽可能地提升投资效果,应讲究一些对美国投资的策略。

一、控制好对美国投资的节奏与方式

欲速则不达,尽管对美国投资对我国产业发展具有战略意义,但仍应控制好

对美国投资的节奏，不应刻意寻求过快增长。要注意积累对美国投资的经验，在此基础上逐步增加投资，以提高投资的效果。中国对发达国家投资，不同于其跨国公司对我们的投资，它们有成熟的管理模式与丰富的对外投资经验，通过对外投资整合资源、输出管理模式，相对容易成功。而我们对发达国家的逆向投资，没有现成的经验，需要在实践中不断摸索。如果盲目追求投资增速，难以得到实质性的收益，还容易造成损失。此外，投资增长过快，还易引起对方的抵制。

在投资的方式上，应灵活多样，注重新设与战略合作，不应以并购为主。从国际经验来看，通过并购完成"走出去"，并能够存续十年以上的成功案例不足20%，中国企业"走出去"的过程中，并购不应该是主要形式（李克，2013）。对一些比较注重通过并购进入美国市场的企业，建议多尝试一些小宗的收购，通过并购一些中小型制造企业、研究机构等，来获取一些创新要素，并积累并购经验。

笔者不支持"蛇吞象"式的并购，这样的并购对提升企业的核心能力没有好处。实践证明，没有哪个国家引以为傲的品牌与技术是通过并购得来的，品牌与核心技术确实是企业重要的资源，但一个企业最核心的资源并不是品牌与技术本身，而是积累这些资源的经验。一个知名的品牌与核心技术不是从天而降的，它是在长期的经营中不断试错点滴积累起来的，品牌与技术本身是没有生命力的，一个企业的生命力在于积累核心资源的经验，这个经验才能让企业在不断变化的环境中，不断赋予品牌新的内涵，不断创造新的核心技术。否则，那个静态的品牌与所谓的核心技术都会在变化的环境中遭到淘汰的。

因此，一个企业想通过并购获取品牌与核心技术是难以做到的，它只能买到名义上的、静态的品牌与技术，而没有能力赋予这些资源新的生命，结果往往是让买到手的品牌与技术逐步失去生命力。如联想2004年收购IBM全球个人电脑业务，2009年收购美国IT公司Switchboxlabs，大举进入国际市场，但取得的效果并不理想。联想并购IBM式的并购不值得鼓励，并没有获得核心技术，也没有提升研发核心技术的能力，除了扩大了规模，其在价值链分工中的地位并没有提升。

因此，笔者更提倡立足于在发达市场上新设立企业，新设企业没有"包袱"，可以通过雇佣当地人才、与当地企业合作、向当地企业学习等途径获取先进要素，并在激烈的竞争中积累品牌经营、组织管理、技术研发等经验，逐步掌握开发核心技术的"诀窍"，从而支撑企业逐步提升在价值链中的地位与话语权。并购现成的企业，只能获得一些静态的技术与品牌资源，而得不到积累技术与品牌的经验，并不能取得竞争力的实质性提升，还要为此付出高昂的并购成本。而且，这个成本不仅仅是并购的财务成本，其实更高的是机会成本。由于通过并购,迅速获得了品牌、技术、生产能力,这确实有助于提升短期绩效,但企业也往往"沉醉"于此,降低了探索与积累核心技术与品牌等资源的意愿,加之本就缺乏这方面的经验与能力,实际上使企业失去了形成自己独特能力的机会,而最终因并购而"死于安乐"。

需要说明的是,要提升对发达国家投资的逆向技术溢出效应,还必须提升我国企业的学习与吸引能力。无论是华为,还是海尔、福耀,它们在走出国门之前,都非常重视自主创新和对研发的投入,都具备了较强的学习与吸收能力,也因此成为了国内市场上同行业的领先企业。正是这些企业具有了较强的学习与吸收能力,在发达市场上才更容易获取先进的技术,也才能够在学习的基础上再创新。为了让企业能更好地"走出去",必须通过改革,建立并优化竞争机制,培育企业的自主创新意识与学习吸收能力,后文将对此详细论述。

另外,由于美国对我国的经济体制仍存有一些偏见,常以国家安全为借口人为设置了一些障碍。为降低这方面影响,对美国投资可采用一些"隐身"策略,如通过海外子公司对美国投资,或与发达国家的企业合资对美国进行投资等。

二、利用好具有优势的产业

尽管我国制造业总体水平不高,但经过多年的发展,在部分制造领域已处于领先水平,如高铁、地铁、工程机械、通信设备、核电装备、水电设备等,应强化在这些领域构建自主价值链的意识。这些领域应争取机会向发达国家投资,以更好地整合先进生产要素,在少数关键环节向更高水平学习,提升对整个价值链的组织能力与掌控力,努力逐步将发达国家的生产要素纳入自主价值链的分工体系中。

如前文提到的,中国中车 2016 年进军美国市场,拿下芝加哥 13 亿美元的订单,美方为了保护本国制造,利用其市场资源要求在美国市场的采购必须达到采购总成本的 65% 且最后的总装必须在美国,中车因此宣布在美国建厂。世界上83% 拥有铁路的国家在使用中国中车公司的产品,但中车在进军世界市场的过程中,仍感觉进军美国市场是最难的,原因就在于美国有非常复杂的技术条件、技术要求、法律法规和激烈的市场竞争。为了应对这些"麻烦",企业必须认真学习并适应其要求、标准、法规,进一步提升技术水平和竞争实力。另外,由于大量器件部件要在美国本土采购,这也为中车整合优化供应链提供了机会。

三、统筹好对发达国家与发展中国家的投资

中国对外投资不同于发达国家尤其是美国的对外投资,发达国家对外投资基本上是对外转移边际产业,以充分利用自身的竞争优势在全球布局价值链。中国

面对的外部环境比发达国家复杂,既要面对技术优势的发达国家,也要面对要素成本优势的发展中国家,且中国自身总体上缺乏核心技术与组织价值链的实力。

在此情况下,中国必须思考同时利用发达国家与发展中国家的两种资源,既向发达国家投资,以获取逆向技术溢出,也向发展阶段低于中国的国家投资,以利用其成本优势。对发展中国家投资,不仅可以促进当地经济发展,还有助于中国将部分生产要素转向新兴产业,相对集中资源发展更高层次的产业或更核心的环节,这有助于缩小我国产业与发达国家的差距,从而为对发达国家的投资进一步创造条件。因此,对以美国为代表的发达国家投资,要兼顾统筹好对发展中国家的投资,将两方面作为一个整体来系统考虑。

第二节 利用自身战略资源吸引高质量外资

在美国对华 FDI 大幅下降并处于低位徘徊的背景下,中国拓宽了吸引外资的渠道,外商投资不仅未受影响,还处于稳定增长状态,中国利用外资不断创出新高。中国未来的经济增长、产业发展与结构调整面临较大的压力与挑战,仍需扩大利用外资尤其是高质量外资。总体上,中国仍有进一步吸引高质量外商投资的潜力。

一、利用庞大市场吸引高质量外资

近年来,外商对华投资出现了一些积极的变化,在利用外资持续增加的情况下,外资企业的货物进出口额均增长乏力,所占比重更是持续下降,都降到了50%以下。这表明外商投资的动机逐步发生了变化,现在更加以进入中国市场为目的,而不仅是利用成本优势做加工贸易。这说明中国市场本身对外商的吸引力越来越大,相对而言,这种投资更稳定,更面向长远,也更易形成技术溢出,进而更有利于产业升级。

根据钻石理论,需求条件是一个国家产业发展的重要因素。中国本身就是一个庞大的市场,这是最宝贵的战略性资源,无论哪个国家的发展也都离不开这个资源。随着中国经济持续发展,消费升级的需求持续增加,更增强了对外商投资的吸引力。市场是中国吸引外资的稳定器,要充分用好这个战略资源,吸引高质量的外资。

以汽车行业为例,尽管美国发起了贸易战,但由于中国是全球最大的汽车市场,全球高端汽车企业还是做出了听市场而不是美国总统的选择,纷纷落户中国。据观察者网（http://www.guancha.cn/internation）2018 年 7 月 12 日的报道，特斯拉已确定登陆上海，建立美国之外的第一家工厂，该工厂最终每年可生产 50 万辆汽车，而同时特斯拉宣布裁减 9% 的员工，涉及人数超过 4100 人，其中相当一部分是美国本土岗位。一批德国汽车制造商也公布一系列交易，意图在全球最大的汽车市场中占据更大份额，并帮助中国发展对汽车的未来愿景：作为与安徽江淮汽车集团协议的一部分，大众汽车计划以其西雅特（SEAT）品牌开发电动汽车，它还将与中国第一汽车集团和中国智能与联网汽车研究所合作开发自动驾驶汽车；宝马（BMW）计划增加中国两家工厂的年产量，其中包括与长城汽车合作生产迷你（Mini）电动车，它还将与中国科技公司百度在自动驾驶汽车方面建立合作伙伴关系；大陆（Continental）计划与中国乘车共享公司滴滴出行合作，开发联网电动汽车；戴姆勒（Daimler）将获得在北京道路上测试无人驾驶车辆的许可证，这是中国第一次向外国汽车制造商发放类似许可证；博世（Bosch）将与中国电动汽车初创企业蔚来汽车（NIO）合作，为电动汽车制造传感器和控制系统。

所有这些投资与合作对双方都颇具价值。特斯拉及德国汽车巨头希望增加在中国的产量，从而在这个全球最大的汽车市场增加销量。而中国则可能借此机会，获取更多的电动汽车和自动驾驶技术的创新要素，推动在该领域的科技创新，带动相关产业的发展。可见，只要中国利用好市场这个战略资源，进一步扩大开放，就可以吸引更多的先进的生产要素向中国流动。

二、利用产业结构优化升级吸引高质量外资

产业结构升级不仅依赖于 FDI，同时产业结构的升级也会更好地促进吸引外资。美国的对外投资之所以主要流向发达国家，关键在于发达国家的产业结构与美国的更接近，对这些地方投资更易形成成效。因此，中国不仅要将 FDI 看成是促进产业结构调整的重要途径与动力，更要将产业结构调整看成是进一步吸引外资的动力与途径，只有不断提升与优化产业结构，才能更好地与发达国家的产业结构相匹配，从而才能更好地吸引高质量的外资。

前文提到的特斯拉与多家德资汽车企业计划来中国投资，除了市场因素外，还与中国在电动车行业的发展状况有关。中国比较重视新能源汽车的发展，电动汽车行业起步较早，销售增长势头强劲。在该领域，中国重视自主研发，在动力电池、驱动电机、电机控制器、整车等方面都积累了相当的技术基础，驱动电机技术已处于国际领先地位，动力电池与先进水平很接近，个别电池产品已进入名车的供应链，车用电机控制器技术正在迅速追赶国外同类产品水平等。此外，中国在无人驾驶领域也比较重视，已进行了大量研发活动，积累了一定的技术。

可见，中国在电动汽车领域不仅市场前景广阔，具备低成本生产的能力，关键还在于具备了一定的自主研发能力与相当的技术基础。总体上，中国在该领域与国外先进水平的差距相对较小，该产业内的结构与国外较接近，具备与外资厂商形成高水平的配套、协作能力。

可以肯定的是，这些合作项目仍是跨国公司价值链体系的组成部分，对方的目的是为了利用中国的庞大市场，以及中国的产业配套和低成本制造能力，不会自然地向中国转让核心技术，相反，同样会对中国封锁核心技术。因此，中国不能因此放松自主创新的脚步。但由于中国在该领域坚持自主创新能力，具备较强的学习能力，也拥有一些核心技术，才使得我们可能在合作中具备一些对等协作的资本，从而可能真正接触、学习、利用到先进的生产要素，不至于处于完全被动的地位，最终达到通过合作提升自身能力的目的。

第三节　妥善应对中美贸易摩擦

贸易战对我国毫无疑问会产生消极的影响，但要慎重客观认识，既不乐观，也不悲观。对美国发起的贸易战需妥善应对，既要最大限度地进行反制，又要尽可能地避免升级。反制的目的是为了止战，要防止意气用事，更不要激化矛盾。

一、中国可能的反制措施分析

美国之所以敢贸然对华发动贸易战，是因为它认为中国对美国市场的依赖远大于美国对中国市场的依赖。根据美国经济分析局的数据，2016年美国对中国出口1702亿美元，从中国进口4794亿美元，对中国贸易逆差3093亿美元。因此，美国认为中国没有反击的本钱，所以也警告中国不要反击。

2018年4月4日，美国公布了将于7月6日开始加征25%关税的500亿美元的中国商品清单。中国当天就迅速做出反应，表明反制的决心，宣布对500亿美元的美国商品加征25%的关税。在经过三轮谈判未果后，6月15日美国正式宣布了征税清单，基于"同等规模、同等力度"的原则，6月16日中国国务院关税税则委员会也正式宣布反制征税清单。6月18日特朗普又威胁将对2000亿美元中国商品加征10%关税，并威胁如果中国继续反击，美国将再对2000亿美元中国商品追加额外关税。如果美国真的再对2000亿美元中国商品加征关税，这个额度就已超过了中国从美国进口总额了，那么中国如何反制呢？中国当然无法对等使用关税进行反制了，而只能在关税之外寻求综合反制的措施。

第九章　应对中美间投资与贸易变化的对策

除了贸易外，美国在华有大量投资与利益，因此有人建议对美国在华利益下手，以牵制美国的决策。笔者认为，在华美资企业不仅不是我们反击的对象，反而应是争取与保护的对象。所有在华投资外商的合法利益都应受到保护，这些企业对中国的经济增长、产业发展、结构转型都有积极的贡献，在华美资企业也对美国出口，它们也是贸易战的受害者。在华外资企业占中国对美国出口的60%以上，如果贸易战再升级，客观上恶化了我国的投资环境，加之特朗普政府大幅度减税，加强了对资本的吸引力，贸易战加上美国税改，这两者加大了中国资本外流的压力。因此，中国非但不能打压包括美资在内的外资，反而应加大保护的力度，营造更好的营商环境，以尽可能留住外资并吸引新的资本流入。

再从价值链的角度看，中国可以通过退出与美国主导的价值链分工合作来进行反制吗？答案显然是不可以。在这个分工体系中，美国处于高端，掌控着研发环节，具有垄断性与不可替代性，而中国处于中低端的加工制造环节，具有较强的竞争性与可替代性。中国如果退出，几乎不影响美国对全球价值链的领导与组织地位，因为中国的地位相对容易被替代，中国很难通过退群来反制美国，如果退群对自身的伤害可能更大。那么，中国是否可以自己构建、主导、组织一些价值链来替代美国呢？由于缺乏核心技术，短期内不太可能，长期来看，当然是努力的目标，但这需要一个过程，通过这个途径也达不到短期反制贸易战的目的。

从前述几个角度来看，中国能直接反击的手段并不多①，但对贸易战的前景也不应过于悲观。虽然中国无法从量上对等反击，但贸易战美国也要承受较大的损失：一是美国产品进入中国市场会受到影响，它有丢失这个庞大且潜力巨大市场的风险；二是加征关税会提高美国国内相关产品价格，增加相关企业以及消费者的负担。此外，贸易战也给中国带来一些新的机会，如前文谈到的特斯拉和多个德资汽车对中国的投资，就有部分美国发起的贸易战的因素，这些汽车本可以在美国生产并出口到中国，但这些产品在两国之间不断升级的贸易战中陷入困境，故转向中国投资，这些产品可以取代它们目前在美国的生产。

在贸易战的背景下，是什么促使这些企业做出投资中国的决定的，很显然是中国庞大的市场。因此，我国应好好利用市场这个因素或资源进行反制。说到底，就是进一步扩大开放，坚决维护多边贸易体系，但这样做的目的，并不是要将美国排除在外，更不是要激怒美国，而是尽量将美国重新拉回到合作的轨道上来。

二、抓住扩大开放这个"牛鼻子"

前文分析表明，我国庞大的市场是重要的战略资源，对中美贸易战的反制应

---

① 所以笔者用反制的说法，而不用反击。

重点围绕市场资源做好文章,其基本出发点是进一步扩大开放。通过扩大开放,不仅可以进一步吸引投资获取先进的生产要素,也可以通过扩大进口促使先进的生产要素向中国集聚,还有利于拓展更广阔的国际市场,实现出口市场的多元化,以减轻对美国的依赖。

中国市场不仅现有规模大,未来的增长潜力更大,尽管目前中美间贸易不平衡,但中国市场的增长潜力巨大。从动态的角度看,如双方合作做大中美贸易的蛋糕,中方在贸易增量中加大美国产品进口力度,缩小美国对华贸易逆差是大概率事件。美国发起贸易战,某种程度上也失去了中国潜力巨大的市场,在此背景下,中国坚持扩大对外开放,世界各国都会抓住中国扩大开放的机遇,抢占中国市场,美国一旦把庞大的中国市场弄丢了,以后想再重新占领就难了。如美国通过贸易战把自己排除在中国市场外,则美国的发展潜力与经济地位势必会受到动摇,这一点美国的决策者应该会考虑到。因此,中国扩大开放可以增加美国对失去未来中国市场的压力与焦虑,有助于把美国拉回到谈判桌前。

全球经济早已是"我中有你,你中有我",不同国家的利益深度交织在一起。美国的贸易霸凌行为,不仅冲击了中国的利益,也冲击了所有参与价值链分工主体的利益。中国对美国出口的商品中,60%以上是外资企业,它们的利益都受到了影响。中国有必要团结尽可能广泛的国家与企业共同维护多边贸易体系,共同维护WTO等多边贸易体系的权威与作用,共同对美国施加影响。同时,中国应加强与相关国家合作,更好发挥如金砖国家合作机制、"一带一路"、上合组织等多边机制的作用,以减轻对美国的依赖。中国作为世界第二大经济体,要更好维护多边体系的关键是扩大开放,扩大开放不仅可以为世界分享发展成果,提供发展机遇,也能提升在多边体系中的影响力、吸引力、号召力、凝聚力,从而让多边贸易体系得到有效维系。

在对美国进行反制的同时,要加强与美国的联系。美国的霸凌行为确实可气可恨,但美国毕竟是世界第一经济与科技强国,世界的发展离不开美国,也绕不过美国。我们反制的目的并不是为了孤立美国,而是为了将其重新拉回合作的轨道。因此,要尽量与美国沟通,要向美国阐明,中国的扩大开放是包括对美国在内的扩大开放,美国不停止贸易战等于是自己对中国关上了大门,两败俱伤的后果美国会心知肚明,而相反,如果合作,美国的关切会在中国的扩大开放中逐步解决。我们在保持战略定力的同时,也要保持与美国沟通的耐心,中美是在磕磕碰碰中合作过来的,要继续把握斗而不破的原则,要努力避免相互刺激与轮番加码的反击。

需要说明的是,特朗普政府喜欢玩极限施压的手法,这本质上是一种谈判策略,通过摧毁对方的意志,从而达到在谈判中获取对方更多让步的目的。比如,美国近期多次加码宣称要对中国商品加征关税，这往往就是一种极限施压手法，目的是逼迫中国做出更多让步，而不是真的要把贸易战打下去。对此，我们当然不能上当，不能让这种策略对中国产生作用，但还是要保持与美国沟通的耐心，尽量不用"口水仗"来做"硬碰硬"式的所谓回击，要给对方一定面子上的"台阶"，防止激化贸易战的升级。我们对国家利益的维护应体现在谈判中的有理、有利、有节中，在反制的不卑不亢、不骄不躁与必要时的坚决行动中，但在沟通层面还应可能做到不厌其烦，这样有利于把美国拉回到合作的轨道。

三、发表《美国贸易逆差的真相》白皮书

美国的学术界广泛存在着贸易使其丢失了工作岗位的观点，其中很大一部分针对与中国的贸易（Autor et al., 2013; Pierce, Schott, 2012; Atkinson et al., 2012; Morrison, 2012）。美国制造业联盟（Alliance for American Manufacturing）的网站上充斥着大量与中国的不公平贸易的文章与报告，还在其主页上进行标语性质的宣传，打着"对中国采取强硬态度，与北京不公平的贸易长时间不受抑制，除非美国变得强硬，否则什么都不会改变"口号。特朗普总统则连续两次在其2017年与2018年发表的《国情咨文》中谈到类似观点，认为不公平贸易牺牲了他们的繁荣，驱逐了他们的公司和财富。

可见，贸易保护主义在美国有着广泛的基础，美国上下都在为发动贸易战寻找借口，但对贸易逆差的真相却不愿客观分析，对其在全球投资中赚取的巨额利润也只字不提。

基于此，笔者建议我国政府发表《美国贸易逆差的真相》白皮书，揭示美国早就在其构建的全球价值分工体系中赚得"盆满钵满"，根本不是贸易的受害者，让其发动贸易战的理由与逻辑不攻自破，以团结更广泛的维护多边体系的力量。我国在2018年已发表《中国与世界贸易组织》的白皮书，阐述了中国如何切实履行加入世贸组织承诺、坚定支持多边贸易体制、对世界做出重要贡献、积极推动更高水平对外开放等内容，得到了国际社会的广泛认可。但对充满贸易霸凌理念的美国而言，这还是不够的，美国对此根本不认可。美国对中国改革开放方面的努力始终视而不见，仍一味强调中国政府对经济的干预，并以此强调其在贸易中受损，也以此为借口发动了贸易战。当然，美国是堂而皇之地称其为理由。

实际上，美国所说的事实根本不存在，更不用谈什么理由。美国的贸易逆差仅是"统计错觉"，是现有统计规则掩盖了美国贸易逆差的真相，美国根本不是贸易的受害者。因此，有必要通过正式的文件将其揭示出来，彻底堵住美国的借口。发表这样的文件，仅是郑重摆出客观事实，不涉及对方的政治制度、意识形

态、价值观念,在明辨是非的同时不会激化矛盾,还能间接地表明我国政府维护自身合法利益的决心。

当然,美国也可能会对此置之不理,还是自说一套。但我们要揭示的是客观数据,而且是美国自己公布的数据,如果其继续狡辩,反而会让全世界更加看清其真实面目,有助于团结各方维护多边体系。

必须要引起思考的是,明明美国贸易逆差的根源不在中国,中国也已明确表明会进行对等反制,美国发起贸易战只会两败俱伤,那为什么美国还要执意发起贸易战呢?看来有必要考虑一种可能的极端情况,即贸易战并不是贸易本身的问题,而是美国遏制中国崛起的手段,美国真正关心的并不是逆差问题,而是中国的发展势头。

尽管美国口头上多次强调无意遏制中国的发展,但其骨子里到底还是没有能接受中国崛起的事实,非常担忧对其地位的冲击与替代,宁可在贸易战中陪着中国一同遭受损失,也要冒险阻止中国的发展进程。它之所以敢这样出手,在于其认为自身的实力还是要远强于中国,承受损失的能力也大于中国。

因此,贸易战不排除是美国一次大胆且激进的遏制中国发展进程的战略尝试,所谓的贸易逆差只是一个借口。其如意算盘是,美国虽然会遭受一些可承受的损失,但却可以换取对中国发展进程的遏制甚至扼杀,从而维持其无人能挑战的地位,或者消除有可能对其挑战的力量。

如果发表了白皮书,有助于试探对方的战略意图与底线。"白皮书"堵住了美国贸易战的借口,对方也许会在客观的数据面前不得不实事求是,放弃"讹诈",重新回到谈判与合作的轨道。如果美国置"白皮书"于不顾,继续自说自话,那实际上其遏制中国的意图就十分明显了,贸易战真的只是一个手段而已。中国当然已经考虑到了这种情况,也做了充分准备。但"白皮书"有利于在全世界人民面前撕下美国的"伪装",揭露其霸权思维、冷战思维的本质,进而有利于鼓舞世界人民反单边行为、维护多边体制的决心。

四、寻求与美国地方政府的合作

美国的地方政府具有较大的自主权,我国可利用其政治体制提供的机会,寻求与其地方政府间的经贸往来与合作,以反制联邦政府的贸易保护。据新华网报道,在美国发动贸易战之后,2018年7月11日,中国城市与美国芝加哥市投资合作论坛在北京举行。芝加哥市市长拉姆·伊曼纽尔在论坛上表示,尽管当前中美之间有一些冲突,但不能忽视合作才有更大的机遇,与中国城市加强合作五年来,芝加哥市与中国的贸易额翻了一倍,在未来五年,会取得更大的进展。论坛期间,双方代表还签署并发布了《中国与美国芝加哥市贸易投资合作联合工作组

2018～2023五年重点产业合作计划》。

中国要想方设法多拓展类似的合作，这些合作的意义还不只合作本身，它还可能争取美国更多支持合作与自由贸易的力量，发出不同的声音，以影响美国政府的决策。

五、引导企业研习美国法律，拿法律武器保护自己

特朗普政府在加征关税方面的决策权力有限，有一系列的法律程序要走，这里面有争取的空间。据搜狐网报道，2018年4月，美国拟针对中国500亿美元进口商品加征关税，浙江医药发现精细化工原料药和制剂几乎全包括在清单内，该企业出口到美国的产品约占境外销售的30%，大部分出口产品都以价格优势取胜，利润微薄，如果产品被征收25%的额外关税就会完全失去竞争力，届时市场将被欧洲或印度厂家占据。面对涉及民族药业权益的国际商业博弈，浙江医药董事长李春波第一时间召集公司高管进行商讨，研究对策，并派公司首席科学家赵俊赴美国贸易委员会出席听证会。经过努力，美国商务部宣布删除原附加税商品清单中中国出口制剂的系列产品。作为唯一出席听证会的中国企业，浙江医药据理力争，勇于抗辩，不仅成功将其出口产品排除在了340亿美元商品加征25%关税的清单外，更使得全中国的药品产品免于加征关税。这场"漂亮仗"不仅提升了中国药企在国际市场中的地位，也给其他出口型企业在遇到类似问题时带来了值得借鉴的经验。

政府与行业协会应考虑给企业这方面更大的支持，大力宣传相关企业的成功经验，引导或组织企业研习美国法律，提升法律意识与能力。但由于单个企业势单力薄，必要时可考虑牵头组织企业参与相关的听证、诉讼、维权等活动，以降低企业成本与风险，提高成功概率。

六、实现出口市场多元化，降低对美国市场的依赖

对美国发起的贸易战，我们需要积极应对，但不应过于纠结于此，要想方设法减轻对美国市场的依赖。2016年，中国对美国货物出口占中国总出口的18.4%，因此，无论本次贸易纠纷结局如何，都应积极拓展国际市场，尽可能实现出口市场多元化，这实际上也是对美国的一种反制。中国通过扩大开放，进一步开放市场，加强与世界各国的合作，完全有可能获取拓展市场的机会。另外，要鼓励企业加大拓展国际市场的力度，建议加大构建出口企业风险分散机制的力度，调动企业的积极性。

此外，在出口市场多元化的同时，也要考虑进口来源的多样化。如中国在大豆产品上对美国有较高的依赖，虽然因贸易反制加征了关税，但由于短期内没有

那么多可替代的货源,还是不得已要从美国进口很大一部分,一定程度上降低了反制效果。

七、扩大内需,减轻对外部市场的依赖

近年来,我国扩大内需取得明显成效,出口占 GDP 的比重持续下降,比高峰时下降了 10 多个百分点,进一步减轻了对外部市场的依赖。但相对于美国而言,我国对外需的依赖程度仍然偏高。以 2016 年为例,我国出口占 GDP 的比重为 21% 左右,而美国为 12% 左右,我国仍比美国高出 9 个百分点。因此,仍需要进一步扩大内需,以减轻对外部市场的依赖,降低外部市场波动的风险。

内需是国家经济发展的战略资源,产业发展与结构升级的重要因素条件。美国不断加强的贸易保护提醒我们,需要下大力气进一步扩大内需,既要进一步提高居民收入水平,通过减税降低居民负担,提升购买力,也要通过完善社会保障提升消费意愿等。

在挖掘内需的同时,应该看到,我国有大量的现实需求没有有效传递到供给侧,供给侧不能有效满足不断变化的需求,广大居民境外扫货现象就是一个明证。因此,应通过供给侧改革,提升供给体系的质量,以尽可能将这些需求留在国内。另外,要提升居民的收入水平,实际上也要提升供给体系的质量,只有供给质量提升了,企业盈利能力才能提升,也才有提升员工工资的潜力,进而提升整个社会的收入水平。关于供给侧改革的问题,后面专门安排一章进行论述。

第十章 立足长远调整产业结构升级的思路

对美国"再工业化"的影响要采取措施积极应对,既要采取治标措施应对其对投资、贸易等所带来的短期影响,更要采取治本措施应对其带来的长远挑战。由于美国"再工业化"对我国产业发展及结构调整的主要影响是潜在的、长期的,因此在应对的过程中应有战略定力,坚持系统思维、长期思维。归根结底要推动内部改革,内部改革才是真正积极的、长期的、根本上的应对。下一步的改革要立足长远调整产业结构升级的思路,要遵循产业结构升级的内在规律,科学选择产业结构升级的攻关方向,构建适合中国国情的产业体系。

第一节 产业结构升级的内在逻辑与遵循之策

伴随着经济的高速增长,中国产业结构也取得了较大改善,但总体上仍处于较低的水平,对未来的可持续发展形成较大制约,必须下大力气攻关以实现实质性突破。笔者认为,要从根本上推动产业结构转型升级,必须消除一些认识上的误区,深刻把握与遵循产业结构升级的内在逻辑与规律。

一、产业结构升级认识的误区

一直以来,各界普遍用三次产业间的比例关系来衡量产业结构,并用这种比例关系的变化来衡量产业结构升级,尤其是用第三产业增加值占 GDP 的比重及其变化情况来衡量产业结构的高级化程度与升级速度。尽管从这个统计指标上看我国产业结构是不断升级的,但产业结构并没有取得实质性的优化。根据国家统计局相关年份的国民经济和社会发展统计公报,2006 年第一、第二、第三产业增加值占 GDP 的比重分别为 11.8%、48.7%、39.5%,2010 年分别为 10.2%、

46.8%、43.0%，2015年分别为9.0%、40.5%、50.5%，第三产业增加值的比重快速提高，第一产业增加值的比重稳步下降，尤其是第三产业的比重，在短短10年的时间就提升了近11个百分点。从这个角度看，产业结构是取得很大程度优化的，但产业竞争力、供需平衡状况、增加值率、盈利能力等衡量经济质量的指标却改善缓慢，未能与三次产业比重的数据同步改善。

为什么会出现这种情况？原因在于对产业结构升级的认识存在误区，几乎将三次产业间的比例关系看成是判断产业结构的标准，尽管这样的做法并不科学，各级政府还是将注意力集中在了三次产业间的比例关系上，甚至将三次产业比例关系变化的目标写入相关发展规划。这样做的后果是什么？各级政府为了完成所谓的产业结构升级目标，纷纷运用传统需求管理的手段，盲目推动第三产业的投资，虽然"拔苗助长"地迅速改变了三次产业间比例的数据，但投资效率低下，不仅没有有效提升产业竞争力，而且由于短期内对第三产业的需求没有大幅度增加，大规模的投资在第三产业反而形成了产能过剩的现象，比如房地产业，由于盲目的投资，使得库存迅速处于高位。实际上，第三产业比例的提高对真实经济增长的意义并不大，因而中国没有必要把提高第三产业的比例作为产业结构升级的着力点，而是必须进一步推动中国第二产业国际竞争力提升，从而带动中国经济有质量的高速增长（李纲，2013）。

二、产业结构升级的内在机理

产业结构升级的本质是生产效率的提升，不能仅靠三次产业数量比例来判断三次结构的合理化和高级化程度（黄群慧、贺俊，2015），更不能通过规划制定三次产业比例关系的目标。产业结构不是人为"设计"或"计划"出来的，而是在市场竞争过程中"进化"形成的（金碚，2014）。这种"进化"具有内在的逻辑和动力，那就是企业需要不断提升效率和竞争力。随着知识经济、网络经济时代的到来，任何企业的资源、知识与能力都显得不足，企业越来越需要将资源集中到自己最核心、最擅长的环节，打造核心能力，以更好适应竞争和满足需求。

因此，企业需要把自己非核心的业务逐步外包出去，使自己更加专注于最擅长的环节。比如，运输原来是企业自己承担的业务，因竞争的需要，企业将该非核心业务外包出去，如随着越来越多的企业外包运输业务，市场形成了对专业运输的需求，就产生了专门的物流行业，这些环节原来产生的增加值本是第二产业的，但物流行业产生之后，这些增加值就转变为第三产业了，因此第三产业增加值的比重得到了提高。随着竞争的发展，产业结构不断得到"进化"，企业会越来越多地将营销、设计、技术服务、法律、财务等环节外包出去，以让自己进一步集中资源于最核心的环节,这些分离出去的环节都逐步形成新的产业——生产性服务业,它由第二产业中具有服务功能的环节分离而来。这些环节的专业化不仅大大提升了它们本身的效率与质量,可以为第二产业提供更好的服务,而且让第二产业的企业把节省出来的资源更多地投入到最核心的环节,更有助于提升核心能力。随着这些服务行业的发展,不仅第三产业增加值的比重不断提高,而且由于其对第二产业的支撑,第二产业的竞争力与效率也不断得到提升。可见,三次产业间比例关系的变化或优化是在市场竞争中"进化"形成的,产业结构高级化程度将是以后可持续发展的原因,但它更是之前经济发展的结果。①

由于三次产业间的比例关系是产业结构演变的结果,它与产业结构高级化程度具有内在的关联性,因此可以将三次产业间的比例关系作为产业结构高级化程度的参考指标。但由于经济体系运行的复杂性,加之经济全球化,不同国家、不同地区的不同产业的市场范围不同,三次产业间的比例关系又不能完全代表产业结构高级化程度,故不宜单纯看产业间 GDP 的比重。如印度 2004 年第三产业增加值占 GDP 的比重就超过了 50%,但不能因此就判断它的产业结构高级化程度与竞争力超过中国。如果单纯分析产业间 GDP 的比重,将内生的产业结构问题完全外生化,会忽略一国产业结构的特殊性和笼统统计意义上的产业结构所掩盖的复杂产品分工和知识分工,以及这些复杂分工形式背后的能力差异(贺俊、吕铁,2015)。

学界常拿发达国家的三次产业比例关系来对照中国的产业结构,实际上,这正是忽略了不同国家产业结构的特殊性,发达国家产业结构的演变有其自身的特殊性,因为它们是先发展起来的发达国家,它们为了提高效率、降低成本,可以将附加值低的制造环节转移到发展中国家,这种转移很大程度上拉高了本国第三产业的比重,同时也拉高了发展中国家第二产业的比重。由于中国现在发展的环境与当时发达国家完全不同,所以在借鉴发达国家衡量产业结构高级化的指标时也要慎重,尤其不可盲目追求提高第三产业的比重。

产业结构升级的内在机理在于为提升效率和竞争力而引起的分工深化,分工深化导致了产业结构的演化。第三产业发展的前提是第二产业的高度发展并进一步深化分工,要发展第三产业,首先要做强第二产业。从发展生产性服务业的角度看,在很大程度上说,其实不需要思考如何发展第三产业,而是思考如何做强第二产业。第二产业高度发展的结果自然是越来越多具有服务功能的环节分化为

---

① 当然,第三产业不仅指生产性服务业,还包括消费性服务业或生活性服务业,它发展的机理主要源于其他行业的分工与效率提升,导致收入提高从而形成对该类服务业的需求。由于现阶段中国产业结构升级的主要瓶颈是工业不强而制约了生产性服务业的发展,故本节仅从生产性服务业发展角度分析产业结构升级问题。

第三产业，这种演变的过程是以第三产业比重提升为标志的产业结构升级过程，而且基于这种逻辑发展起来的第三产业会进一步支撑第二产业做强，这种第三产业是为第二产业所需要的，自身也有做强的空间，其产能也自然会被第二产业吸收。

需要强调的是，产业结构的升级会表现为第三产业比重的提升，但第三产业比重的提升却并不一定意味着产业结构的升级。如果第三产业的发展及其比重的提升建立在产业结构升级内在逻辑的基础上，则这样的发展与比重提升才有意义。如果为了所谓的升级，人为"拔苗助长"地发展第三产业，则第三产业比重的提升反而会导致低效率，对经济的长远健康发展反而会有伤害，并不能视为产业结构的升级。

三、遵循之策：改变不符合产业结构升级内在机理的思路

各界对产业结构优化升级的重要性早已达成共识，各方面对推动产业结构转型升级也做出了不懈的努力。但地方政府与企业对于转型升级的内涵，特别是实施路径，认识非常模糊，这导致了目前很多地方政府依然热衷于搞创新园、科技园、科技孵化器等，事实上，这些园区都是空架子，或者是转变为了"科技地产"（李克，2014）。要从根本上推进产业结构升级，必须深刻把握产业结构升级的本质与内在机理，从根本上转变思路，所出台的各项政策都要从遵循产业结构升级的内在机理出发。

要深刻认识到，传统以投资需求管理为重心的经济调控思路与产业结构升级的内在规律恰恰是相悖的，它不是从做强第二产业的角度来衍生并发展第三产业，而是为了迅速改变产业结构的表象数据，人为投资发展第三产业，很大程度上是为了发展第三产业而发展第三产业，这样做的结果只能是仅仅实现了统计学意义上的产业结构优化。这种表面现象的背后实际付出了巨大的代价，一方面，第三产业存在与第一、第二产业脱节的状况，不能有效支撑第一、第二产业的发展，自身也形成较大浪费；另一方面，由于注意力集中到第三产业、基础设施等领域内的投资，第二产业内的技术改造、品牌建设等投资却相对不足，使得第二产业内的结构却仍然处于较低的水平，导致工业的总体竞争力较低，使得第二产业内的结构却仍然处于较低的水平，严重制约了工业做强及整个产业结构升级。如2014年上半年，中国企业技术改造投资占工业投资比重为39.6%，而发达国家在20世纪50年代实现工业化前后技术改造占工业投资的比例达到50%~70%（赵昌文等，2015）。因此，要改变过于重视三产比重的做法，要弱化这类指标的考核。过分强调三产比重变化速度等指标的考核，会迫使地方政府行为短期化，不利于产业结构的持续优化（沈坤荣、徐礼伯，2014）。

需要说明的是，这里讨论传统以投资需求管理为重心的经济调控的缺陷，并不否认以需求管理为重心的经济调控曾对经济发展产生的积极作用，以及在特定背景下的合理性。根据波特的四个阶段论，即将国家经济发展分为生产要素导向、投资导向、创新导向、富裕导向四个阶段，在不同的阶段应依赖不同的力量，使用不同的对策，投资导向是一国经济发展必须经历的阶段，此时以投资为重心的需求管理也就成为必然。当然，随着经济的发展，从投资导向迈进创新导向阶段时，经济调控的理论、理念、路径当然要发生改变。即便是投资，学界的理解也存在着误区和争论，由于投资边际效率递减规律的存在，中国经济过去对于投资的依赖过大，使得投资拉动经济增速的效果越来越差（吴敬琏，2015）。如 2008 年全球金融危机发生后，2009 年采取以投资为主的强刺激政策来拉动经济，经济在短期内快速回升，但仅经过短暂的时间，2011 年以来经济增速又进入了下行通道，故学者们普遍不赞同再通过投资的方式拉动经济增长。

但实际上，投资并不可怕，关键是什么性质的投资，由谁投资。林毅夫（2015）在分析"三驾马车"的状况后，仍坚持选择投资。投资既是需求端"三驾马车"中的力量之一，又是供给侧的经济增长因素之一。经济为什么能在需求的拉动下实现增长呢，是因为有供给端的新增劳动力、新增资本、生产效率提升三个因素的推动，其中新增资本就是投资，如果没有有效的投资，经济也很难实现增长。所以，不要"妖魔化"投资，但在投资的方式上应以企业家为主体，企业根据比较优势，根据市场需求进行产品和服务的升级换代，这是最大的投资（吴敬琏，2015），而这种升级换代的投资是符合产业结构升级的内在规律的。

四、美国"再工业化"背景下更应遵循产业结构升级的内在逻辑

美国"再工业化"战略对中美贸易与投资都产生了一定的影响，中国需要采取措施应对，可以出台一些短期政策与措施，如对美国贸易保护的反制、鼓励企业更好地对美国投资、更大力度吸引外资等，以应对挑战和把握机遇。但要强调的是，推动产业结构升级根本上还是要遵循其内在的逻辑或规律，立足于中长期的改革，调整政府角色定位、转型产业政策，优化产业结构升级的竞争环境，为产业结构升级持续注入内在的动力。

美国"再工业化"战略会对中国产业结构升级产生一些影响，但它毕竟只是一个外部影响因素，中国的产业结构升级不应也不会因其而打乱节奏。在美国"再工业化"战略的背景下，更要有立足长远推动产业结构持续升级的战略定力，不被一些短期与表面的影响与利益所迷惑，坚定遵循产业结构升级的内在逻辑，咬定长期目标建立促进产业结构持续升级的机制。短期政策与措施可以有，但不能以违反产业结构升级的内在逻辑为原则。

以最近的中美贸易摩擦与中兴事件为例，贸易摩擦只是一种表面现象，本质也不在贸易本身，而是对未来产业制高点的争夺。美国的意图并不在贸易摩擦甚至贸易战本身，而是明修栈道、暗度陈仓，表面看是为了消除贸易逆差，实质上是对中国产业升级尤其是制造业升级的忧虑，害怕中国在重点领域取得突破，担心自己未来失去产业制高点。是为了遏制中国崛起、迟滞中国发展的不光彩之举。在应对美国的单边行动，我们需要采取短期的反制措施，但更应看到美国的真实意图，在反制的同时要更加坚决地遵循产业升级的内在逻辑，从根本上推动产业结构升级，掌握更多的核心技术，占据更多的产业制高点。

2018年5月前后，中美之间通过谈判达成了一些共识，并于5月20日就经贸磋商在华盛顿发布联合声明，宣布不打贸易战。这本是一个值得庆贺的成果，但美国稍后还是突然单方面发起了贸易战。相信中美双方仍会通过沟通寻求达成新的共识乃至协议，但美国的一再出尔反尔，应使我们更加清醒，一些所谓共识的取得更多是一种权宜之计，美国对中国产业发展的遏制思维难以抛弃。本次风波无论如何平息，中国也不可能放弃自己的发展权利与合法利益，我们的危机感应比以往任何时候更加强烈，掌握核心技术、发展新兴产业、升级产业结构的脚步一刻也不能停歇。

第二节 中国产业结构升级的攻关方向

一、中国产业结构的现状与问题

总体上，伴随着中国经济的快速增长，产业结构也得到持续优化升级，主要表现为第三产业的比重持续上升。2013年，第三产业的比重首次超越第二产业，第二产业和第三产业分别占到全部GDP的44.0%、46.7%；2015年，第三产业的比重首次超过50%，达50.2%。这些都是中国经济发展过程中的一些重要事件，甚至具有里程碑式的意义。

另外，中国产业结构的升级可能存在着"拔苗助长"的情况，第三产业比重的较快上升可能并不合理，也不能真正反映产业结构的优化。第一，全要素生产率、资本生产率、增加值率等更能衡量经济效率与质量的指标未能与第三产业的比重同步取得实质性改善，有的指标反而持续恶化，如资本生产率近20年来持续下降。

第二，劳动生产率虽然总体上是持续上升的，但第三产业的劳动生产率明显低于第二产业。2013年，第二产业和第三产业的劳动生产率分别为10.8万元和8.8万元，后者比前者低18.5%（蔡昉，2017）。可见，第三产业比重快速提高反而可能会降低资源配置的效率。

第三，中国的产业结构升级主要表现为产业间比例关系的优化，产业内的升级未能同步改善，甚至出现背离。以制造业为例，就出现了产业间升级与产业内升级的背离，从最终产品的角度看，中国制造业呈现出中高技术和中低技术为主导取代低技术和中高技术为主导的产业结构特征，但这种结构是一种"虚假"的升级（张平，2014）。如表10-1所示，1997～2007年，中国制造行业的增加值率普遍呈下降趋势，而且越是高技术行业下降幅度越大，且高技术行业的增加值率并没有高于低技术行业。表明中国高技术制造行业仅取得了名义上的发展，总体上缺乏核心技术，制造业本身并没有取得实质性升级。

表10-1 1997～2007年中国制造业分行业增加值率 单位：%

年份	1997	2000	2002	2007	1997～2007
低技术制造业（算术平均）	**29.30**	**28.06**	**28.27**	**22.75**	**-6.55**
食品制造及烟草加工业	27.74	33.52	31.06	24.36	-3.38
纺织业	28.18	24.71	24.78	19.51	-8.67
服装皮革羽绒及其他纤维制品制造业	31.19	—	24.58	22.31	-8.88
造纸印刷及文教用品制造业	31.47	25.94	33.66	23.82	-7.65
木材加工及家具制造业	27.94	—	27.29	23.77	-4.71
中低技术制造业（算术平均）	**24.34**	**24.87**	**24.49**	**21.40**	**-2.94**
金属制品业	23.34	24.00	23.67	20.82	-2.52
金属冶炼及压延加工业	20.37	26.21	24.40	19.52	-0.85
石油加工及炼焦业	22.06	17.79	17.02	17.80	-4.26
非金属矿物制品业	31.59	31.49	32.88	27.47	-4.12
中高技术制造业（算术平均）	**27.26**	**26.00**	**26.34**	**19.98**	**-7.28**
交通运输设备制造业	26.21	24.67	26.22	19.48	-6.73
电气机械及器材制造业	22.34	25.47	24.14	17.04	-5.30
化学工业	26.86	26.73	26.93	20.31	-6.55
机械工业	33.61	27.13	28.08	23.09	-10.52
高技术制造业（算术平均）	**28.32**	**24.43**	**23.38**	**18.85**	**-9.47**
电子及通信设备制造业	25.36	24.16	21.02	16.35	-8.83
仪器仪表及文化办公用机械制造业	31.28	24.70	25.73	21.16	-10.12

数据来源：陈平. 全球价值链分工与中国制造业成长［M］. 北京：经济管理出版社，2014.

二、为什么是攻关期

党十九大报告指出,中国经济已由高速增长阶段转向高质量发展阶段,正处在转变发展方式、优化经济结构、转换增长方式的攻关期。产业结构是经济结构的重要组成部分,表明中国产业结构的转型升级也正处于攻关阶段。报告之所以做出这样的判断,是因为推动中国产业结构转型升级的传统动力已日渐式微,必须形成新的动力,否则产业结构的升级难以持续,经济的可持续发展会遇到挑战,但新动力的形成并非一日之功,也有很大的难关需要突破,必须下大力气进行攻关。

(一) 通过资源重新配置的途径来提升效率的空间已经不大

产业结构升级是指产业结构从低级形态向高级形态转变的过程或趋势,它通常沿着第一产业、第二产业和第三产业的顺序演化。产业结构升级的关键,是资源从生产率较低的部门向生产率较高的部门转移,经济整体的资源配置效率得以提高(蔡昉,2017)。近几十年来,中国劳动力不断从生产率低的部门向高的部门转移,劳动力配置的不断优化,其在第一、第二、第三产业的比重已从1978年的70.5%、17.3%、12.2%演化为2015年的28.3%、29.3%、42.4%。劳动力在产业间的转移有效提高了整个经济的效率,促进了全要素生产率的提升。接近一半的全要素生产率提高来自劳动力从生产率低的部门转移到生产率高的部门,即资源重新配置的效率(蔡昉,2017)。随着刘易斯拐点的到来,通过劳动力在产业间转移来提升效率的空间已经越来越小,必须提升各个层次产业内劳动者的素质、技能来提高劳动效率,必须通过创新驱动提升全要素生产率,进而为经济发展与结构调整注入新的动力。

(二) 中间投入要素对产业结构的推动已接近极限

根据周振华 (1990) 的研究,技术结构、固定资产结构、中间要素投入结构是决定产业结构的三大因素,通过控制与改变这三个因素可以达到升级产业结构的目的。相对而言,固定资产结构和技术结构是长期因素,需要长时间的累计投资才能逐步改变,而中间要素投入结构是短期因素,通过融入全球价值链,购买跨国公司的核心部件或中间产品等就可以快速改变。

中国通过大量的中间产品进口,迅速改变了中间要素投入要素结构,进入了较多高新技术产业领域,产业层次得到了提升,产业结构也得到了改善。但这方面的潜力不仅用到了极限①,还带来了负面的效果,制约了产业的进一步升级。通过大量核心部件的进口,的确快速拉升了我国的产业层次,但中国本

---

① 中国出口产品中有近50%的附加值是进口的中间品,中间产品的进口比重已非常高。

土企业缺乏对核心技术的掌握，依靠对这些中间产品的大量进口，不仅没有带来技术发展上实质性的帮助，还抑制了本土企业的创新，这反过来又增加了提升技术的难度。通过中间产品进口带动的产业层次提升是表面的，它导致了中国的高新技术发展与高新技术产业发展并不对称，不利于经济的长期可持续发展。

以中兴为例，它通过购买跨国公司的核心部件，的确取得了快速的成长，甚至被视为高科技领域的标杆企业，但这样的企业面对美国的一次"断供"危机，竟然立即要进入"休克"状态。中兴事件说明了中国被产业链中低端锁定后受制于人的危险，也说明了中国产业发展中外部力量已经利用得差不多了，再发展下去必须自力更生了。

因此，必须实现产业结构的影响因素转换，必须通过更多依赖固定资产结构和技术结构的提升来推动产业结构进一步升级。但这两个因素短期内难以变动，不能追求立竿见影，要遵循产业升级的内在逻辑，持续改善投资结构和不断加强自主创新，打好产业持续升级的基础，通过一定时间的持续努力与积累，才能实现质的飞跃。

三、工业内部升级是产业结构进一步优化升级的主攻方向

产业结构优化升级包括产业结构合理化和产业结构高度化两个方面（周振华，1990）。产业结构合理化是指在现有技术和资源条件下，生产要素得到合理配置，各产业间能协调发展的过程。产业结构高度化是指产业结构向着产业内部综合生产率水平、技术结构向更高的水平演化的过程。

随着劳动力持续从第一产业向第二、第三产业转移，生产要素在三次产业间得到越来越合理的配置，三次产业间的比例关系也越来越优化，中国产业结构在合理化方面已取得了较大的成效。但三次产业间的比例关系优化并没有带来各产业内技术与效率的同步提升，即产业内的升级与产业间的升级不同步，中国各产业内部的生产率与技术水平总体上仍处于较低水平，即产业结构高度化还处于较低水平。因此，中国产业结构升级的重点要从产业结构合理化为主向产业结构高度化为主转变。

需要说明的是，尽管中国目前的产业结构高度化程度还较低，但总体上还是要肯定过去的产业结构升级道路。产业结构合理化是产业结构高度化的基础，只有先实现合理化，才能达到高度化（周振华，1990）。中国在技术与资源条件较差的情况下，先通过资源在三次产业间的优化，逐步实现产业结构合理化是符合规律的选择。现在，产业结构合理化达到了一定的程度，结构效益累积到了一定的水平，也为下一步推进产业结构高度化积累了一定的基础，这时推进产业结构

高度化也是一种必然。

推进产业结构高度化的核心是推进第二产业尤其是制造业内部的升级，提升其技术与管理水平，提升全要素生产率。制造业是创新的载体和基础（加里·皮萨诺、威利·史，2014），制造业的发展与升级有助于提升国家的创新能力。前文分析表明，第三产业之所以能发展，根源在于第二产业的做强做优，随着第二产业的做强，分工进一步深化，自然会带动第三产业的发展。因此，中国发展方式转变的关键是工业转型，但工业转型并不是"去工业化"，而是强工业化（金碚，2014），在当前中国要素禀赋的约束下，打造中国经济升级版的关键并不是从第二产业向第三产业的升级，而是要以工业和制造业的升级为基础（张世贤，2013），不应过度追求某一产业的快速发展，不应将服务业比重提高作为实现"产业结构迈向中高端"的标准（渠慎宁、吕铁，2016）。

在美国"再工业化"的背景下，中国更应意识到工业对国家竞争力的支柱作用，更应增强做强做优工业的紧迫感，更应重视工业内部的结构升级。掌握更多的核心技术，培育更多具有竞争优势的产业，涌现一批世界级的企业。同时，应立足于未来构建并占据更多的产业制高点。

本书第一篇对美国跌宕起伏的工业化道路全局的分析表明，只有做强工业才能维持美国的领先地位，"强工业化"才是美国经济发展的根本逻辑。工业是美国立国之本，无论在前工业化阶段、工业化阶段还是后工业化阶段，美国高度重视并依赖工业发展的逻辑从未发生改变。尤其是进入后工业化阶段以来，美国实际上更加重视工业的发展，更加追求占据未来产业制高点。"再工业化"在美国工业化道路的全局中并不是一个孤立事件，它并不是对过去发展道路的否定，而是在新的环境下，让"强工业化"的逻辑得以更好地延续。从本质上看，"再工业化"是美国工业化道路的重要组成部分，它是为了更好地推进美国工业化的进程。其根本目标是要实现美国工业发展新旧动力转换，培育与发展新兴产业，占据未来产业制高点，以弥补三次工业革命动力的衰减甚至替代原有的动力。

因此，中国不仅要学习借鉴美国工业化道路的经验与教训，思考构建适合中国国情的现代化工业体系，更要认识到"再工业化"战略对中国产业发展带来的挑战。最近的中美贸易摩擦尤其是中兴事件表明，美国担忧中国高技术产业的崛起与挑战，特别惧怕在未来的产业制高点上失去优势，因此千方百计对中国科技领域实施打压。美国的许多做法并不"阳光"，也可能会伤及自身，但至少表明美国有很强的危机感，产业与科技实力都是世界老大的美国尚且如此，中国更应有强烈的危机意识，聚焦正确的攻关方向。

第三节 美国工业化经验对中国工业结构优化升级的启示

前文分析表明,工业尤其是制造业是中国下一步产业结构升级的"牛鼻子"。中国工业门类齐全,但总体水平与发达国家存在较大差距,尤其缺乏核心技术,需下大力气提升竞争力、培育竞争优势。尽管中国处于工业化的中后期阶段,虽和美国所处的后工业化阶段不同,但两国寻求产业竞争优势的道理是相通的(徐礼伯、沈坤荣,2013),因此,除了要应对美国"再工业化"的影响之外,还应从中得到启示,更应学习借鉴美国工业化道路的经验与教训,以让中国工业发展及结构升级少走弯路。

需要说明的是,启示是一种间接影响,是中国吸收其经验后产生的作用,但这种作用不可忽视,可能更加深入和持久。美国的任何战略对中国来说,毕竟只是外部因素,而一旦从美国工业化道路中吸取经验并与中国实际相结合,找到更好的办法,那将是经济发展的内部因素,更会给经济与产业发展注入内生的动力。

一、要构建适合中国国情的工业体系

"二战"结束后,美国成为世界头号工业、经济、科技强国。在第二次世界大战刚结束的几十年时间里,美国是国家竞争优势的代名词,战后的美国,在经济实力上是当代罕见的,美国几乎所有产业都能独当一面,只有少数产业未能取得重要优势,1971年,美国占全球出口总额比例超过50%的产业有9个,超过40%的有16个,超过30%的有39个。然而,从20世纪70年代开始,与美国制造业衰落有关的危机接二连三地发生,钢铁、汽车、机床、消费型电子及办公设备等令人注目的产业的竞争优势一个个地消失了(波特,1990)。

美国的经验表明,即使是世界头号工业强国,也不能在所有领域都取得领先地位,甚至连很多领域已取得的竞争优势都不能保住。一国再强,资源与能力都是有限的,因各国都在选择自身具有比较优势的产业重点发展,美国最终也只能在少数自身具有优势领域保持领先地位,对未来的产业制高点也只能选择部分重点领域进行突破。

中国作为发展中国家,也要实事求是地选择少数重点领域进行突破,思考构建一个适合自身国情的工业体系。中国是一个大国,建立比较完备的工业体系是

必要的,但不能盲目追求大而全。在这方面已经迈出了较好的一步,《中国制造2025》的推出,有针对性地提出了五大工程和十大领域,表明中国在产业体系构建、制造业发展的瓶颈和薄弱环节突破、产业制高点打造等方面的思考与谋划,体现了有所为、有所不为的理念。相信随着该计划的实施,中国的产业体系会越来越完善,并会在部分领域率先取得突破,从而使得整个工业的竞争力水平以及自主研发能力等都得到较大的提升,改变中国制造业"大而不强"的局面。

另外,《中国制造2025》还提出了"市场主导,政府引导"的原则,提出要全面深化改革,充分发挥市场在资源配置中的决定性作用,强化企业主体地位,激发企业活力和创造力。但要认识到的是,虽然《中国制造2025》在弱化行政干预方面做出了重要努力,但总体上看,从选择性产业政策体系向功能性产业政策体系的改革仍不彻底(黄群慧,2015)。我们一定要在健全市场经济体制、机制上下功夫,绝不可越俎代庖地指示产业发展方向(李义平,2016)。中国在构建什么样的工业体系方面,要通过科学定位政府角色,恰当界定其职能,让市场发挥决定性的作用。产业结构不是人为"设计"或"计划"出来的,而是在市场竞争过程中"进化"形成的(金碚,2014)。

二、要重视跟踪核心技术的演变,及时掌握前沿技术

核心技术在工业发展中具有关键作用,往往决定一个产业的兴衰。以钢铁产业为例,正是由于安德鲁·卡内基(Andrew Carnegie,1835~1919)安装了美国钢铁制造史上第一台贝塞麦转炉,也正是凭借贝塞麦转炉技术奠定了卡内基在美国钢铁业中的主导地位,美国钢铁业同样也因此技术跃居为世界第一。1950年,美国的钢铁产量占世界的比重高达46.6%。但同样由于美国忽视了对炼钢新技术的采用,使得美国钢铁行业又迅速衰败。在20世纪50年代,炼钢技术出现了两大革新——氧气顶吹转炉(BOF)与大规模钢坯连铸,由于行业的垄断等原因,美国钢铁行业在新技术应用方面反应迟钝,甚至拒绝使用新技术。到1964年,美国仅12%的钢铁生产使用BOF技术,而日本已达44%。到1970年时,美国的钢铁产量占世界的比重下降到20.1%,到2005年又下降至9.3%。

再以半导体行业为例,美国是该行业的开山鼻祖,半导体是美国发明的,由于美国掌握了该领域的核心技术,在该产业美国也处于领先地位,20世纪70年代末,美国占据世界半导体59%和集成电路74%的份额。随着70年代美国经济的减速,推迟了16KDRAM的采用,而日本则抓住这个机遇,应用了该技术,使得其在该领域快速发展,并逐步占据领先地位。在80年代,美国在半导体工业的败局已定,而且是大败。1990年,日本占4MDRAM的市场份额竟高达98%。但随着DRAM市场向微处理器而不是存储器的变化,英特尔公司逐步在PC市场

的微处理器领域占据了主导地位。

可见,无论一个产业多么强大,也是如履薄冰,稍有不慎,就会落后。美国"再工业化"从根本上启示我们,无论什么国家,处于什么发展阶段,提升产业竞争力是永恒的主题,即使是美国也存在着一不小心就落后的危险,也需要时时刻刻居安思危(徐礼伯、沈坤荣,2013)。核心技术在一个国家的产业竞争中始终具有关键作用,甚至是决定性作用。对中国来说,工业水平相对较弱,亟须推进创新驱动的发展战略,提升自主创新能力,通过自主创新将越来越多的核心技术掌握在自己手中,进而做强相关产业及推动产业结构升级。对少数已经处于一定领先地位的行业,更要跟踪技术演变趋势,加大研发力度,保持技术领先水平,以支撑行业地位。

三、要注重传统制造领域的转型升级,推进传统工业高端化

工业的转型升级并不是只发展先进制造业、战略性新兴产业、高新技术产业,技术含量高的产业的重要性是不言而喻的。但应深刻认识到的是,有没有竞争力与所在产业是没有必然联系的,高新技术产业并不一定意味着高竞争力与高利润,传统产业也不一定意味着低竞争力与低利润,关键看处于价值链的什么环节。

根据 Rumelt(2010)的研究,同行业内不同企业间的盈利水平差异性比行业间大 3~5 倍,表明企业特殊因素是重要的,而行业效应是次要的。笔者也随机抽取了深沪证券交易所的家电、电力、煤炭、石油、软件、食品 6 个行业,利用 2013 年的财务数据进行了实证分析。从行业间看,这 6 个行业中,软件行业的平均毛利率最高,食品行业的最低,软件行业的平均毛利率是食品行业的 2.3 倍。从行业内来看,食品行业内企业间的毛利率差异最大,最高企业是最低企业的 23.0 倍,石油行业内企业间的毛利率差异最小,最高企业为最低企业的 1.9 倍,6 个行业的最高/最低的平均值为 10.3 倍。这 6 个行业内不同企业间的盈利水平差异性是行业间的 4.7 倍。

美国作为当今世界经济、科技最发达的国家,仍拥有肯德基、麦当劳、可口可乐、百事可乐、沃尔玛、耐克、阿迪、安利、宝洁等传统行业的世界级企业,这些企业所在行业的竞争都是白热化的,但这些企业照样保持了超强的竞争力,获取了很高的利润。可见,美国的竞争力并不仅仅体现在高科技领域。美国为什么不放弃这些传统产业呢?那是因为,美国在这些领域的长期经营中,积累了大量的经验与"诀窍",这些隐性知识让其保持了别人难以模仿的竞争优势。

美国在传统行业的竞争地位应引起足够的重视,更应借鉴其发展经验。中国的传统产业仍占有相当高的比重,这些行业的企业不一定要通过进入新的产

业实现转型,在原有产业进行提档升级也是一种转型,也会获得超强的竞争力和较高的附加值。如果重视传统产业提档升级的转型,将会为下一阶段的经济发展注入强大动力,这个动力可能在一定时期内不亚于高技术产业发展对经济的推动作用。

第十一章　政府角色与政策转型：钻石理论的视角

在明确了产业结构升级的攻关方向之后，下一步需要思考如何推动产业结构向着这个方向转变，尤其要思考政府如何更好地发挥作用。政府在产业发展中的作用与地位毋庸置疑，政府的角色定位、政府与市场的关系、产业政策等问题引起了学界高度的关注与激烈的讨论。有些问题在知名学者间的讨论甚至争论，本身已成为热门话题，如林毅夫与田国强的有为政府与有限政府的争论、林毅夫与张维迎的是否需要产业政策的争论，相关问题至今仍难以取得一致。

这些讨论为各方理解与把握该问题提供了有益的养分，有助于逐步缩小分歧、达成共识。但也应该看到，相关争论也在一定程度上体现为众说纷纭，甚至令人感到无所适从，尤其是主要的争论者之间的观点似乎根本无法调和。笔者认为，在现有的理论库中其实存在着一剂"良药"——钻石理论，比较适合指导现阶段的中国经济发展与产业升级，可惜的是，主流经济学家在讨论问题时，都没有提及该理论，如果从该理论的角度来理解一些分歧与争论，或许会有新的收获。

第一节　钻石理论的由来、主要思想与价值

一、钻石理论的由来

钻石理论是哈佛大学终身教授迈克尔·波特在他的经典著作《国家竞争优势》中建立的核心理论。该理论关注的核心问题是，一个国家为什么能在某种产业的国际竞争中崭露头角？波特真正关注的并不是一个国家拥有哪些竞争力强的

产业，而是为什么会形成这些产业？通过对一些重要国家产业发展的系统研究，发现关键在于这个国家具有造就这些产业的条件，包含的四个要素为：①生产要素；②需求条件；③相关产业与支持性产业；④企业战略、企业结构和同业竞争。他用这四个要素组成的钻石来形象地描绘竞争环境的组成，并将其统称为钻石理论。

钻石理论是建立在对八个重要国家产业发展的系统研究与提炼基础之上的，研究具有强烈的问题导向意识与丰富的实践基础，但该理论的经典之处不仅在此，它并不是波特的心血来潮，更不是灵光乍现，而是他长期思考与研究的结果，具有非常扎实的理论基础。该理论的前期理论基础五力模型、价值链理论都是公认的经典理论，这两个理论分别出自《国家竞争优势》之前波特的另两本著作《竞争战略》与《竞争优势》，这两本著作也都是享誉全球的学术经典。从《竞争战略》到《竞争优势》，再到《国家竞争优势》，既反映了波特战略管理思想的演变，也显现了钻石理论形成的轨迹。有学者将这三本著作共同称为"战略三部曲"或"竞争三部曲"，波特也因这三部著作被称为"战略之父"。

二、钻石理论的主要思想

第一，一个国家之所以拥有具有竞争优势的产业，不是因为拥有这些产业本身，而是因为这个国家具有塑造这些产业的条件，这些条件就是钻石理论的四要素。一国的财富主要取决于效率，政府的首要任务是创造一个支撑生产率提高的良好环境，路径是对钻石四要素施加积极的影响，为产业发展构建良好的基础。

第二，企业是经济与产业发展的微观基础，企业的活力是竞争力的主要来源。政府应创造激发企业活力的环境，而不是直接干预具体产业与企业。政府应放弃扶持某些重点产业的想法，凡是被直接扶持的产业不太可能具有强的竞争力。

第三，来源于劳动力、自然资源等的比较优势越来越不可靠，竞争优势才是财富的源泉。建立在初级生产要素上的优势越来越不稳定，国家应该创造良好的经营环境和支持性制度，让生产要素能得到高效利用和升级换代，一个国家具备能创造出生产要素的机制远比拥有生产要素的程度重要。

三、钻石理论对中国经济发展与产业结构升级的价值

钻石理论是对八个重要国家的产业发展的系统研究中提炼出来的，具有广泛的实践基础，它不仅构建了一个包含四个关键环境因素的显性框架，而且在这个框架中隐性蕴含了丰富的思想内涵。基于以下几个方面，决定了钻石理论的主要思想对中国的产业升级乃至整个经济发展都具有重要的借鉴价值和指导意义。在这个框架及其思想中，中国的产业升级乃至经济发展的许多问题都能找到答案。

第一，钻石理论回答了如何从根本上塑造一个有效率与竞争力的产业，这正是产业结构升级的本质，也是产业结构升级要解决的问题与根本目标。在美国"再工业化"背景下，中国亟须提升产业的整体效率与竞争力，需要培育若干具有国际竞争力的产业，尤其在未来的产业制高点上要占有一席之地。在人口红利消失、投资回报递减、杠杆率提高的情况下，只有提高技术进步、效率提升对经济的贡献，才能突破目前的困境（吴敬琏，2015）。提高效率是产业结构升级的出发点和本质，吴敬琏在2015中国企业领袖年会上指出，怎么强调提高效率都不过分。因此，迫切需要一个指导提升经济效率与产业竞争力的理论。中国在生产要素的投入方面已很难再维持大的增长，经济增长的动力必须从生产要素投入推动转向生产要素的利用效率提升推动，而钻石理论正是思考如何高效利用投入要素的。

第二，钻石理论立足于经济发展的微观基础，产业结构升级也需要解决微观主体的活力问题。产业结构升级的基础在微观企业，在于企业要具有较强的转型发展的动力、活力、潜力与能力，核心是动力。能否较好解决微观经济主体的动力问题在某种程度上决定了产业转型成败。钻石理论的分析主要立足于微观基础，尤其强调公司在建立国家竞争优势中的关键作用，注重分析钻石体系各要素分别对企业在某个产业内追求竞争优势时会造成什么影响，这与一般理论主要着眼于经济增长的宏观条件有所不同，与供给侧要解决问题的角度异曲同工。

第三，钻石理论有助于理解中国传统比较优势逐步丧失的问题。中国的劳动力、自然资源等传统比较优势虽然仍有一定的余地，但总体上正逐步丧失，这已成为中国经济面临很大压力的重要原因。不同于传统的比较优势理论，钻石理论力主竞争优势是一国财富的源泉，产业结构升级中需要解决推动产业结构升级的动力转换问题，需要推动核心动力从比较优势向竞争优势转变。钻石理论表明，一个国家把竞争优势建立在初级与一般性生产要素时，它通常是浮动不定的。因此，中国建立在这个基础上的竞争力遇到了前所未有的挑战，亟须摆脱对初级和一般性生产要素的依赖，真正建立起自己的竞争优势，突破经济可持续发展的瓶颈。但应通过什么方式来减轻与摆脱这种依赖呢？就是要推动传统生产要素的升级换代，构建新的比较优势，不断建立和提升竞争优势，钻石理论为此提供了一套较为系统的思路，值得借鉴。

另外，比未来实现产业升级本身可能更重要的一点，是在经济困难的情况下需要树立信心，需要更客观、科学、理性地认识和把握影响经济发展的一些重要因素。钻石理论给予了重要的启示，所谓的优势与劣势是相对的，两者之间完全可以相互转化，原本看来是劣势的因素反而可能是竞争优势的来源，而本是优势的因素反而可能导致竞争力下降。日本土地资源不足、土地价格昂贵的劣势倒逼企业创造了零库存；以色列干旱少雨的劣势造就了一流的农业节水技术，反而能在沙漠制造绿洲；英国北海油田的发现，本是拥有了资源的优势，但却延缓了产业升级的进程等。

这对传统比较优势逐渐丧失的中国来说，非常有助于重新认识所谓的优劣势，也不应过于将劳动力成本上升、资源不足等看成是经济发展的瓶颈，这些往往是创新的动力来源。某领域出现欠缺劳动力的现象，就产业发展而言，是有利而无害的，劳动力不足是驱动产业发展的压力（乔纳森·休斯、路易斯·凯恩，2013）。劳动力成本上升既倒逼企业创新，提升附加值，又意味着居民收入提升，收入水平提升有助于提升购买力与促进消费升级，这为产业升级提供了市场基础。可见，随着中国工资水平的不断上升，消费与市场需求这个最大的增长发动机将不断驱动制造业结构升级，成为制造业升级的重要力量（阳立高等，2014）。

第四，有助于科学认识供给侧改革与需求管理的关系。为了从根本上实现发展方式转变，推进产业结构升级，中国推出了供给侧结构性改革，但需求管理是中国长期以来的重要管理视角与手段，科学认识这两者之间的关系有助于更好地推进供给侧改革。需求与供给都是经济增长的重要原因，国家调控经济的手段既可以从需求方面也可以从供给方面进行，供给管理与需求管理都能促进经济发展，不能将它们对立起来，供给侧的改革并不排斥需求管理。相反，供给侧改革与需求管理各自有独特功用，两者配合起来使用可以让它们各司其职、各见奇效。正如习近平总书记2015年10月15日在G20会议上强调的要重视供给端和需求端共同协同发力。

钻石理论将供给与需求因素共同融入一个框架中，为处理供给侧改革与需求管理的关系提供了理论依据。在钻石四要素中，只有需求因素一个是需求侧的，另外三个要素是供给侧的，它表明供给侧改革与需求管理是可以放在一个框架或系统中的，两者是不矛盾的，供给侧改革并不排斥需求管理，相反可能需要需求管理的协同。

从更大的视角、更深的层次分析，供给与需求是一个系统的两面，它们之间具有相互依存、相互支持、相互制约的内在联系。没有高水平的供给，会制约收入水平提升，从而影响需求水平；没有好的需求条件，会让企业缺乏改善经营、持续创新的压力与动力，从而影响到供给质量与效率。可见，需求管理离不开供给侧改革，同样供给侧改革也离不开需求管理，供给侧的措施可以改变需求，需求侧的措施同样也可以影响供给，两者之间是无法割断的。从某种意义上说，供给侧改革的内容甚至可以看成包括部分需求管理，但这种需求管理不同于传统的以投资需求为中心的管理，而是以消费需求为中心的管理。供给侧的着眼点在提高供给侧的质量与效率,但施策点未必完全在供给侧,一些供给侧的问题恰恰需要通过需求管理来解决,同样一些需求的问题也需要供给管理来解决。

综上所述,在未来的产业结构升级中有必要引入钻石理论作为指导。当然,在使用钻石理论时,不能照搬,需要与中国国情相结合。比如,钻石理论根据发达国家情况,反对产业政策①,而中国的国情决定了不可能立即抛弃产业政策,但值得吸收钻石理论的思想,逐步从选择性的产业政策向功能性的产业政策转变。再如,供给侧改革需要化解产能过剩,钻石理论并没有专门讨论这个问题,这需要把钻石理论所隐含的一些思想挖掘出来,它对化解产能等问题是有帮助的。另外,虽然经济新常态意味着中国总体上进入了创新驱动发展阶段,但由于中国幅员辽阔,地区发展不平衡,一些地区仍处于要素驱动或投资驱动的发展阶段,所以还需要与具体地区的发展实际相结合,不能盲目抛弃一些初级要素的传统优势。

第二节 产业结构升级中的政府角色:有为且有限

毫无疑问,政府在经济与产业发展中一定需要扮演重要的角色,发挥不可或缺的作用。但到底应扮演什么样的角色,发挥什么样的作用,尽管学界进行了较多的研究与讨论,甚至争论,却难以达成共识。比如,学界就存在着有为政府与有限政府的争论,至今仍没有达成一致。那么,为有效应对美国"再工业化"战略,有力推进中国产业结构升级,到底该如何定位政府角色,发挥政府作用呢?

一、有为政府与有限政府是辩证的统一

政府角色定位问题的核心是如何处理政府与市场的关系,如何让市场在资源配置中起决定性作用和更好发挥政府作用。对政府的角色,著名经济学家田国强(2017)提出一个有效市场的必要条件是有限政府而不是有为政府,即政府仅在市场不能做时才能发挥作用,并指出有为政府与有限政府的本质差别在于,是着眼长期发展还是短期发展,是强调改革还是不改革,是靠制度还是靠政策等。笔者认为,不应将两者对立起来,有为与有限是辩证的统一。有为与有限并不矛盾,有为不代表"乱为",有限不代表"无为"。相反,政府要明确好自己的职

---

① 波特的原话是反对产业政策,但分析其本意,实际是反对选择性的产业政策。

能边界，做到有所为而有所不为，才能更好地作为。

迄今为止，市场是配置资源、激励创新、推动效率提升与产业转型升级最有效的机制（江飞涛、李晓萍，2018），而市场机制要发挥作用，高度依赖于政府所提供的制度体系的质量（Bhattarai，1999）。正如李义平（2016）指出的，如果市场不能在资源配置中发挥决定性作用，政府就没有更好地发挥作用。很简短的一句话，实际上很清晰地界定了政府与市场的关系，准确定位了政府的角色，也体现了有为与无为的辩证统一。

政府应该是有为的：第一，必须通过改革以让市场发挥决定性作用，市场是否有效，能否发挥决定性作用，取决于政府是否进行有为的改革；第二，必须更好地弥补市场失灵的领域，做好市场做不了的事。政府有为应该是有限的，政府的行为须限定在一定的边界范围内，不做本应由市场做的事，或者说只做市场做不了的事。如提供公共服务、清晰界定产权、加强知识产权保护、改善营商环境、完善法律与制度等。

在美国"再工业化"的背景下，中国政府在推进产业结构升级方面更应做到有为且有限。在有为方面，既要立足长远，加大改革与政府职能转变的力度，让市场更有效，让微观主体更有活力，让产业结构升级更符合内在的规律，又要应对好美国的贸易保护、投资管制等短期冲击；在有限方面，政府要明确自己行为的边界，不能什么都管，尤其不能以弥补市场失灵之名代替市场机制的作用，不出台或尽量少出台选择性的产业政策，不干预微观主体的运行等。

需要强调的是，即使政府的最终目标是建立有效的市场，但市场机制的完善需要一个过程，甚至是一个永无止境的过程，由于政府的能力与资源是有限的，对一些问题的认识不可能一步到位，往往需要通过一些渐进、务实的措施与改革来逐步调整和完善。在市场机制逐步完善的过程中，必然会伴随着一些市场失灵的问题，政府不排除使用一些短期的行政手段弥补市场失灵的可能，当然这只是权宜之计，政府必须立足于长远，时刻思考通过改革提高市场的有效性，不让市场失灵成为行政干预的借口。需要说明的是，有效市场是改革的目标，这个目标需要通过相关措施、途径或手段逐步实现，需要给政府一定的空间进行务实、渐进地推动。但不能把建立有效市场的目标与建立有效市场的手段混为一谈，更不应把国家务实渐进的改革和发展努力贴上"不改革"或"不重视改革"的标签（林毅夫、王子晨，2016）。

二、钻石理论框架内的政府是有为的，也是有限的

钻石理论有助于指导在推进产业结构转型升级中科学定位政府与市场的角色，处理好两者之间的关系。政府并不是钻石理论中四个要素的一个组成部分，

但政府对每一个要素都会产生或多或少的影响,这种影响是理解政府与竞争之间关系的最佳方式(迈克尔·波特,1990)。尽管钻石理论立足于经济发展的微观基础,重视市场的决定性作用,但不排斥政府的作用,相反强调政府应大有作为,应对钻石体系的四要素发挥正面积极的影响。钻石理论实际上构建了一个有为政府与有效市场的理念框架,但这个有为被限定在一个明确的界限内,那就是政府仅或主要对四要素施加影响。

有效推进产业结构升级需要转变政府职能,但职能转变是为了准确定位政府功能以及改变政府对经济作用的方式,并不意味着政府功能弱化,恰当的政府角色定位有助于更好地发挥市场与企业的作用,政府与市场完全可以在经济发展中各司其职、各尽所能、相互支撑。波特认为漠视经济政策对国家竞争优势的影响,正如过度夸大或过度贬抑国家与企业的关系,都是不切实际的。

中国经济的供需不平衡、有效供给不足、落后产能过剩、产业结构水平较低等问题已严重制约可持续发展,亟须发展一批新兴产业、改造提升一批现有产业,以形成新的增长点、优化供给结构、提升整体竞争实力。钻石理论是立足于如何提升产业竞争力的,但波特却不支持国家扶持特定的产业,指出政府首要任务是尽力创造一个支撑生产提高的良好环境,以对钻石体系的各要素产生积极影响,从而形成国家竞争优势的条件基础。一个国家之所以会产生有竞争力的产业,是因为这个国家具有产生这个具有竞争力产业的环境和条件。

钻石理论强调政府发挥强有力的作用,做到大有作为,但这个有为并不是直接干预产业与企业,而是立足于治"本",立足于为经济发展注入长久的动力与活力。可见,强调政府的职能转变并不意味着政府变"弱",更不意味着没有作为,相反,是要改变"强"的方式,是要大有作为。可见,钻石理论既强调了政府的有为,又明确或限定了政府的作用范围与方式,这实际上是从理论上防止"乱为",体现了有限的思想。

三、美国的经验与借鉴

在经济与产业发展方面,美国政府既是有限政府,又是有为政府。一方面,美国是自由市场经济国家,市场在资源配置中具有决定性的作用,政府的角色被限定在一定的范围内,总体上定位为服务型政府,它不代替市场的功能,不干预微观企业的运行,是有限政府;另一方面,尽管美国政府的行为被限定在较明确的边界内,但在经济与产业发展中一直是有所作为的。

第一,美国政府注重通过法制建设、产权保护等途径维护市场的有效性与决定性地位,同时注重在遵守市场规则的前提下,通过资本市场创新、金融创新、财政、税收等手段激发市场活力。如通过加大财政对研发的投入激发企业在这方面的投资,美国联邦政府在研发方面的投入总体上一直维持增长,但其所占整个研发投入的比重却持续下降,企业逐步取代联邦政府成为研发投入的主体,表明政府的投入很好地激发了企业的动力与活力。

同时,联邦政府在一些重大基础研究与核心技术的创新方面直接投资,发挥了不可替代的作用,有力地支撑了美国的科技地位与经济发展动力。比如,晶体管技术就是在1948年,由美国政府大力资助贝尔实验室带头开发成功的,同时美国的军事及航天计划为晶体管提供了最早的主要市场,它们的需求或许正是这个产业发展的最重要因素,德州仪器公司开发出第一个成功的商业硅晶体管,它被用于雷达和导航系统;在计算机领域,公共部门也帮助奠定了该领域的研究基础,尽管私营部门的支持也有一些,但美国军方与人口调查局是参与最深的两个政府部门;互联网也是政府出资办起来的,它原名叫阿帕网(ARPANET),ARPA(阿帕)代表 Advanced Research Projects Agency(高级研究计划署),是美国国防部的一个机构。我国总体上科技水平不高,既需要国家对一些重大科技领域进行直接投资,也需要通过政府投资激励更多的企业研发投入,值得学习借鉴美国的经验。

第二,美国政府重视对钻石要素施加积极影响。如生产要素中的人力资源,美国作为世界上教育最发达的国家,人力资源始终处于领先地位,但美国对此仍充满了极强的危机意识。金融危机之后,奥巴马总统在上任后面对经济复苏的重任,他在2009年的第一次《国情咨文》中指出,"复苏计划和金融稳定计划是我们在短期内恢复经济的直接措施。但是,要想完全恢复美国的经济实力,唯一的办法就是进行长期投资,从而创造新的就业机会、新的产业"。在这次演讲中,他明确了长期投资的3个领域:新能源、医疗保健和教育。后来,在历年的《国情咨文》《总统经济报告》等演讲中,奥巴马都对美国的教育表现出不满意,都强调要加大对教育的投入,强调人力资源要素对美国经济的重要性,强调国家应在这个要素上发挥更加积极的作用。美国的这个理念与做法值得我国学习,我国是发展中国家,人力资源与美国比仍有比较大的差距,应有更大的力度发展教育,怎么强调都不为过。

第三,美国政府重视通过提供公共产品和服务等手段弥补市场失灵,尤其在市场运行出现较大问题的情况下,美国政府不会听之任之。在美国经济发展史上,美国政府多次出手强力干预经济,以弥补市场的问题,如大萧条时期的罗斯福新政、"二战"后的马歇尔计划等。实际上,本次美国推出"再工业化"战略也是一次较强力度的干预经济,是一种政府有为的表现。为推进该战略,2009~2012年,在财政收入都低于2008年的情况下,财政支出大幅度增加,连续四年财政赤字在1万亿美元以上,远高于金融危机前的水平,其对经济的干预程度由此可见一斑。

第四，在本国国内的经济运行之外，美国企业通过投资、贸易等途径较深程度地融入了世界，美国政府注重通过利用自己的实力构建有利于自身的国际政治经济体系来维护与获取超额的价值，甚至不惜通过贸易保护、投资限制等手段保护自己的产业与企业。

尽管美国政府也存在这样那样的问题，一些政策与做法也饱受诟病，但总体上，美国政府的角色定位是准确的，值得中国学习和借鉴。在美国"再工业化"背景下，必须立足长远通过改革维护市场的决定性地位，从根本上为产业结构升级，为激发创新，为从整体上提升产业竞争力，为塑造一批具有国际竞争力的产业注入长久的动力。同时，对美国发起的贸易保护、投资限制等要有效应对，加强对走向国际市场企业的引导和保护，坚决维护中国发展利益与合法权益。另外，要重视利用中国不断提升的实力与国际影响力，重塑国际政治经济秩序，构建有利于中国的多边体系。

第三节　产业政策转型：从选择性到竞争性

要更好地处理政府与市场的关系，关键在于实现产业政策的转型，实现从选择性的产业政策向竞争性的产业政策转变。政府的角色定位应该体现在产业政策的转型中，美国的"再工业化"又增加了政策转型的紧迫性。要通过产业政策的转型为市场发挥决定性作用创造条件，更好地对钻石体系的要素产生积极影响，从而推动产业结构的升级。

美国政府一直指责中国政府控制资源分配、影响生产要素定价、制定产业政策规划、设置扭曲市场的补贴、损害美国的知识产权等，因此一直拒绝承认中国的市场经济地位，这也是特朗普政府发动贸易战的主要理由[①]。这里笔者要强调的是，实现产业政策转型，放弃选择性的产业政策，减少政府补贴，发挥市场的决定性作用等，不仅是贸易伙伴的外在要求，更是我国经济发展的内在需要。

一、现阶段迫切需要进行产业政策转型

中国自20世纪80年代末开始推行产业政策，产业政策既能够引进市场机

---

① 详见美国常驻世贸组织大使谢伊在2018年7月26日世贸组织总理事会会议上的发言。美国的指责总体上言过其实，需要加强与其沟通，纠正其认识的偏差，同时也要承诺我们将坚定推进改革开放，以积极回应美国的关切，寻求对方的合作。

制,也保留了政府对经济发展的干预,成为中国推动计划经济向市场经济渐进式转变的重要方式(江飞涛、李晓萍,2015)。产业政策在激发微观主体活力、推动重点领域发展、优化产业结构、缩小与发达国家的产业差距等方面取得了一定成效。

中国产业政策一直表现出强烈的干预市场、以政府替代市场机制与限制竞争的管制性特征,是选择性的产业政策(江飞涛,2010),其政策措施主要集中在市场准入、目录指导、项目审批、产业规划与扶持、财政补贴、税收优惠、强制抑制具体产业的产能过剩与盲目投资等方面,政府在重视发挥市场作用的同时,又不断尝试以自己的判断与选择来代替市场机制。在中国经济发展初期,由于产业发展水平低,与发达国家的差距较大,发展的方向比较明确,技术、市场的确定性较高,相对而言,选择性产业政策具备的基本前提条件,能发挥一定的积极作用。尽管会存在种种弊端,但确实在一定程度上有利于加快产业发展、调整结构、缩小与先进水平的差距等,总体上是有利有弊,在一定范围内还可能是利大于弊的。

但随着经济发展到一定阶段,选择性产业政策的弊端越来越明显,效果离政策的初衷越来越远。政府以补贴、保护或其他形态的干预手段来强行维持这类产业的生存,只会减缓经济升级的速度(迈克尔·波特,1990)。长期且持续的政府补贴和税收优惠,必然会干扰和削弱企业在核心能力建设方面的努力,很可能会诱发企业通过提升自身技术创新能力以及构建品牌获取收益的内生动力机制的弱化或缺失,进而对企业收益产业负面效应,而且财政补贴和税收优惠很有可能会演变为企业寻租的对象(张杰等,2013)。企业还可能进行策略性创新,向政府释放虚假创新信号来获取政府补贴(黎文靖、郑曼妮,2016)。政府投资对民间资本的拉动效应不明显,反而对民营经济部门产生挤出效应,各级地方政府刺激政策的扭曲与异化,将进一步压缩民间资本的生存空间和民营经济的发展空间,从根本上损害了中国未来经济增长的动力基础,最近十几年,以单一的直接投资或政府补贴企业投资手段为主,并没有发挥对产业结构调整和优化的效应(张杰、杨连星,2013)。

此外,宋凌云和王贤彬(2013)研究发现,政府补贴显著加快了产业结构变动,但政府补贴的结构变动效应具有短期性,随着时间推移消失甚至转为阻碍作用,补贴仅对当期或下一期产业结构变动具有显著促进作用,次年或第三年,不再具有显著影响,到第四、第五年,无论是用增加值还是就业份额增长率度量结构变动,补贴均不利于结构变动。余明桂等(2016)研究认为,为促进产业结构变化,产业政策向鼓励性行业提供信息补充以及信贷、财政补贴、税收、土地资源等政策刺激,使大量企业和资金同时涌入鼓励性行业,容易导致产能过剩现象，在政府的保护和扶持政策下，企业行为可能趋于短期化，对技术进步、提高产出效率缺乏足够的热情等。

除了总体产业结构没有得到优化之外，选择性产业政策直接扶持的产业也未能取得好的发展。中国1990年确定的汽车等四大支柱产业至今也未能发挥支柱产业的作用（姜江，2015）。从国外经验看，亦是如此。环顾各国，政府强力介入的产业，干预效果通常不是很好，绝大多数无法在国际竞争中立足。即使在有强势政府的日本和韩国，也是如此，如韩国的石化，日本的航空、软件等表现一直平平。而政府不重视及影响力相对较弱的一些产业却相当成功，如日本的传真机、复印机、机器人和高新材料，韩国的造船、钢铁等（波特，1990）。

可见，选择性产业政策在很大程度上引发企业向扶持领域"扎堆"投资，造成产能过剩，同时又限制了公平竞争，导致效率低下，诱使企业把精力放在向政府寻租，甚至骗取政府的各种补贴，而本身对创新与研发投入不足，导致被扶持的对象并不能真正实现能力的提升等。

更关键的是，除了这些弊端之外，在中国经济与产业发展到一定水平后，还失去了选择性产业政策行之有效的基本前提条件和基础。中国经济经过快速增长之后，原有的发展动力逐步枯竭，已不足以推动经济持续增长，必须通过创新驱动用新技术、新理念、新模式、新业态等来改造提升传统产业以及发展新兴产业，以实现经济增长的新旧动力转换。经济新常态和新工业革命背景下，结构调整和经济转型比之前任何时候都更依赖于技术创新及创新驱动（江飞涛、李晓萍，2015）。然而，高新技术和新兴产业等领域的发展方向难以预测，发展前景并不明确，具有高度的不确定性，也缺少可供借鉴的发达国家的成熟经验，这时如再用政府的集中选择代替市场的分散试验，风险会骤然增加，选择性产业政策的效果会越来越差。

为推进"再工业化"战略，美国在机器人、生物医药、节能环保、太空产业、3D打印、新能源等领域进行了大量投资，试图在相关产业占据制高点。毫无疑问，这些产业的发展对一个国家未来竞争力的作用是举足轻重的，但美国在这些领域能否在未来保持绝对领先地位其实是没有绝对把握和信心的。美国在传统领域逐步失去了优势，在信息产业领域也受到了强有力的挑战，所以必须在新的领域有所建树，以支撑其国家地位，但这些新领域是几乎没有经验可循的，也是高度不确定的，美国的焦虑越来越明显，特朗普的经贸政策表明了这一点。

中国在传统产业大而不强且在信息产业与美国还存在较大差距的情况下，美国对未来产业的谋划给中国产业发展带来了更大的压力，但也提供了机遇。这些领域各国起步都较晚，都在探索之中，发达国家并无绝对的优势，这其实是中国缩小与发达国家整体差距的难得机遇。但正是由于这些领域的高度不确定性，政府部门无法准确预知创新的方向，难以代替市场做出准确的判断与选择。这使得基于传统产业发展经验的选择性产业政策完全失去了存在的基本前提（江飞涛、李晓萍，2015），因此迫切需要进行产业政策的转型，为新兴技术与产业的发展构建新的政策环境，以从根本上为创新注入激励的动力，充分调动社会各界尤其是微观主体探索的积极性。

二、产业政策转型的方向：构建竞争性产业政策

在新时代，中国产业结构升级必须实现动力转换，应将创新作为结构调整的主要驱动力和最重要途径。但创新并不能自动产生，要实现创新驱动，首先要驱动创新，即要通过改革为创新注入动力或提升创新的积极性。在市场经济条件下创新是内在的、微观层面的自觉行动，这首先来自他们追求利润的内在冲动，其次来自于激烈竞争的外在压力（李义平，2016）。因此，产业政策的转型方向应立足于对微观主体形成有效的创新激励，以为企业的创新注入动力，进而促进提升创新能力。

基于此，中国应构建竞争性的产业政策，为各类经济主体创造公平、公正、合理的竞争环境，致力于从微观企业角度为产业结构升级注入动力，充分发挥企业家的作用，夯实产业结构升级的基础。竞争性产业政策通过营造一个公共、有序的市场环境和竞争秩序，使市场的参与者通过竞争实现优势劣汰，提高企业竞争力，促进产业发展（冯晓琦、万军，2005），其逻辑在于认可市场竞争是配置资源、激励创新、企业能力提升与产业结构升级最有效的机制。

竞争性产业政策的核心是准确定位政府的角色，处理好政府与市场的关系，保障市场在资源配置中起决定性作用和更好地发挥政府作用。根据钻石理论，政府的首要任务是尽力创造一个支撑产业发展的良好环境，尤其是要构建一个促进公平竞争的营商环境。这意味着政府在完善市场机制、打破垄断、放宽市场准入管制、完善产权制度、确保要素自由流动、提供公共服务等方面应扮演积极的角色，而在财政补贴、市场准入、市场干预等方面应受到严格限制。

产业结构升级是一个长期逐步演变的过程，根本的动力在于企业，在于市场经济的发展，不能过于依赖某一项政策，而是要构建让产业结构持续优化的根本动力机制，充分发挥微观企业的积极性和主动性（李义平，2016）。而竞争性产业政策恰好立足于激发微观企业的活力，既给了微观企业竞争的压力，又注入了创新动力，还有助于培养与提升核心能力，这种微观主体的活力才是产业结构转型升级的内在动力。

第一，竞争性产业政策给了微观企业必要的压力。竞争性的产业政策致力于构建公平竞争的市场环境，放松市场准入限制，打破行政垄断，鼓励竞争。政府

会越来越少地扶持特定的产业与企业，所有企业逐步一视同仁，不享有政府保护与扶持的特权，都要面临市场竞争的压力，都会在竞争中优胜劣汰。所有企业尤其是在位企业失去了寻租的空间，只能面对激烈甚至是残酷的市场竞争，必须问计于市场，致力于改善经营，更好地满足消费者的需求，承受住竞争的压力，才能生存和发展。

第二，竞争性产业政策为微观企业注入创新动力。竞争机制给企业带来的压力会转化成动力，激发企业家精神，尤其是创新精神。企业为了提高市场地位与赢得竞争，必须敏锐关注市场的变化，捕捉市场的机会，不断开发新的产品和服务，或者提供比竞争对手更好的产品与服务。要捕捉新市场机会，尤其是挖掘并发现新的、潜在的市场需求，会激发企业不断更新经营理念，创新市场调研与分析的方法；要创新产品与服务，会激发企业不断学习新的知识，不断采用新的技术，不断改变要素组合方式等。此外，即使是在位的大企业，面对潜在的竞争者，为了维护自己的市场地位，也会不断进行探索和创新（贾苗苗，2018）。正是企业的创新，使得市场不断创造出新的产品、新的服务、新的技术，并由此推动消费结构和产业结构的不断升级。

第三，竞争性产业政策有助于培养与提升微观企业的核心能力。在激烈的竞争中，核心能力逐渐成为企业竞争优势的重要甚至主要来源，产业结构升级也越来越依赖微观企业的核心能力及其所带来的转型发展潜力。核心能力与核心技术一样是市场上买不来的，但公平的市场竞争会激励企业不断学习、探索新的知识，不断创新、尝试新的商业模式，不断丰富、积累成功的经营经验，不断总结、吸取失败的教训等。企业正是在市场竞争的磨砺中，不断探索、试错、总结、积淀，最终形成"诀窍"性的隐性知识，这种知识是难以编码和传递的，是难以学习和模仿的，这种"诀窍"往往是独门绝技，它是企业竞争力的重要来源。

需要强调的是，随着环境的改变，这种知识仍有可能逐步不适用或过时。因此，企业最核心的资源实际上并不是这种隐性知识本身，而是积累这种知识的经验，这种经验可以让知识得到持续的更新，从而支撑企业维持甚至提升市场竞争地位，这种经验才是企业能力中最核心的部分。可以清晰地看出，正是竞争性产业政策提供的市场环境促使了企业这种核心能力的培养、积累与提升。

三、将产权制度的完善放到突出位置

俗话说，有恒产者有恒心。产权是市场经济的基础、社会文明的基石、社会发展动力。在竞争性产业政策的构建中，要高度重视完善产权制度，尤其是知识产权制度，包括产权的界定、配置、交易、保护等制度。不同所有制的产权要平

等保护，公平参与市场竞争、平等使用生产要素，政府要带头保护民营产权，讲究诚信，不使用公权力侵犯民营产权等[①]。

在产权制度完善中，尤其要加强产权保护。李克强总理在2017年政府工作报告中指出，保护产权就是保护劳动、保护发明创造、保护和发展生产力。要加快完善产权保护制度，依法保障各种所有制经济组织和公民财产权，激励人们创业创新创富，激发和保护企业家精神，使企业家安心经营、放心投资。对于侵害企业和公民产权的行为，必须严肃查处、有错必纠。

在产权保护制度中，尤其要重视知识产权的保护。中国经济持续发展与产业结构进一步升级的最大瓶颈在于核心技术的不足，而核心技术是买不来的，只能靠自主创新，在不断的试错中点滴积累。但要明白，创新是一系列制度安排的结果，其核心是知识产权（李义平，2016）。知识产权保护让创新的投入与收益得到了保障，会更好发挥企业家的作用，激发企业家的创新精神，会从根本上激励企业依赖创新、自主创新、投入创新，也有助于推动企业在创新过程中进行合作与协同，最终会产生越来越多的创新成果，尤其是核心技术。

尽管中国核心技术比较缺乏，但美国还是对中国经济的快速增长以及在核心技术方面的抱负与追求表现出极大的忧虑，其在核心技术方面对中国的"封杀"意味越来越明显，这种挑战前所未有。在这种背景下，中国应下更大的决心加快完善知识产权保护制度的步伐，以更大力度从根本上解决创新的激励问题。

四、在构建竞争机制中要注意循序渐进

毫无疑问，竞争性的产业政策对弘扬企业家精神、激发自主创新、提升企业能力、促进产业结构升级等方面具有根本的推动作用。但应该认识到，从选择性产业政策到竞争性产业政策不可能一蹴而就，市场体制的健全、竞争机制的建立、产权制度的完善等都需要一个过程，应以渐进的方式引入竞争机制，循序渐进地建立并完善竞争性产业政策。

对选择性产业政策也应有客观的认识，应承认它在经济发展初期所发挥的积极作用，尽管随着经济的发展，它的弊端逐步显现出来，但应认识到中国政府在渐进且务实改革中付出的努力，在新的体制没有建立起来之前，并不宜完全放弃现有政策。在改革进程中，选择性产业政策会随着竞争性产业政策的完善而逐步退出，产业政策的重心会逐渐发生改变，但两者会在较长时期内共同存在。甚至将来竞争性产业政策很完善了，选择性产业政策也不会完全退出舞台。

以美国为例，它是一个市场经济高度发达的国家，政府也确实很少直接干预

---

① 这里参考借鉴了常修泽在2018年央视中国经济大讲堂《新阶段如何完善产权制度》中的观点，在此表示感谢。

经济，但仍有不少选择性产业政策的影子。在"再工业化"战略的政策组合中就存在着部分选择性的产业政策，如《2009年美国复兴与再投资法案》（*American Recovery and Reinvestment Act of* 2009），推出了总额为7870亿美元的经济刺激方案，明确可再生能源与节能项目、医疗、环保等成为投资重点；《振兴美国制造业和创新法案2014》中明确了制造业创新中心重点关注纳米技术、先进陶瓷、光子及光学器件、复合材料、生物基和先进材料、混动技术、微电子器件工具开发等领域。这些政策虽然没有选择直接扶持具体的企业，但却选择了振兴具体的产业。

因此，对产业政策的讨论，不应非黑即白、非此即彼。美国总体上是竞争性的政策，但其实一直存在着选择性的产业政策。美国的许多重大技术发明创造都得到了政府的直接投资或资助，如半导体、互联网、计算机等。在科技创新领域，主张让企业探索，坚持以市场为导向、企业为主体的方向是对的。美国的科技创新，就是从政府为主体，逐步转向以企业为主体的，这从联邦政府的研发支出占总支出的比重变化中可以看出。在1978年前，美国联邦政府一直是研发投资的主体，其占总研发费用的比重在50%以上，其中1959年达到了65.2%，美国政府在技术探索中所发挥的主导作用由此可见一斑。当然，自1979年之后，非联邦政府资助的研发费用超过了联邦政府，并逐渐成为了研发投资的主体，2011年，联邦政府资助的研发费用占比下降到了29.6%。

但要说明的是，强调企业探索，不应排斥政府参与。有经济学家坚决反对政府参与探索是有失偏颇的，对一些风险极大的领域，政府通过投入一些资金，鼓励企业加大探索的力度，与企业共同分担，实际上是有助于激励企业加大探索力度的。针对技术水平不高的问题，中国政府应该考虑如何提升企业增加研发支出的积极性，其中如何科学地通过政府资金来撬动企业资金是一个不应忽视的路径。

第十二章　推进供给侧结构性改革

随着中国经济进入新常态，由于劳动力成本持续上升、产能过剩、价值链低端"锁定"、美国"再工业化"等因素的影响，经济下行压力进一步加大，可持续发展遭遇重大挑战，必须下大力气实现产业结构转型升级的实质性突破，实现经济增长的动力转换，推动经济的可持续健康发展。

在此背景下，2015年11月10日在中央财经领导小组会议上，习近平总书记提出要"在适度扩大总需求的同时，着力加强供给侧结构性改革，着力提高供给体系质量和效率，增强经济持续增长动力，推动中国社会生产力水平实现整体跃升"，由此正式拉开了供给侧改革的大幕，预示着经济发展理念的重大转变。

毫无疑问，供给侧改革意味着中国经济发展理念的重大转变，问题是我们该如何认识这种转变？供给侧改革能成为产业结构转型升级的"良药"吗？长期以来，需求一直被认为是经济增长的发动机，需求侧的消费、投资、出口一直被认为是经济增长的"三驾马车"，需求管理也被看作是经济增长的关键。供给侧改革是对需求管理的放弃吗？需求管理是凯恩斯主义的核心思想，有学者认为供给侧改革意味着中国放弃了坚持已久的凯恩斯主义，也有学者认为这是采纳类似20世纪70年代美国供给学派的主张。供给侧改革是对凯恩斯主义的放弃和对供给学派的坚持吗？如果是，为什么要放弃经济增长的动力之源？如果不是，又该如何从理论上对供给侧改革做出解释？

此外，根据迈克尔·波特在《国家竞争优势》中提出的钻石理论，需求条件是一个国家培育具有竞争力产业的关键条件之一，这个结论是在对8个重要国家产业发展的系统研究的基础上得出的，具有广泛的实践基础与理论意义，对产业结构转型升级具有较高的指导价值。波特是战略与产业领域国际公认的权威，供给侧改革的思路与波特的培育需求的思想是否相悖呢？如果是，是否意味着供给侧改革与权威理论相抵触？如果不是，又如何理解两者之间的关系？

可见，要厘清供给侧改革到底是不是产业结构转型升级的"良药"，有必要对一些重要理论与实践问题进行深入研究与系统分析，必须对其从理论上、逻辑上说清、说通、说透，以提高各方面对供给侧改革的认识水平，从而有效推进供给侧改革。那么，我们到底该如何理解供给侧改革？它的理论逻辑是什么？对中国产业结构转型升级会有什么样的影响？又该如何进行供给侧改革呢？

第一节 供给侧改革的内在机理

一、经济增长的根本动力来源是需求，但需求能否实现却取决于供给对需求的反应

追根溯源，需求是人类社会存在和发展的原动力，有需求才会继之有生产活动来用以提供满足需求的产出，从而产生供给（贾康，2015）。所以，经济增长的源头在需求，因为没有需求就不会有生产，也就没有供给。由于经济增长的源头在需求，因此经济学一直都特别重视对需求的研究，各国政府尤其注重从拉动经济增长的"三驾马车"——消费、投资、出口的角度分析与调控经济，中国当然也不例外。

然而，中国通过需求管理的方式在取得巨大成就的同时也积累了许多矛盾，单纯依靠需求管理的方式逐步走到了尽头。中国经济在取得 30 多年的高速增长之后，逐步显出疲态，增长速度持续下滑，下行压力进一步加大，可持续发展遇到前所未有的挑战。那么，既然需求是经济增长动力的根本来源，为什么注重需求增长的管理越来越行不通了呢？

学者们较多从需求本身的角度对此进行了分析，如吴敬琏（2015）指出，中国为保持经济增长较高速度，就要想办法增加需求，最后落脚到用增加投资来拉动增速的办法上，但由于投资具有回报递减倾向，使得拉动经济增速的效果越来越差。厉以宁和马光远（2015）认为，需求管理具有短期刺激特征，近期内可以做到，容易见到效果，但传统的刺激手段已经筋疲力尽，难以为继等。

实际上，仅从需求本身分析并没有真正揭示问题的本质。需求本身当然是重要的，但比需求本身更重要的是需求的信息能否有效传递给供给端，供给能否对需求信息做出高效的反应。当前，中国在需求方面确实存在问题，但比需求问题本身更重要的是供给对即便是有效的需求也难以做出恰当的反应。中国之所以会存在比较严重的产能过剩，同时又出现游客大规模海外扫货现象，说到底是供给侧的企业不能有效应对市场需求。一方面，对需求的反应过度，盲目投资，重复建设，形成过剩；另一方面，对需求又反应迟钝，缺乏创新，导致有效供给不足。

以光伏产业为例,该产业是中国重点发展的战略性新兴产业之一,由于政府不当干预(余东华、吕逸楠,2015)、市场与主要原材料两头在外、光伏设备装机容量增长速度慢、欧美反倾销等原因,该行业从起步发展到全行业产能过剩与亏损仅用了短短几年时间。这些原因会集到一点,其实就是光伏行业的供给不能对需求做出恰当有效的反应。根据余东华和吕逸楠(2015)的研究,光伏行业上游环节的整体产能利用率仅为24.90%,下游77家样本企业在2008~2014年的整体产能利用率仅为54.00%,如此严重的产能过剩仅是因为市场在外吗?根据市场的需求进行生产是企业应遵循的基本原则,为什么市场需求的信息得到了这么严重的扭曲呢?这样的供需失衡到底是需求的问题呢,还是供给不能有效适应需求的问题?实际上,光伏困境主要原因说到底是不能有效应对国际市场竞争,不能有效满足市场需求,与市场主要在外并无必然联系,这不应成为行业向政府"呼救"的借口。像韩国、瑞士等一些小国,它们的国内市场不大,很多企业都以国外市场为主要发展方向,甚至是"天生全球化"企业,但正因如此反而成为了世界级的伟大企业。

有学者指出,中国应加速国内光伏发电的投资,即通过对光伏行业的需求管理来消化该行业过剩的产能,从而化解困境。其实,这种思路是"头痛医头,脚痛医脚"的做法,它的确可能立竿见影,在短期内见到一些成效,但不能消除根本的问题,而且从长期看会产生更严重的后果。试问,在现有体制下,如果真的通过政府投资光伏发电以消化过剩产能,作为供给方的企业会如何应对,它们会仅满足于消化产能吗?还是更有可能将其当作加速发展的机遇呢?实践证明,不解决供给体制的问题,这种投资只会对企业发出错误的信号,认为政府会持续扶持该产业,从而引起新一轮的投资冲动,会促使产能进一步扩大,从而产生更严重的过剩。所以,要从根本上解决光伏行业的问题,关键是反思形成过剩的机理,从供给端进行有效的改革,让企业既充满活力,又不再冲动,扎扎实实根据市场需求经营和创新。如不解决投资冲动与重复建设的机制问题,通过投资加大一些短期的需求只会对未来形成更大的冲击。

光伏行业的状况仅是供给效率低下和产能过剩的一个缩影,钢铁、水泥、电解铝等行业的过剩则更加严重,家电、汽车、服装等行业可能又会陆续加入全面过剩大军。可见,中国现在到了切切实实解决供需失衡、供给效率低下问题的时候,只有通过供给侧改革解决了供给对需求的反应问题之后,需求的信号才能有效传给供给侧的企业,需求拉动经济增长的路径才能真正打通,中国经济的可持续增长才有坚实的基础。

需要说明的是,这里讨论供给侧改革的必要性,并不否认以需求管理为重心的经济调控对经济发展曾产生的积极作用，以及在特定背景下的合理性。根据波特的四阶段论，即将国家经济发展分为生产要素导向、投资导向、创新导向、富裕导向四个阶段，在不同的阶段应依赖不同的力量，使用不同的对策。投资导向是一国经济发展必须经历的阶段，此时以投资为重心的需求管理也就成为必然。当然，随着经济的发展，从投资导向迈进创新导向阶段时，经济调控的理论、路径当然要发生改变。

二、供给对需求的反应能力影响甚至决定需求水平

所谓需求，是在一定时期、一定条件下，消费者愿意购买并有支付能力购买的商品数量。可见，要构成现实的需求，不仅需要有购买的意愿，还要有支付的能力。要有支付能力就必须要有可支配的收入，这个收入从哪里来呢？它的水平又取决于什么呢？实际上，在一对供求关系中的消费者在另一对供求关系中可能是供给者，消费者的支付能力取决于他的收入水平，而收入水平是由其在另一对供求关系中的供给水平决定的。当一个企业能够以较高的效率较好地满足市场需求时，企业的盈利能力就强，也就有支付较高劳动报酬的能力，从而提升员工作为消费者时的支付能力，反之亦然。

正如萨伊（1803）指出的，一种商品生产出来，将它销售出去，也就创造了一定的需求，就可以买相当价值的另外商品，即一种商品要由另一种商品来购买，这也是萨伊定律的核心思想。对其简单的理解就是"供给自己创造自己的需求"（王雪梅、谢实，2005），即 A 的需求是由 A 的供给水平决定的，A 的供给水平决定了其收入，从而决定了其支付能力。要改善一个群体的需求，实际是要思考这个群体如何改善自己对市场的供给以换取收入去满足自己的需求，只有改善供给能力，才能提升收入，从而提升整个社会的需求水平。刺激需求最好的办法就是改善供给，不仅提升一对供求关系中的供给方的供给水平，以激发需求方的购买，更要考虑需求方如何改善自己的供给以把消费欲望变成现实的消费能力。所以，一个社会的购买力表面上看是由需求决定的，但实质上是由整个社会的供给质量和效率决定的，整个社会的整体供给水平即供给对需求的反应能力影响甚至决定了需求水平。

据工业和信息化部 2011 年的一项研究报告指出，2000～2010 年，发达国家、世界总体和中国工业增加值率的水平分别为 40%、35% 和 26.5%，中国工业增加值率水平不仅远低于发达国家水平，也远低于世界平均水平。另外，近年来中国经济发展进程中的一个突出问题就是出现了劳动报酬占 GDP 比重逐年下滑的重大经济现象（张杰等，2012），根据 CEIC 数据库的数据，1992 年中国劳动报酬占 GDP 的比重约为 54.7%，此后逐步下降到 2008 年的 48.2%，16 年间大约

下降了6.5%。工业增加值率低与劳动报酬占GDP比重持续下降都是供给端的原因造成的，这两个因素将直接制约整个社会的消费能力提升，直接表现就是消费需求不足制约了经济增长，而消费需求的不足恰恰是供给水平低造成的。可见，中国供给侧对需求较低的反应能力最终制约了需求能力，要改善需求管理需要从改善供给入手，从某种意义上来说，供给侧改革是需求管理的延伸。要说明的是，近年来中国劳动力成本上升对经济的发展并不一定是坏事：第一，劳动力成本上升说明人均可支配收入上升，有助于提高消费能力；第二，劳动力成本上升有助于倒逼企业创新，不断提高附加值；第三，劳动报酬占GDP比重逐年下降说明单位产出的劳动报酬实际是下降的，从某一侧面说明劳动要素的产出效率是提升的。

特别要强调的是，某些学者提出的所谓"供给创造需求"与萨伊的"供给自己创造自己的需求"具有本质的不同。"供给创造需求"所说的是一对特定供求关系中改善供给能够创造本不存在的需求，比如当智能手机推出来之前，市场是没有这一消费需求的，当这种产品投放市场之后，消费者发现这种产品是他需要的，于是产生了这种需求，故供给创造了需求。这涉及企业价值创造的逻辑到底是"适应需求"还是"创造需求"的问题。其实并不存在所谓的"创造需求"，为什么有的企业推新产品失败，有的推新产品成功，道理很简单，失败说明推出的产品不符合消费者的需求，而成功则反之。成功推出新产品的企业，表面上看是创造了需求，实质上是更好地适应了需求，是创造性地挖掘并适应了潜在的需求，从而更好地提供了符合需求的供给。当然，这样的供给是有效的，企业的附加值才可能更高，这种供给反过来也就创造了自己的需求，即"供给自己创造自己的需求"。

三、传统以投资需求管理为重心的经济调控不符合产业结构升级的内在规律

各界对产业结构优化升级的重要性早已达成共识，各方面对推动产业结构转型升级也做出了不懈的努力，由于经济改革与调控的重心或出发点是基于需求管理，尽管从数据上看产业结构不断取得优化，但产业结构却没有取得实质性的优化。根据国家统计局历年国民经济和社会发展统计公报，2006年第一、第二、第三产业增加值占GDP的比重分别为11.8%、48.7%、39.5%，2010年分别为10.2%、46.8%、43.0%，2015年分别为9.0%、40.5%、50.5%，第三产业增加值的比重快速提高，第一产业增加值的比重稳步下降。尤其是第三产业的比重，在10年的时间里提升了近11个百分点。但资本生产率、增加值率、盈利能力、全要素生产率等衡量经济产业竞争力与质量的指标却改善缓慢，未能与三次产业比重数据同步变化。

这种产业结构数据的快速变化显然不能体现产业结构升级的内在规律，第三产业占比的快速上升的基础并不扎实。近几年，中国房地产行业的投资快速增长，金融行业的非常规发展，这些都是迅速拉高第三产业比重的重要因素。但在这些因素推动下的第三产业过快增长，非但不能看成是产业结构的有效升级，反而要花力气消除其对经济持续增长的不利影响。房地产行业过多占用了资源，从投资角度来说，挤压了研发、品牌建设、技术改造等方面的资金与投资积极性，从消费角度来说，挤压了居民的消费能力。近年来，中国金融与保险行业占GDP的比重上升过快，2015年这个比重超过了美国，其风险值得警惕。

前文分析表明，产业结构升级的内在逻辑是分工深化、效率提升，第三产业发展的前提是第二产业的高度发展并进一步深化分工，要发展第三产业，首先要做强第二产业。从发展生产性服务业的角度看，在很大程度上说，其实不需要思考如何发展第三产业，只需要思考如何做强第二产业，第三产业的发展是第二产业持续做强的自然结果，因为第二产业高度发展的结果自然就是分化出越来越多的服务性环节，这就是第三产业。而且，这样基础上演变而来的产业结构自然就是高级化的，第三产业的发展也自然会被第二产业吸收，不会形成产能过剩的问题。从某种意义来说，如果没有强大的工业，都没有资格谈发展第三产业。

而中国传统以投资需求管理为重心的思路与产业结构升级的这个内在规律恰恰是相悖的，它不是从进一步发展第二产业的角度来衍生并发展第三产业，而是为了迅速改变产业结构的统计数据，人为投资发展第三产业，很大程度上是为了发展第三产业而发展第三产业，这样做的结果只能是仅仅实现了统计学意义上的产业结构优化。这种表面现象的背后付出了巨大的代价，一方面，第三产业存在与第一、第二产业脱节的状况，不能有效支撑第一、第二产业的发展，自身也形成较大浪费；另一方面，由于注意力集中到第三产业、基础设施等领域内的投资，第二产业内的技术改造、品牌建设等投资却相对不足，使得第二产业内的结构仍然处于较低的水平，导致工业的总体竞争力较低，第一产业内的情况也大体相似。

需要说明的是，以投资拉动为主的需求管理不符合产业结构升级的内在规律，不利于促进产业结构升级，并不代表所有需求管理都不能促进产业结构升级。根据钻石理论，需求条件是一个国家培育具有竞争优势产业重要条件之一，是产业冲刺的重要动力，一个国家要培育一流的产业，必须要培育内行而挑剔的客户，包括最终消费者和中间品购买者。这些内行而挑剔的客户会给企业努力改善和创新的压力，从而促进企业不断形成和提升竞争优势，进而成为整个产业的竞争优势，这个过程就是产业结构升级的过程。所以，需求管理对产业结构升级具有一定的促进作用，问题是需求的信息能否有效传递给供给侧的企业，企业能否对市场的信号做出有效的回应,这是产业结构能否有效升级更关键的方面,这个问题只能通过供给侧的改革来解决。

四、供给侧改革并不排斥需求管理,相反需要需求管理的协同

需求与供给都是经济增长的重要原因,国家调控经济的手段既可以从需求方面进行,也可以从供给方面进行,供给管理与需求管理都能促进经济发展,不能将它们对立起来,它们之间具有相互依存、相互支持、相互制约的内在联系,供给侧的改革并不排斥需求管理;相反,供给侧改革与需求管理各有各的独特功用,两者配合起来使用可以让它们各司其职、各见奇效。正如习近平总书记2015年10月15日在G20会议上强调的要重视供给端和需求端共同协同发力。

前面的分析表明,需求能否实现取决于供给对需求的反应,我们要从供给侧着力解决不能有效满足需求的问题。如果供给侧改革到位,供给能有效对需求做出反应,但需求本身存在问题呢,岂不同样会误导供给,因此仍需在需求端发力,不断优化需求结构,让健康的需求结构来引导供给。可见,供给侧改革意味着调控的重心从需求侧转到供给侧,但并不是完全放弃以需求管理为核心的凯恩斯主义。我们仍需要积极的扩张性的财政政策来适当扩大需求,且更多将财政资金投入到民生、环保等领域,在扩大需求的同时更注重优化需求结构。当然,需求结构的完善也需要供给侧的改革做支撑,因为供给效率提升可以影响消费支出能力,从而改变"三驾马车"中的力量对比,进而优化需求结构,减轻对投资需求的依赖。

需要说明的是,学界对于投资的理解存在着误区和争论,由于投资边际效率递减规律的存在,中国经济过去对于投资的依赖过大,使得投资拉动经济增速的效果越来越差(吴敬琏,2015)。如2008年全球金融危机爆发后,2009年采取以投资为主的强刺激政策来拉动经济,经济在短期内快速回升,但仅经过短暂的时间,2011年以来经济增速又进入了下降通道,故学者们普遍不赞同再通过投资的方式拉动经济增长。但实际上,投资并不可怕,关键是什么性质的投资,由谁投资。林毅夫(2015)在分析"三驾马车"的状况后,仍坚持选择投资。投资既是需求端"三驾马车"中的力量之一,又是供给侧的经济增长因素之一。经济为什么能在需求的拉动下实现增长呢,是因为有供给端的新增劳动力、新增资本、生产效率提升三个因素的推动,其中新增资本就是投资,如果没有有效的投资,经济也很难实现增长。所以,不要"妖魔化"投资,但在投资的方式上应以企业家为主体,企业根据比较优势,根据市场需求进行产品和服务的升级换代,这是最大的投资(林毅夫,2015)。2014年上半年,中国企业技术改造投资占工业投资比重为39.6%,而发达国家在20世纪50年代实现工业化前后技术改造占工业投资的比例达50%~70%（赵昌文等，2015），可见，中国需要在企业层面加大提高供给质量和效率的投资力度，同时要改变政府主导的投资方式①。

需要强调的是，学者们普遍认为需求方面的管理是一种短期调控②，而供给方面的管理是中期的调控，这其实也是认识上的误区。之所以认为需求管理是短期调控，是近期内可以做到的，是因为将需求管理的注意力放到了投资需求上，政府往往通过财政支出、信贷等手段加大投资，使经济增长短期内见到成效。实际上，对"三驾马车"之一——消费需求的管理效果不是短期内能见到的，消费需求的培育是一项长期的系统工程，而消费需求应该是主导需求，它对经济的长期稳定增长应该具有根本的拉动作用。从这个意义上来说，需求管理并不是一种短期调控。当然，政府也可以通过在短期内刺激消费来拉动经济增长，但刺激出来的消费不是建立在劳动生产率提高，进而收入提高的基础上，而终将难以持续（赵昌文等，2015）。因此，更不应该因存在对消费的短期刺激而将需求管理归为短期调控。

第二节　供给侧改革的理论资源

如果没有扎实且合适理论的支撑和指导，在错综复杂的经济运行环境中，供给侧改革很容易迷失方向，也较难出台系统、协调、配套且有效的政策。前面分析表明，尽管供给侧改革并不排斥需求管理，也不意味着抛弃凯恩斯主义，但供给侧改革不再适用凯恩斯主义。那么，供给学派的理论适合吗？抑或有其他可以用来指导的理论资源吗？

一、供给学派的理论不适合中国的供给侧改革

有学者从美国供给学派的角度来讨论供给侧改革，实际上经济新常态下的供给侧改革与20世纪70年代末80年代初美国供给学派的主张及里根总统发动的"里根革命"不可相提并论，它们之间具有很大的差异。供给学派的产生具有特定的时代背景，其主要观点与政策主张也具有特定的内涵，它对中国的供给侧改

---

① 笔者并不否认政府主导的大量基础设施等项目的功用，它们不仅在特定时期取得了短期拉动经济的效果，而且很多项目也具有较高的社会效益和突破经济发展瓶颈的重要作用，并将在很长时间内持续释放出来。

② 学者们判断需求管理是短期调控的主要依据是凯恩斯当时主要是从短期角度来研究需求管理的，凯恩斯主要建议政府通过扩张性财政政策、投资公共工程等措施来增加需求，但凯恩斯的需求管理并不是需求管理的全部，凯恩斯的需求管理是短期视角的并不表示需求管理就是短期视角的。

革虽然具有一定的借鉴意义，但总体上是不适用的。因此，不能将供给学派作为供给侧改革的指导理论，那会对供给侧改革本质的把握产生误导。

供给侧改革与供给学派产生的时代背景与要解决的问题完全不同，其基本的出发点与理论逻辑也相去甚远。要理解供给学派，需要从美国20世纪30年代的经济大危机说起，那次大危机让经济自由主义思想遭到前所未有的挑战，凯恩斯主义经济学开始崛起，各国纷纷开始推行凯恩斯的需求管理政策，依靠政府对经济的干预来刺激总需求，并取得了积极成效。但经过一段黄金时期后，到了70年代中后期，以美国为代表的西方资本主义国家的经济出现了高通货膨胀与低增长率并存的"滞胀"状况，凯恩斯主义不能解决这种问题。刺激需求会使通货膨胀更加恶化，而抑制通货膨胀又会导致生产更加萎缩（王雪梅、谢实，2005）。正是在这样的背景下，经济学家开始反思凯恩斯主义，寻找能解决问题的新经济理论，供给学派应运而生。供给学派要解决的是整个经济供给不足的问题。

反观中国的供给侧改革，中国目前面临的经济现状并不是"滞胀"，中国经济即便在换挡期也仍取得7%以上的中高速增长，而且通胀率维持在较低的水平。中国经济的主要矛盾与要解决的主要问题并不是投资与供给不足，而是供给结构与经济效率的问题，根据赵昌文等（2015）的测算，2012~2013年中国新增资本对经济增长的贡献率为104.6%，而全要素生产率提升对经济增长贡献率却为-6.5%。总体上中国经济处于"过剩"状态，相对于庞大的供给，需求反而显得不足。但这种"过剩"状态，并不是生产效率高造成的，主要因素在于大规模的劳动与资本投入的推动。

然而，这种大规模的投入不仅造成了供需失衡与效率低下，而且这样大的投入难以为继。中国的主要矛盾是供需结构不平衡，一方面供大于求，另一方面许多需求又得不到满足，总体供给过剩，供给效率低下，许多方面存在供给不足。既存在着大量低端产品的激励竞争，又面临着高端产品缺乏、质量和品牌有待提高的局面（赵昌文等，2015）。因此，供给侧改革的主要目的是优化供给结构，提升供给质量和效率。可见，供给学派的理论并不能解决中国当前的经济问题，供给侧改革还需要另寻或创造新的理论。当然，新理论不应排斥供给学派的合理成分，还应主动从中吸收其养分。

二、供给侧改革值得借鉴钻石理论的主要思想

笔者认为，前述钻石理论也比较适合指导中国的供给侧改革，尽管它可能并不完全适用，不能照搬。但基于以下几个方面，决定了钻石理论的主要思想对中国当前的经济改革具有重要的借鉴价值和指导意义。

（一）钻石理论的出发点是提升经济效率，与供给侧改革的目标不谋而合

在人口红利消失、投资回报递减、杠杆率提高的情况下，只有提高技术进

步、效率提升对经济的贡献，才能突破目前的困境（吴敬琏，2015）。提高效率是供给侧改革的出发点和本质，吴敬琏在"2015 中国企业领袖年会"上指出，怎么强调提高效率都不过分。因此，迫切需要一个指导提升经济效率的理论。钻石理论的出发点正是思考"国家如何创造一个良好的经营环境和支持性制度，以确保投入要素能够得到高效地使用和升级换代"，这正是供给侧改革需要解决的核心问题。前面分析表明，中国在生产要素的投入方面已很难再维持大的增长，经济增长的动力必须从生产要素投入推动转向生产要素的利用效率提升推动，而钻石理论正是思考如何高效利用投入要素的。

（二）钻石理论立足于经济发展的微观基础，供给侧改革需要解决微观主体的活力问题

供给侧改革要通过改进制度供给，大力激发微观经济主体活力，构建、塑造和强化中国经济长期稳定发展的新动力（贾康，2015）。经济发展的基础在企业，能否较好解决微观经济主体的潜力与活力问题在某种程度上决定了供给侧改革的成败。钻石理论的分析主要立足于微观基础，尤其强调公司在建立国家竞争优势中的关键作用，注重分析钻石体系各要素分别会对企业在某个产业内追求竞争优势时会造成什么影响，这与一般理论主要着眼于经济增长的宏观条件有所不同，与供给侧要解决问题的角度异曲同工。

（三）钻石理论有助于指导在供给侧改革中科学定位政府与市场的角色

政府与市场在经济发展中应扮演什么样的角色一直是争论的焦点，在供给侧改革中也不例外。钻石理论实际上构建了一个强政府与强市场的理念框架，尽管钻石理论立足于经济发展的微观基础，重视市场与企业的决定性作用，但不排斥政府的作用，相反强调政府应大有作为，应对钻石体系的四要素发挥正面积极的影响。供给侧改革要转变政府职能，但职能转变是为了准确定位政府功能以及改变政府对经济作用的方式，并意味着政府功能弱化。恰当的政府角色定位有助于更好发挥市场与企业的作用，政府与市场完全可以在经济发展中各司其职、各尽所能、相互支撑。波特认为漠视经济政策对国家竞争优势的影响，正如过度夸大或过度贬抑国家与企业的关系，都是不切实际的。

钻石理论是立足于如何提升产业竞争力的，但波特却不支持国家扶持特定的产业，指出政府首要任务是尽力去创造一个支撑生产提高的良好环境，以对钻石体系的各要素产生积极影响，从而形成国家竞争优势的条件基础。一个国家之所以会产生有竞争力的产业，是因为这个国家具有产生这个具有竞争力产业的环境和条件。钻石理论强调政府发挥强有力的作用，但这个"强"并不是直接干预产业与企业，而是立足于治"本"，立足于为经济发展注入长久的动力与活力。供给侧改革中同样面临着政府与市场的关系问题，政府的职能转变并不意味着政

府并"弱",而是要改变"强"的方式,政府仍应大有作为,但要变得更加有智慧,应立足于治"本",钻石理论的政府角色论对此有重要的指导价值。

(四)钻石理论有助于指导供给侧改革与需求管理的协同

波特的研究表明,一个国家之所以拥有具有竞争力的产业,是因为具有造就这些产业的条件或环境,这个条件就是波特构建的一个包含四项关键要素钻石体系。在这四个要素中,既有供给侧的因素,如生产要素、相关与支持性产业、企业战略与企业结构等,又有需求侧的因素,如需求条件。钻石理论以供给侧管理为主,同时考虑需求端的管理,较好地将供给与需求管理融合到一个框架中,表明需求与供给管理的协同是提升产业竞争力的重要前提,为供给侧改革与需求端管理两端发力提供了理论依据。

(五)钻石理论有助于指导供给侧改革解决经济发展的动力转换

钻石理论不同于传统的比较优势理论,力主竞争优势是一国财富的源泉,供给侧改革需要解决中国经济发展的动力转换问题,需要推动核心动力从比较优势向竞争优势转变。钻石理论表明,一个国家把竞争优势建立在初级与一般性生产要素时,它通常是浮动不定的。中国劳动力、自然资源等传统比较优势虽然仍有一定的余地,但总体上正逐步丧失,因此,中国建立在这个基础上的竞争力遇到了前所未有的挑战,亟须摆脱对初级和一般性生产要素的依赖,真正建立起自己的竞争优势,突破经济可持续发展的瓶颈。但应通过什么方式来推动企业减轻与摆脱这种依赖呢?就是要推动传统生产要素的升级换代,构建新的比较优势,不断建立和提升竞争优势,钻石理论为此提供了一套较为系统的答案,值得借鉴。

第三节 供给侧改革的主要任务及对产业结构升级的影响

一、构建有利于提高供给体系质量和效率的微观动力机制

构建有利于提高供给体系质量和效率的微观动力机制是供给侧改革能否成功的关键,这一点必须吸取过去改革的经验和教训。事实上,早在 1995 年,《中共中央关于制定第九个五年计划和 2010 年远景目标的建议》中就提出要优化经济结构,实现经济增长方式从粗放型向集约型转变[①],并将其定位为具有全局意

---

① 经济增长方式转变实际上也是要解决供给体系的问题,可将其视为供给侧改革的初级版。

的根本性转变。对如何实现这个转变,该建议中还提出要靠经济体制改革,形成有利于节约资源、降低消耗、增加效益的企业经营机制,有利于自主创新的技术进步机制,有利于市场公平竞争和资源优化配置的经济运行机制。

但20多年过去了,当时提出的增长方式转变的目标并没有实现,经济增长方式一直没有得到根本转变,所以需要提出供给侧改革,着力提高供给体系质量和效率。经济增长方式难以得到转变的原因是多方面的,但关键在于没有构建起有效的微观动力机制,市场的公平竞争机制很不完善,市场未能在资源配置中起到决定性作用,企业的积极性、创造性及其对转型的根本性作用没有得到发挥。要能让供给侧改革不重蹈其覆辙,必须着力解决这个问题。

企业是经济的细胞,是提升供给体系的质量和效率的基础,供给侧改革的关键在于微观主体——企业的竞争力不断得到提升,前提是创造一种市场环境,构建一种机制,激发企业的动力和活力。企业是以盈利为目的的组织,企业的盈利能力取决于其适应市场或满足需求的程度,在公平、公正、透明的竞争环境中,企业唯有通过创新、创造以更好地满足消费者的需求(包括挖掘并满足潜在的需求),才能得以生存并获得回报。

公平且激烈的竞争让企业时刻不敢懈怠,因为市场上有大量的企业在思考如何以更好的方式来满足消费者的需求,一旦其他企业找到了更好的方式,自己就可能遭到淘汰。竞争的压力使得市场需求能得到较好地满足,反过来看是整个经济应该能保持较高的供给质量和效率,并且能不断得到提升。前面分析表明,中国经济之所以会出现供给结构不合理、供给效率低下、供需不平衡的情况,虽然有需求结构本身的原因,但主要原因还是供给不能对需求信息做出有效反应,在于企业的主动性、积极性、创造性没有发挥出来,根源在于缺乏高效的制度供给,扭曲了市场信号和企业行为。

因此,要通过高效的制度供给和开放的市场空间,激发微观主体创新、创业、创造的潜能,提升全要素生产率(贾康,2015)。制度供给的核心或主要抓手是前文所提到的构建竞争性产业政策,它对微观主体活力的激发机制前文已详细分析,这里不再赘述,它是微观动力机制形成的基础和关键。

微观动力机制构建将大幅度消除因体制原因导致的不同行业、不同所有制、不同背景企业之间不公平现象,让企业的"身份"不再成为影响盈利水平的因素,让企业的回报只能通过努力获得。这将有效激发企业立足于公平的市场竞争,致力于创业创新,潜心研究市场需求,不断提升自己的供给质量与效率。在中国经济转轨过程中,企业获得了很多发展机会,但由于体制原因也造成了许多不公平,专权、特权、行政垄断等因素广泛存在,导致市场信号扭曲。在这样的环境下,企业通过"寻租"往往会取得比认真按市场规则经营取得更大的回报,企业的"短视"行为往往可能反而是理性务实的选择，注重创新的企业可能还不如模仿的企业容易获得发展等。

但是，无论这些企业在短期内取得了多好的财务绩效和发展速度，短期的理性并没有取得长期竞争力的有效提升。所以，必须通过微观动力机制的构建，消除这些不利因素，让企业消除短期"投机"思想，在经营中真正立足长远围绕核心资源与能力进行持续的投资与积累，打造别人难以模仿的竞争力。企业为有效竞争所必需的资源只能通过具有连贯性的投资才能积累出来，但这些核心的资源或能力并不能买卖，只能由企业自己在探索的过程中逐渐"构建"起来（黄群慧、贺俊，2015）。这个道理企业其实都明白，但如果没有让企业这样做的体制环境，企业即使"短视"也是不得已的痛心选择。

在产业竞争优势中，最重要的部分是企业的活力（迈克尔·波特，1990）。一旦微观主体的动力与活力得到激发，整个经济将走上升级的轨道，将必然促进产业结构转型升级。因为，生存发展的动力以及竞争的压力会迫使企业专注于竞争，专注于用更好的方式满足市场的需求。前面分析表明，企业为了更好地提升供给的质量与效率，加之资源的有限，会集中资源于自己最擅长的环节，而将一些环节外包，产业链出现了从纵向一体化向纵向分离的趋势（郑方，2010），这种分离的过程实际上就是产业结构演变的过程，也是生产性服务业得到发展的过程。

从表现形式上看，三次产业的比例关系不断发生改变，第三产业的比重由此逐步上升，而第二产业的比重逐步下降。更关键的是，这种演变的过程带来的不仅仅是三次产业比重关系的变化，而是三次产业本身竞争力得到提升。生产性服务业对第二产业形成强大支撑，让其更有效率和竞争力，能更好适应市场需求。产业结构升级的本质是效率的提升（黄群慧、贺俊，2015；李克，2013），而不单是产业间比例关系的变化，通过微观动力机制构建促进产业结构升级才更符合产业结构升级的本质和内在逻辑。

中国现在产业结构最主要的问题并不是三次产业间的比例关系，而是三次产业本身竞争力不强的问题，是低水平产能过剩和有效供给不足的问题，尤其是工业的竞争力和有效供给。在全球价值链分工的背景下，中国制造业总体上被"锁定"在全球价值链的中低端环节，现在更需要思考的是如何向中高端跃升，真正掌握一批核心技术，拿得出一批足以让中国人感到自豪的产业，从根本上提升制造业的国际竞争力，而不是第三产业占多少比重。

需要强调的是，通过供给侧改革实现产业结构转型升级要有足够的耐心。供给侧改革立足于治"本"，要从根本上改变经济肌体的体质，要构建的实际是一种良好的经济生态，但从三次产业比例关系的数据上看，产业结构优化升级会显得比较慢。所以,应弱化甚至"视而不见"三产占比指标,这虽然有可能导致短期内不见指标快速改善,但从长期看会逐步改善经济生态,发展到一定程度后会迎来三产占比指标的"起飞",产业结构问题将从根本上解决(沈坤荣、徐礼伯,2014)。

二、用市场的力量化解产能过剩,尤其是"隐性"过剩

在有效供给不足之外,供给侧还存着较为严重的产能过剩问题,必须着力化解。在化解产能过剩过程中,要特别注意两点:一是不能为了化解而化解,不能消极化解,要走出"化解、再过剩、再化解"的怪圈,要通过化解产能过剩优化产业结构并有效提升产业竞争力;二是不仅要消化显性的产能过剩,更要消化隐性的产能过剩,要解决看不见的、潜伏在经济"肌体"里的还没有爆发出来的将导致产能过剩的"病毒",要消除一些行业正在迈向过剩的潜在趋势。

要做到这两点的关键是要注意运用市场的手段,充分发挥微观主体的根本作用,不能简单通过行政手段刚性地削减过剩产能。即使在产能过剩严重的产业,企业之间的竞争力、效率也会存在较大的差异,那些竞争力差的企业自然将被市场所淘汰。如果由政府来主导,那么保谁减谁呢?政府怎么能保证淘汰的是效率低的企业,怎么能保证企业不"寻租"?

从某种程度上说,适当的产能过剩并不全是坏事,一个行业不经过激烈竞争的洗牌不可能成熟,不经过市场竞争的优胜劣汰,就不会崛起成真正优秀的企业,也不会形成具有国际竞争力的行业。所以,尽管现在的产能过剩有政策、体制、不当干预等原因,但解决这个问题却只能依靠市场,通过竞争让部分企业退出市场,那些能活下来的企业说明能比竞争对手更好地满足市场需求,它们经过竞争的历练也必定提升了竞争实力,这个过程本身就是产业结构优化升级的过程。

在中国经济下行压力加大的情况下,化解产能必定需要有新的增长点补上去,那么补什么?补哪里?这更要采取市场的办法。如果政府用行政手段将化解过剩产能转移出来的资源配置到其他领域,怎么能够保证新投入的领域就符合未来市场的需求呢?实践证明,企业在竞争的一线,比政府更了解消费者,更能把准市场的"脉搏",政府不可能比企业更了解市场,也不可能比企业更了解哪些是更有前途的发展领域。政府一味扶持具体产业的后果往往是重复建设、产能过剩、竞争力弱。光伏产业就是一个典型的例子,政府的不当干预除了造成短期内产能的快速扩张,造成极大的资源浪费,但并未掌握该领域内的核心技术,产业的竞争力并没有得到提升。

不仅是中国,环视各国,若是政府强力介入的产业,绝大多数无法在国际上

立足（迈克尔·波特，1990）。如日本政府主导航空工业、软件一直未能跃升国际领导地位，而政府影响力弱的传真机、机器人、复印机等反而成为竞争力强的产业；韩国政府大力投入石化、机械等产业，但成绩同样不佳。所以，在去产能的过程中，尤其要用市场的办法鼓励企业寻求新的增长点，要吸取教训，消除形成新过剩的机制。

用市场的力量化解产能过剩符合产业结构升级的内在机理，有利于促进产业结构升级。产业结构升级不是产业结构的简单调整，也不是不同产业简单的此消彼长，而是同一产业在进化中不断更好地适应市场需求而提升供给质量和效率的过程，或者是新的产业能比老产业能更好适应市场需求而替代老产业的过程。这种同一产业的演变以及产业间的更替是由市场竞争决定的，是优胜劣汰的。当出现企业倒闭，那一定是出现了更好竞争方式的企业；当出现行业整体过剩，那一定是出现了方式更好、效率更高的产业。这些都是社会的进步，伴随的必定是整体供给质量与效率的提升，而这个过程就是产业结构升级的过程。

需要强调的是，随着国家"一带一路"倡议的实施，确实为化解产能过剩带来一定机遇，但这个机遇的把握还要靠企业自己，企业能否将过剩产能转移到国外，取决于能否满足国际市场的需求，受到企业国际化经营能力的制约，这不是一朝一夕能实现的，需要扎扎实实地积累，需要强大竞争力的支撑。如果不具备这些条件，贸然大规模"走出去"反而是危险的。本来中国光伏产业是大规模走出去的，光伏产品的市场约 90% 在国外，主要在欧洲，但由于我们的产能庞大，又缺乏核心技术和国际贸易争端处理经验，面临欧美市场的双反调查，整个行业几乎瞬间陷入困境。这对想通过"走出去"化解产能的企业或行业来说，是值得吸取的经验教训。它启示我们，通过"走出去"化解产能过剩仍要坚持提升供给的质量和效率，不能为了"走出去"而"走出去"，要在"走出去"的过程中得到实实在在地提升。

三、切实转变政府职能，建设新型有为政府

供给侧改革要切实转变政府职能，改变政府干预经济的方式，要大幅度减少对经济的行政干预，建设服务型政府，让市场发挥决定性的作用。但政府职能的转变，并不意味着弱化政府在供给侧改革中的作用，服务型政府并不是"弱"政府，更不是无为政府。

美国作为市场经济高度发达的国家，鼓励自由竞争，政府的行为被限制在清晰的范围内，但政府在经济发展中并非无所作为，而是实实在在的"强"政府与有为政府。美国政府在知识产权保护、打击经济违法、维护市场秩序、货币政策、财政政策、重大创新政策等方面一贯是强有力的作为，才得以让市场能公平

自由运行。可以说，美国市场与政府"两只手"都是很"硬"的。

所以，在供给侧改革中的政府职能转变，改变的仅是政府作用于经济的方式，并不是政府影响经济的程度。中国需要建设一个新型的有为政府，为发挥市场的决定性作用创造条件和保驾护航。正如钻石理论指出的，政府应该扮演新的、具有建设性和行动性的角色，政府的首要任务是尽力去创造一个支撑生产率提升的良好环境，这意味着政府在有些方面应该尽量不干预，而在有些方面则要扮演积极的角色。

(一) 微观动力机制构建需要一个新型有为政府

微观动力机制构建的核心是建立公平竞争的市场环境，但这种环境不会自发形成，需要有顶层的制度设计，需要打破现有运行体制，需要冲破既得利益集团的阻力，需要打破阻碍效率与国民福利提升的垄断，需要取消一切阻碍公平竞争的专权与特权，还要破解价值链中低端"锁定"难题等。所有这些改革都是深水区中的深水区，都是最难啃的"硬骨头"，每一项改革都需要有巨大的魄力和勇气。除了这些体制问题外，中国经济的发展还需要超越以数量扩张为主的外延式增长方式的路径依赖（沈坤荣、徐礼伯，2014）。中国在相当薄弱的基础上开始寻求跨越和实现反超的后发工业化征程，当时可凭借的只是要素禀赋比较优势，经过30多年的艰辛创业和不懈努力，终于走上经济崛起之路，这种成功道路存在的客观性尚未完全消亡（徐光辉，2011）。这就决定了从这种发展模式转换为另一种发展模式是何等的艰难，需要政府科学施加强有力的作用和影响力。

(二) 形成产业发展条件需要一个新型有为政府

根据钻石理论，一个国家拥有具有竞争力的产业原因在于这个国家具备了造就该产业的条件，这个条件就是前面叙述过的钻石体系的四要素，政府虽然不是这四个要素的组成部分，但政府可以对每个要素产生影响，这种影响是理解政府与竞争关系的最佳方式。政府对四要素可以产生非常重要的积极作用，从而达到促进产业发展和升级的目的，但这种作用不影响市场公平竞争。

以生产要素为例，每个国家都要依赖其所拥有的生产要素条件发展产业，一个国家的要素条件如土地、劳动力、天然资源、基础设施等都在竞争优势上扮演了重要角色，但随着技术的发展，天然初级的生产要素在竞争力塑造中的作用越来越低，依靠某单一要素如廉价劳动力取得的优势越来越不稳定，别人很容易替代，甚至丰裕的生产要素反而会抑制竞争优势，因为拥有这些资源就少了创新的压力，而产业的竞争优势完全可以从要素劣势中来。为什么一个国家能从生产要素劣势中获取优势呢？其实，这些竞争优势的取得并不是来源于生产要素劣势本身，而是因生产要素劣势迫使国家推动生产要素升级或创造新的生产要素。对国家而言，能创造出生产要素的机制比拥有生产要素的程度重要，"二战"后的产业史，它强调的不是一个国家享有多少优势条件，而着重于国家如何转换不利生产要素（迈克尔·波特，1990）。

就中国而言，30多年高速增长很大程度上依赖于廉价劳动力、土地、自然资源等相对初级的生产要素或比较优势，但这些传统的优势已消失殆尽，未来能否获得可持续发展往往取决于能否升级或创造出新的生产要素，政府在这方面应该大有作为。比如，在劳动力方面，传统的比较优势越来越小了，国家可以通过大力发展教育，不断提升劳动力的附加值，会在劳动力方面形成新的比较优势。近年来，虽然中国新增劳动力相对减少，但每年有800万左右的大学生进入人才市场，这种人力资源的新比较优势是其他国家无法比拟的。只要国家加强教育的投入，不断提高教育质量，持续推动劳动力要素的升级，就可以不断强化这种新的比较优势，以支撑下一轮发展。

四、优化需求结构，尤其是"三驾马车"内的结构

前面分析表明，供给侧改革并不排斥需求管理，反而需要需求管理的协同。需求条件是钻石理论的四要素之一，对企业经营、产业升级具有重要导向和拉动作用。随着环境的改善，微观动力机制的建立，市场需求的信息逐步得到有效的传递和回应，这时需求条件将在很大程度上影响供给体系的质量和效率，从而影响产业结构升级。中国的需求结构仍有改进的必要和空间，需要提高消费需求的比重，减小对投资需求和出口需求的依赖，但相对于这种优化"三驾马车"间的结构而言，更迫切需求优化"三驾马车"内的结构。在投资需求方面，要提高企业投资的比重，提高技术改造、品牌建设等投资的比重，在政府投资中要增加民生、环保等投入的比重；在出口需求方面，在尽可能拓展国际市场的同时，要更注重中高端市场的拓展，以提升供给的品质、档次和附加值；在消费需求方面，要提升消费者的收入水平、优化收入结构，要提升消费者的品位、挑剔性和成熟度。

钻石理论认为，需求的质量比数量更重要，内行而挑剔的消费者是一国企业追求高质量、完善产品造型和精致服务的压力来源，这有助于激发企业的创新和创造，从而提升竞争力。中国消费者由于人均收入的限制，加之收入差距大，多数消费者更关注产品的价格而不是品质，或者对价格的关注远大于品质，消费的特点也让企业对成本与价格的追求到了极致，而忽视了品质的提升，这逐步让企业进入了"低品质陷阱"，难以超越，从而使得中国产品在国际上只能是廉价低质的形象，这种低价的优势已越来越难以维持。所以，需要培育内行、挑剔、成熟的消费者队伍，提高企业经营的难度，让其受到锤炼，从而促进企业竞争力提升和产业结构升级。

特别要强调的是,由于供给体系的效率低下,一些行业产能过剩,还出现了比较严重的库存,政府尽量不要采取刺激短期需求的措施来化解这些库存,这不利于企业长期成长。出现库存说明企业的产品不适合市场需求,通过政策消化这些库存,相当于支持这些落后的生产力,反而延缓企业的创新。更有甚者,被去库存的一些行业,将政府去库存的措施反而看成是市场机遇,纷纷加足马力抢这个市场的蛋糕,结果短期刺激之后,旧的库存刚消化,新的更大的库存又形成,真正适合市场需求的产品升级反而难以产生。经济的持续增长,需要需求的持续增加,这有赖于收入可持续增长,靠刺激的消费需求是不具可持续性的。当然,前面分析表明,收入的可持续增长又依赖于供给水平提升。所以从某种意义上来说,供给侧改革是促进需求结构优化的,供给侧改革本身就是优化需求结构的手段和途径。

参考文献

[1] Atkinson, R. D., Stewart, L. A., Andes, S. M., and Ezell, S. J. Worse than the Great Depression: What Experts Are Missing about American Manufacturing Decline [R]. Washington DC: The Information Technology and Innovation Foundation, 2012.

[2] Autor, D. H., David, D., and Hanson, G. H. The China Syndrome: Local Labor Market Effects of Import Competition in the United States [J]. American Economic Review, 2013, 103 (6): 2121 - 2168.

[3] Bertrand, M. How Much Should We Trust Difference - in - Difference Estimates [J]. Risk Management and Insurance Review, 2004, 119 (1): 249 - 275.

[4] Bhattarai, M. Word Development Report, 1997: The State in Changing World [J]. Journal of Economic Issues, 1999, 33 (1): 14 - 31.

[5] Bobert, Z. L., and Edwards, L. US Employment Deindustrialization: Insights from History and the International Experience [R]. Peterson Institute for International Economics, 2013.

[6] Brandt, L., and Thun, E. The Fight for the Middle: Upgrading, Competition, and Industrial Developmentin China [J]. World Development, 2010, 38 (11): 1555 - 1574.

[7] Campbell, D. L. Relative Prices, Hysteresis, and the Decline of American Manufacturing [Z]. MPRA Paper 51723, University Library of Munich, Germany, 2013.

[8] Cantwell, J., and Tolentino., P. E. E. Technological Accumulation and Third World Multinationals [M]. Reading, UK: University of Reading, Department of Economics, 1990.

[9] Derrick, T. J., and James, J. F. Direct Investment Positions for 2014: Country and Industry Detail [J]. Survey of Current Business, 2015 (7): 1 - 15.

[10] Dunning, J. H. Location and the Multinational Enterprise: A Neglect Fac-

tor? [J]. Journal of International Business Studies, 1998, 40 (1): 5-19.

[11] Edwards, L., and Lawrence, R. Z. Rising Tide: Is Growth in Emerging Economics Good for the United States? [R]. Washington DC: Peterson Institute for International Economics, 2013.

[12] Executive Office of the President of the U. S. A Framework for Revitalizing American Manufacturing [Z]. December 009. https://www.manufacturing-policy.eng.cam.ac.uk/documents-folder/policies/usa-a-framework-for-revitalizing-american.pdf/view.

[13] Feenstra, R. C., Mandel, B. R., Reinsdor, M. B., and Slaughter M. J. Effect of Terms of Trade Gains and Tariff Changes on the Measurement of US Productivity Growth [J]. American Economic Journal: Economic Policy, 2013, 5 (1): 59-93.

[14] Fosfuri, A., and Motta, M. Multinational without Advantages [J]. Scandinavian Journal of Economics, 1999, 101 (4): 617-630.

[15] Fratocchi, L., DiMauro, C., Barbieri, P., Nassimbeni, G. and Zanoni, A. When Manufacturing Moves Back: Concepts and Questions [J]. Journal of Purchasing and Supply Management, 2014, 20 (1): 54-59.

[16] Gereffi, G. Beyond the Producer-driven/Buyer-driven Dichotomy—The Evolution of Global Value Chains in the Era [J]. IDS Bulletin, 2001, 32 (3): 30-40.

[17] Hart, D. M., Ezell, S. J., and Atkinson, R. D. Why America Needs a National Network for Manufacturing Innovation [R]. Washington DC: The Information Technology and Innovation Foundation, 2012.

[18] Helper, S. Renewing U. S. Manufacturing: Promoting a High-Road Strategy [Z]. Washington DC: Economic Policy Institute, 2008.

[19] Houseman, S., Kurz, C., Lengermann, P., and Mandel, B. Offshoring Bias in U. S. Manufacturing: Implications for Productivity and Value Added [C]. Board of Governors of the Federal Reserve System, International Finance Discussion Papers, Number 1007, 2010.

[20] Houseman, S., Kurz, C., Lengermann, P., and Mandel, B. Off Shoring Bias in U. S. Manufacturing [J]. Journal of Economic Perspectives, 2011, 25 (2): 111-132.

[21] Jeffrey, H. L. U. S. Direct Investment for 2009-2011: Detailed Historical-Cost Positions and Retailed Financial Transactions and Income Flows [J]. Survey

of Current Business, 2012 (9): 28 - 32.

[22] Kevin, B. B., and Marilyn, I. C. Direct Investment Positions for 2012: Country and Industry Detail [J]. Survey of Current Business, 2013 (7): 26 - 38.

[23] Kooperman, R., Wang, Z., and Wei, S. Estimating Domestic Content in Exports When Processing Trade is Pervasive [J]. Journal of Development Economic, 2012, 99 (1): 178 - 189.

[24] Lipsey, R. E. Home and Host Country Effect of FDI [J]. NBER Working Paper, 2002 (1): 92 - 93.

[25] Lucas, R. E. On the Mechanics of Economic Development: W. A. Mackintosh Lecture 1985 [J]. Jounal of Monetery Economics, 1988, 22 (1): 3 - 42.

[26] Martin, N. B., and Barry, P. B. US Manufacturing: Understanding Its Past and Its Potential Future [J]. Journal of Economic Perspectives, 2014, 28 (1): 3 - 26.

[27] Mazumdar, J. Do Static Gains from Trade Lead to Medium - Run Growth [J]. Jounal of Political Economy, 1996, 104 (6): 1328 - 1337.

[28] Morrison, W. M. China - U. S. Trade Issues [R]. US Congressional Research Service Report, 2012.

[29] Nathan, R. H., and Ricardo, L. U. S. Direct Investment Abroad for 2012 - 2014: Detailed Historical - Cost Positions and Retailed Financial Transactions and Income Flows [J]. Survey of Current Business, 2015 (9): 1 - 36.

[30] Obama, B. H. Economic Report of the President [R]. March 2010. http://101.96.10.63/www.presidency.ucsb.edu/economic_ reports/2010.pdf.

[31] Obama, B. H. Economic Report of the President [R]. March 2013. http://www.presidency.ucsb.edu/economic_ reports/2013.pdf.

[32] Obama, B. H. Economic Report of the President [R]. January 2017. http://www.presidency.ucsb.edu/economic_ reports/2017.pdf.

[33] Obama, B. H. The State of the Union Address [R]. January 2010. www.presidency.ucsb.edu/ws/index.php? pid = 87433.

[34] Obama, B. H. The State of the Union Address [R]. January 2015. http://www.presidency.ucsb.edu/ws/index.php? pid = 108031.

[35] Obama, B. H. The State of the Union Address [R]. January 2016. http://www.presidency.ucsb.edu/ws/index.php? pid = 111174.

[36] Obama, B. H. Remarks on Signing the United States Manufacturing Enhancement Act of 2010 [Z]. August 2010. https://www.gpo.gov/fdsys/pkg/DCPD -

201000670/pdf/DCPD-201000670. pdf.

[37] Pierce, P., and Schott, P. K. The Surprisingly Swift Decline of US Manufacturing [Z]. NBER Working Paper, 2012.

[38] Pisano, G. P., and Shih, W. C. Restoring American Competitiveness [J]. Harvard Business Review, 2009, 87 (7): 114-125.

[39] Pisano, G. P., and Shih, W. C. Does America Really Need Manufacturing? [J]. Harvard Business Review, 2012, 94 (3): 94-102.

[40] Pollin, R., and Baker, D. Reindustrializing America: A Proposal for Reviving U. S. Manufacturing and Creating Millions of Good Jobs [J]. New Labor Forum, 2010, 19 (2): 17-34.

[41] Pricewaterhouse Coopers. A Homecoming for US Manufacturing? Why a Resurgence in US Manufacturing May be Next Big Bet [Z]. http://www.pwc.com/.

[42] Romer, P. M. Increasing Returns and Long-Run Growth [J]. Journal of Political Economy, 1986, 94 (5): 1002-1037.

[43] Rumelt, R. P. How Much Does Industry Matter [J]. Strategic Management Journal, 2010, 12 (3): 167-185.

[44] The White House. Blueprint for a Secure Energy Future [R]. March 2011. https://www.cfr.org/energy-policy/white-house-blueprint-secure-energy-future-march-2011/p24544.

[45] The White House Office of the Press Secretary. Advanced Manufacturing Partnership [R]. June 2011. https://obamawhitehouse.archives.gov/the-press-office/2011/06/24/president-obama-launches-advanced-manufacturing-partnership.

[46] Trump, D. J. The State of the Union Address [R]. February 2017. http://www.presidency.ucsb.edu/ws/index.php?pid=123408.

[47] Trump, D. J. The State of the Union Address [R]. January 2018. http://www.presidency.ucsb.edu/ws/index.php?pid=128921.

[48] Trump, D. J. Economic Report of the President [R]. February 2018. http://www.presidency.ucsb.edu/economic_reports/2018.pdf.

[49] Trump, D. J. National Security Strategy of the United States of America [R]. December 2017. http://nssarchive.us/wp-content/uploads/2017/12/2017.pdf.

[50] U. S. Congress. American Recovery and Reinvestment Act of 2009 [Z]. February 2009. https://www.congress.gov/111/plaws/publ5/PLAW-111publ5.pdf.

[51] U. S. Congress. United States Manufacturing Enhancement Act of 2010 [Z].

August 2010. https：//www.congress.gov/111/plaws/publ227/PLAW－111publ 227. pdf.

[52] U. S. Congress. Revitalize American Manufacturing and Innovation Act of 2014 [Z]．September2014. https：//www.congress.gov/113/bills/hr2996/BILLS － 113hr2996 rds. pdf.

[53] [法] 让·巴蒂斯特·萨伊．政治经济概论 [M]．赵康英等译．北京：华夏出版社，2014.

[54] [美] 加里·皮萨诺、威利·史．制造繁荣：美国为什么需要制造业复兴 [M]．机械工业信息研究院战略与规划研究所译．北京：机械工业出版社，2014.

[55] [美] 迈克尔·波特．国家竞争优势 [M]．李明轩、邱如美译．北京：中信出版社，2007.

[56] [美] 乔纳森·休斯，路易斯·凯恩．美国经济史 [M]．杨宇光等译．上海：格致出版社，上海人民出版社，2013.

[57] [日] 井上达彦．模仿的技术——企业如何从"山寨"到创新 [M]．北京：世界图书出版公司，2013.

[58] 包群．经济全球化可逆吗 [J]．中国工业经济，2017（6）．

[59] 宾建成．欧美"再工业化"趋势分析及政策建议 [J]．国际贸易，2011（2）．

[60] 卞修倩．发达国家再工业化战略对我国制造业国家竞争力的影响研究 [D]．中国海洋大学硕士学位论文，2014.

[61] 柴天骄．美国"再工业化"战略分析 [D]．吉林大学硕士学位论文，2015.

[62] 蔡昉．读懂中国经济——大国拐点与转型路径 [M]．北京：中信出版集团，2017.

[63] 茶洪旺，左鹏飞．信息化对中国产业结构升级影响分析——基于省级面板数据的空间计量研究 [J]．经济评论，2017（1）．

[64] 陈德湖，马平平．外商直接投资、产业关联与技术外溢 [J]．统计研究，2013（7）．

[65] 陈琳，朱明瑞．对外直接投资对中国产业结构升级的实证研究：基于产业间和产业内升级的检验 [J]．当代经济科学，2015（6）．

[66] 陈羽，黄晶磊，谭蓉娟．逆向外包、价值链租金与欠发达国家产业升级 [J]．产业经济研究，2014（4）．

[67] 陈岩．中国对外投资逆向技术溢出效应实证研究：基于吸收能力的分析视角 [J]．中国软科学，2011（10）．

[68] 邓丽娜. FDI、国际技术溢出与中国制造业产业升级研究 [D]. 山东大学博士学位论文, 2015.

[69] 董有德, 孟醒. OFDI、逆向技术溢出与国内企业创新能力——基于中国分价值链数据的检验 [J]. 国际贸易问题, 2014（9）.

[70] 冯晓琦, 万军. 从产业政策到竞争政策：东亚地区政府干预方式的转型及对中国的启示 [J]. 南开经济研究, 2005（5）.

[71] 国家统计局. 历年中国统计年鉴 [EB/OL]. http://www.stats.gov.cn/tjsj/ndsj/.

[72] 国家统计局. 历年中华人民共和国国民经济与社会发展统计公报 [EB/OL]. http://www.stats.gov.cn/tjsj/ndsj/.

[73] 国家统计局. 2015中国固定资产投资统计年鉴 [M]. 北京：中国统计出版社, 2016.

[74] 郭克莎. 外商直接投资对中国的产业结构的影响研究 [J]. 管理世界, 2000（2）.

[75] 郭晓蓓. 欧美"再工业化"战略进展及对我国产业升级的启示 [J]. 当代经济管理, 2018（3）.

[76] 贺靖媛. 美国在华制造业撤资回流动因及影响研究——以上海地区为例 [D]. 上海外国语大学硕士学位论文, 2012.

[77] 贺俊, 吕铁. 从产业结构到现代产业体系：继承、批判与拓展 [J]. 中国人民大学学报, 2015（3）.

[78] 侯雅曼. 金融危机背景下美国"再工业化"问题研究 [D]. 河北大学硕士学位论文, 2014.

[79] 何洁. 外国直接投资对中国工业部门的外溢效应的进一步精确量化 [J]. 世界经济, 2000（12）.

[80] 胡国平, 杨诗宇, 景宏鑫. 生产性服务业FDI对中国制造业效率的影响研究：基于关联效应的视角 [J]. 投资研究, 2013（8）.

[81] 胡立君, 薛福根, 王宇. 后工业化阶段的产业空心化机理及治理——以日本和美国为例 [J]. 中国工业经济, 2013（8）.

[82] 黄群慧, 贺俊. 中国制造业的核心能力、功能定位与发展战略——兼评《中国制造2025》[J]. 中国工业经济, 2015（6）.

[83] 黄日福, 陈晓红. FDI与产业结构升级：基于中部地区的理论及实证研究 [J]. 管理世界, 2007（3）.

[84] 黄晓凤. 美国对华337调查的变化趋势研究 [J]. 国际贸易问题, 2011（3）.

[85] 黄永春,郑江淮,杨以文,祝吕静.中国"去工业化"与美国"再工业化"冲突之谜解析——来自服务业与制造业交互外部性的分析[J].中国工业经济,2013(3).

[86] 贾康.问道供给侧改革[N].上海证券报,2015-11-12(A01).

[87] 贾康.突破需求管理局限 推进供给侧研究创新[R].中国证券报,2015-11-17(A10).

[88] 贾苗苗.选择性产业政策与竞争性产业政策比较研究——基于企业能力理论的视角[D].北京交通大学硕士学位论文,2018.

[89] 江东.对外直接投资与母国产业升级:机理分析与实证研究[D].浙江大学博士学位论文,2010.

[90] 江飞涛,李晓萍.产业政策中的政府与市场——从林毅夫与张维迎产业政策之争说起[J].财经问题研究,2018(1).

[91] 江飞涛,李晓萍.当前中国产业政策转型的基本逻辑[J].南京大学学报(哲学·人文科学·社会科学版),2015(3).

[92] 江飞涛.直接干预市场与限制竞争:中国产业政策的取向与根本缺陷[J].中国工业经济,2010(9).

[93] 江静.全球价值链视角下的中国产业发展[M].南京:南京大学出版社,2014.

[94] 姜江.加快实施普惠性、竞争性产业政策[J].宏观经济管理,2015(3).

[95] 江小涓.中国对外投资的战略意义与政策建议[J].中国外汇管理,2000(11).

[96] 江小涓.中国的外资经济对增长、结构升级和竞争力的贡献[J].中国社会科学,2002(6).

[97] 金碚.工业的使命和价值——中国产业转型升级的理论逻辑[J].中国工业经济,2014(9).

[98] 金碚,刘戒骄.美国"再工业化"观察[J].决策,2010(Z1).

[99] 金慰祖,于孝同.美国的"再工业化"问题[J].外国经济参考资料,1980(10).

[100] 蓝庆新,陈超凡.新型城镇化推动产业结构升级了吗?——基于中国省级面板数据的空间计量研究[J].财经研究,2013(12).

[101] 郎咸平.制造业应是经济发展新引擎[N].羊城晚报,2013-12-28(A13).

[102] 李钢.服务业能成为中国经济的动力产业吗[J].中国工业经济,

2013（4）.

[103] 李逢春. 对外直接投资的母国产业升级效应——来自中国省际面板的实证研究［J］. 国际贸易问题，2012（6）.

[104] 李俊江，孟勐. 基于创新驱动的美国"再工业化"与中国制造业转型［J］. 科技进步与对策，2016（5）.

[105] 李克. 转型升级——中国企业怎么办［M］. 北京：新华出版社，2013.

[106] 李强. 经济全球化背景下中美贸易不平衡的研究［M］. 北京：科学出版社，2017.

[107] 黎文靖，郑曼妮. 实质性创新还是策略性创新？——宏观产业政策对微观企业创新的影响［J］. 经济研究，2016（4）.

[108] 李义平. 马克思的经济发展理论：一个分析现实经济问题的理论框架［J］. 中国工业经济，2016（11）.

[109] 厉以宁. 论从供给方面发力［N］. 北京日报，2015-12-07（017）.

[110] 林毅夫. 中国更需要有效的投资［N］. 社会科学报，2015-09-24（002）.

[111] 林毅夫，王子晨. 论有为政府和有限政府［J］. 理论建设，2016（6）.

[112] 刘洪钟，齐震. 中国企业参与全球生产链的技术溢出效应分析［J］. 中国工业经济，2012（1）.

[113] 刘林青，谭力文. 产业国际竞争力的二维评价——全球价值链背景下的思考［J］. 中国工业经济，2006（12）.

[114] 刘戒骄. 再工业化和美国经济战略［J］. 中国党政干部论坛，2011（1）.

[115] 刘戒骄. 美国再工业化及其思考［J］. 中共中央党校学报，2011（2）.

[116] 刘树成. 民间投资增速严重下滑与宏观经济波动［J］. 中国工业经济，2016（11）.

[117] 柳卸林，张杰军. 中国高技术产业是否高投入低产出？——对中国高技术产业产出效益的考察［J］. 科学学与科学技术管理，2004（1）.

[118] 刘志彪，张晔. 中国沿海地区外资加工贸易模式与本土产业升级：苏州地区的案例研究［J］. 经济理论与经济管理，2005（8）.

[119] 刘志彪，张杰. 全球代工体系下发展中国家俘获型网络的形成、突破与对策［J］. 中国工业经济，2007（5）.

[120] 罗凯,刘金伟. 解读美国再工业化战略浅谈我国产业结构调整对策 [J]. 中国产业,2010(5).

[121] 鲁桐. 中国企业海外经营:对英国中资企业的实证研究 [J]. 世界经济,2000(4).

[122] 马光远. 从需求到供给中国经济思路之变 [N]. 中国联合商报,2015-11-23(A04).

[123] 马明申. 美国对华直接投资的外溢效应研究 [D]. 厦门大学博士学位论文,2007.

[124] 乔晓楠,杨成林. 去工业化的发生机制与经济绩效:一个分类比较研究 [J]. 中国工业经济,2013(6).

[125] 乔晓楠,张欣. 美国产业结构变迁及其启示——反思配第—克拉克定律 [J]. 高校理论战线,2012(12).

[126] 邱斌,叶龙凤,孙少勤. 参与全球生产网络对中国制造业价值链提升影响的实证研究——基于出口复杂度的分析 [J]. 中国工业经济,2012(1).

[127] 渠慎宁,吕铁. 产业结构升级意味着服务业更重要吗——论工业与服务业互动发展对中国经济增长的影响 [J]. 财贸经济,2016(3).

[128] 任净,周帅. 美国产业空心化问题研究 [J]. 大连海事大学学报(社会科学版),2015(5).

[129] 商务部. 中国外商投资报告 [R]. 2013.

[130] 商务部. 中国外商投资报告 [R]. 2016.

[131] 商务部,国家统计局,国家外汇管理局. 历年中国对外直接投资统计公报 [M]. 北京:中国统计出版社,2008—2016.

[132] 盛斌,魏方. 再工业化 [J]. 中国海关,2010(10).

[133] 沈坤荣,耿强. 外国直接投资、技术外溢与内生经济增长 [J]. 中国社会科学,2001(5).

[134] 沈坤荣,徐礼伯. 中国产业结构升级:进展、阻力与对策 [J]. 学海,2014(1).

[135] 沈坤荣,徐礼伯. 美国"再工业化"与江苏产业结构转型升级 [J]. 江海学刊,2013(1).

[136] 宋笛. 特朗普想让苹果制造回归美国 苹果手机的产业链答应吗 [EB/OL]. 经济观察网,2018-04-14.

[137] 孙晓华,王昀. 对外贸易结构带动了产业结构升级吗——基于半对数模型和结构效应的实证检验 [J]. 世界经济研究,2013(1).

[138] 唐艳. 外商直接投资的关联效应分析 [J]. 经济纵横,2011(4).

[139] 唐艳,何伦志.利用外资促进中国产业升级:问题与对策[J].生产力研究,2010(9).

[140] 唐志良,刘建江.美国再工业化对我国制造业发展的负面影响研究[J].国际商务(对外经济贸易大学学报),2012(2).

[141] 田国强.争议产业政策——有限政府,有为政府?[J].领导决策信息,2017(5).

[142] 佟福全.美国的"再工业化"战略[J].世界经济,1982(7).

[143] 王俊.欧美"再工业化"对我国先进制造业竞争力的影响与对策[J].综合竞争力,2011(2).

[144] 汪琦.对外直接投资对投资国的产业结构调整效应及其传导机制[J].国际投资与跨国经营,2004(5).

[145] 王雪慧.美国对华直接投资对中国产品内贸易程度的影响——基于2001~2011年工业数据的实证分析[J].中国商贸,2013(21).

[146] 王雪梅,谢实.西方经济学简史[M].昆明:云南人民出版社,2005.

[147] 王英,刘思峰.中国ODI反向技术外溢效应的实证分析[J].科学学研究,2008(2).

[148] 王英,周蕾.中国对外直接投资的产业结构升级效应——基于省际面板数据的实证研究[J].中国地质大学学报(社会科学版),2013(6).

[149] 王益民,宋琰纹.全球生产网络效应、集群封闭性及其"升级悖论"——基于大陆台商笔记本电脑产业集群分析[J].中国工业经济,2007(4).

[150] 王玉燕,林汉川,吕臣.全球价值链嵌入的技术进步效应——来自中国工业面板数据研究[J].中国工业经济,2014(9).

[151] 文嫮.全球价值链治理与地方产业网络升级研究——以上海浦东集成电路产业网络为例[J].中国工业经济,2005(7).

[152] 温焜.对外贸易结构调整与产业结构升级的相关性检验[J].财会月刊,2016(18).

[153] 吴敬琏.经济下行期,推进改革方能治本[N].新华日报,2015-11-18(016).

[154] 吴敬琏.切实推进改革,方能应对增长乏力[N].第一财经日报,2015-10-27(A15).

[155] 吴先明.中国企业对发达国家的逆向投资:创造性资产的分析视角[J].经济理论与经济管理,2007(9).

[156] 肖黎明,李鑫.外资流入促进中国产业升级的作用机理——产业链的

视角［J］．河南社会科学，2014（10）．

［157］邢夫敏．FDI 主导产业集群特征与本土企业产业升级对策——基于苏州笔记本电脑产业集群的经验分析［J］．科技进步与对策，2013（2）．

［158］徐冰曦．美国制造业回归对我国产业升级的影响——基于 FDI 视角的研究［D］．浙江大学硕士学位论文，2014．

［159］徐光辉．从"价值创造"开始——论中国经济战略转型［J］．管理世界，2011（11）．

［160］徐礼伯，钞小静，苏德金．新常态下的供给侧改革与中国产业结构升级——基于钻石理论的视角［J］．江海学刊，2016（4）．

［161］徐礼伯，陈效林．中外合资联盟内外方技术控制机理研究［J］．科技管理研究，2014（15）．

［162］徐礼伯，沈坤荣．双重战略导向、创新模式组合与企业战略转型［J］．江海学刊，2015（1）．

［163］徐礼伯，沈坤荣．美国"再工业化"国内研究述评［J］．现代经济探讨，2013（7）．

［164］杨长湧．中国利用美国直接投资前景及对策研究［J］．宏观经济研究，2016（2）．

［165］杨大楷，范飞龙．中国制造业产业结构转型与经济效益提升的实证研究［J］．经济学动态，2004（5）．

［166］杨丹萍，杨丽华．对外贸易、技术进步与产业结构升级：经验、机理与实证［J］．管理世界，2016（11）．

［167］杨建清，周志林．中国对外直接投资对国内产业升级影响的实证分析［J］．经济地理，2013（4）．

［168］阳立高，谢锐，贺正楚，韩峰，孙玉磊．劳动力成本上升对制造业结构升级的影响研究——基于中国制造业细分行业数据的实证分析［J］．中国软科学，2014（12）．

［169］杨水利，易正广，李韬奋．基于再集成的"低端锁定"突破路径研究［J］．中国工业经济，2014（6）．

［170］杨仙丽．浙江省对外直接投资与产业结构升级：机理分析与实证研究［J］．中共浙江省委党校学报，2013（6）．

［171］杨晓兰．FDI 对中国中高技术产业技术创新溢出效应的分析［D］．上海社会科学院硕士学位论文，2016．

［172］姚利民，孙春媛．中国逆向型 FDI 决定因素的实证分析［J］．国际贸易问题，2007（4）．

[173] 叶慧珏. 美国各州负债总计 2 万亿 "再工业化"吸引中国新钱 [N]. 21 世纪经济报道, 2011-01-05 (004).

[174] 余东华, 吕逸楠. 政府不当干预与战略性新兴产业产能过剩——以中国光伏产业为例 [J]. 中国工业经济, 2015 (10).

[175] 遇芳. 中国对外直接投资的产业升级效应研究 [D]. 中国社会科学院研究生院博士学位论文, 2013.

[176] 余明桂, 范蕊, 钟慧洁. 中国产业政策与企业技术创新 [J]. 中国工业经济, 2016 (12).

[177] 袁欣. 中国对外贸易结构与产业结构:"镜像"与"原像"的背离 [J]. 经济学家, 2010 (6).

[178] 张宏, 王建. 中国对外直接投资与全球价值链升级 [M]. 北京: 中国人民大学出版社, 2013.

[179] 张辉. 全球价值链动力机制与产业发展策略 [J]. 中国工业经济, 2006 (1).

[180] 张杰, 卜茂亮, 陈志远. 中国制造业部门劳动报酬比重的下降及其动因分析 [J]. 中国工业经济, 2012 (5).

[181] 张杰, 陈志远, 刘元春. 中国出口国内附加值的测算与变化机制 [J]. 经济研究, 2013 (10).

[182] 张杰, 李勇, 刘志彪. 出口促进中国企业生产率提高了吗?——来自中国本土制造企业的经验证据: 1999—2003 [J]. 管理世界, 2009 (12).

[183] 张杰, 刘元春, 郑文平. 为什么出口会抑制中国企业增加值率——基于政府行为的考察 [J]. 管理世界, 2013 (6).

[184] 张杰, 杨连星. 现阶段中国财政政策对经济结构调整"锁定"效应的分析 [J]. 江苏社会科学, 2013 (3).

[185] 张茉楠. 美国拟放松出口管制 中国仍需"练好内功"[N]. 中国证券报, 2010-09-17 (A05).

[186] 张平. 全球价值链分工与中国制造业成长 [M]. 北京: 经济管理出版社, 2014.

[187] 张世贤. 工业和制造业是经济升级的核心基础 [J]. 中国经济周刊, 2013 (32).

[188] 章涛, 刘立平, 佳韫. 美国对华"337 调查"的原因及对策 [J]. 山东工商学院学报, 2017 (4).

[189] 张晓明, 董敏杰. 中美贸易不平衡对美国经济的作用机制分析 [J]. 经济问题, 2010 (10).

[190] 张雨. 美国再工业化战略效果分析 [D]. 南京大学硕士学位论文, 2014.

[191] 赵昌文, 许召元, 袁东, 廖博. 当前我国产能过剩的特征、风险及对策研究——基于实地调研及微观数据的分析 [J]. 管理世界, 2015 (4).

[192] 赵昌文, 许召元, 朱鸿鸣. 工业化后期的中国经济增长新动力 [J]. 中国工业经济, 2015 (6).

[193] 赵刚. 美国再工业化之于我国高端装备制造业的启示 [J]. 中国科技财富, 2011 (17).

[194] 赵刚. 美国再工业化战略及其对我国的影响 [J]. 科技创新与生产力, 2010 (9).

[195] 赵坚. 产业政策问题综述 [J]. 中国工业经济, 2016 (12).

[196] 赵彦云, 秦旭, 王杰彪. "再工业化"背景下中美制造业竞争力比较 [J]. 经济理论与经济管理, 2012 (2).

[197] 郑方. 从纵向一体化到纵向分离——基于对立统一关系的分析 [J]. 中国工业经济, 2010 (11).

[198] 郑甜. 开放经济条件下中美贸易差额的真实利益研究 [D]. 东北财经大学硕士学位论文, 2013.

[199] 中国社会科学院工业经济研究所. 中国工业发展报告——中国工业的转型升级 [M]. 北京: 经济管理出版社, 2011.

[200] 中国社会科学院工业经济研究所. 中国工业发展报告——工业供给侧结构性改革 [M]. 北京: 经济管理出版社, 2016.

[201] 周振华. 产业结构优化论 [M]. 上海: 上海人民出版社, 2014.

[202] 朱琴, 姜彩楼. 扩大内需是否促进了中国工业创新 [J]. 中国科技论坛, 2016 (9).